IJS 서울대학교 일본연구소

현대일본생활세계총서 **17**

아베 시대 일본의 정치와 외교
보수정치가 주도하는 국가혁신

남기정 엮음

박문사

서울대학교 일본연구소에서는 네 개의 기획연구실을 두고서 전체 어젠다[현대일본의 생활세계연구]를 2009년 9월부터 2018년 8월까지 10년간 수행했다. 총 3단계에 걸쳐 수행한 성과는 〈현대일본 생활세계총서〉 시리즈로 출판했다. 2018년부터 그 마지막 단계인 3단계 3-4년차 연구의 성과를 시리즈로 출판한다.

1단계와 2단계의 성과는 총 9권의 시리즈로 이미 출판되었으며, 각 연구 주제와 책의 표제는 [표1]과 같다.

[표1] 현대일본 생활세계총서 1단계-2단계 시리즈

연구실	1단계 5권	2단계 4권
정치외교	전후 일본, 그리고 낯선 동아시아	전후 일본의 생활평화주의
역사경제	협조적 노사관계의 행방	에너지혁명과 일본인의 생활세계
사상담론	전후 일본의 지식 풍경	일본, 상실의 시대를 넘어서
사회문화	현대일본의 전통문화	일본 생활세계의 동요와 공공적 실천
	도쿄 메트로폴리스	

3단계의 공동연구는 '전후 일본'의 생활세계를 구조 변동의 관점에서 포착했으며 정치, 경제, 역사, 사상, 사회, 문화, 문학의 전체적 차원에서 횡단적, 학제적 방법으로 조망했다. 3단계 사업은 10년간의 HK사업 공동연구를 마무리하는 기간이다. 이를 알차게 수행하기 위해 본연구소는 3단계의 사업 4년간(2014.09~2018.08)을 다시 2년 간 씩 나누어, 1~2년차(2014.09~2016.08)와 3~4년차(2016.09~2018.08)의 기획연구를 순차적으로 실행했다.

[표2] 현대일본 생활세계총서 3단계 시리즈

연구실	3단계 1~2년차	3단계 3~4년차
정치외교	일본 정치 보수화의 표상과 실상	재기하는 일본의 정치와 외교
역사경제 (1-2차차) 경제경영 (3-4년차)	저성장시대의 일본경제	구조적 대불황기 일본 경제의 진로
사상담론 (1-2년차) 사상문학 (3-4년차)	탈(脫)전후 일본의 사상과 감각	전후의 탈각과 민주주의의 탈주
사회문화 (1-2년차) 역사사회 (3-4년차)	일본 안전사회의 동요와 사회적 연대	공동체 경계의 유동화와 '일본' 이미지의 변용

〈현대일본 생활세계총서〉 3단계 3-4년차 시리즈는 2018년 상반기부터 출판 작업에 들어갔다. 각 연구실은 2년 동안 수차례의 집담회와 워크셥, 공개학술대회를 거치며 공동연구를 진전시켰으며, 모든 연구진들은 동시대 일본의 변화를 찬찬히 살피고 냉철하게 분석하고자 노력했다. 본 시리즈의 4권에 담길 연구 성과가 한국사회에서 일본의 현황을 이

해하고, 나아가 한국의 현재적 문제를 해결하기 위한 참조 축으로 활용될 수 있기를 바란다.

그 동안 연구와 토론에 참여해 주신 각 분야의 연구자 여러분께 감사드리며, 앞으로도 일본 사회의 변화에 대응하며 한국사회의 발전에 기여할 수 있는 연구를 지속해 나갈 것을 약속드린다. 연구와 출판이 성사되도록 성심껏 협조해 주시는 일본연구소의 행정실과 연구조교, 도서출판 박문사의 여러분들께도 진심으로 감사의 말씀을 드린다.

2022년 1월 28일
서울대학교 일본연구소

'올 오키나와' 반기지운동의 과정과 성격 ··· 진필수

반전평화주의에서 자결권 운동으로　　　　　239

현대일본생활세계총서 **17**

아베 시대 일본의 정치와 외교

서 문
아베 시대, 보수 주도 혁신의 특징과 한계

남기정

1. 왜 '아베 시대'인가?

코로나19가 기승을 부리던 2020년 여름 막바지에, 10년 집권을 채울 기세로 이어지던 아베의 장기 집권이 막을 내렸다. 바로 전날까지도 가장 가까운 각료들에게조차 알리지 않은 사임 발표는 세계를 놀라게 했다. 건강 문제를 명분으로 한 갑작스러운 사임이었지만 이를 액면 그대로 믿는 사람은 거의 없다.

코로나19에 대한 부적절한 대응과 벚꽃 감상회 문제 등 거듭되는 실정과 깊어가는 의혹 속에서 내각 지지율은 회복 불가능한 영역으로 들어가고 있었다. 아베 장기 집권에 대한 광범위한 피로 현상이 아베 사임의 배경이 되고 있었다. 오랜만에 변화의 바람이 일본 정치에 불었다. 그러나 변화는 유보되었다. 민심 이반으로 아베 내각은 막을 내렸으나,

민심 이반에도 아베 시대는 지속되고 있다. 아베 노선의 지속을 주장하는 아베 정치의 2인자 스가 요시히데(菅義偉)가 자민당 총재가 되어 새 내각을 출범시켰다.

스가 내각은 단명 내각으로 끝나고, 2021년 가을, 기시다 내각이 탄생했으나, 그 배경에 아베의 영향력이 건재했다. 기시다 내각에서 '기시다다움'을 보이려 할 때마다 아베 그룹의 역습을 받아 주춤하는 모습을 보인다. '아베 시대'는 아베 이후에 오히려 체감되고 있다.

아베 시대는 이미 시기구분의 기준으로 역사적 사건의 지위를 획득하고 있다. 아베 이후 급변해 있을 일본의 미래가 아베 시대를 급격히 과거의 시간으로 몰아넣을 것이기 때문이다. 아베 이전의 일본과 아베 이후의 일본이 서로 다른 일본이라는 느낌은 '예감'이 아니라 '실감'이 되고 있다.

아베 시대 일본은 후대 역사서가 제2차 세계대전 이후 일본정치사를 크게 둘로 나눌 때, 그 후반부를 지칭하는 시기구분의 이름이 될 것이다. 일본은 과연 '요시다 독트린'의 일본에서 '아베 독트린'의 일본으로 변화하고 있는 것 같다.[1] 그리하여 아베 시대가 아직 끝나지 않았다는 서술은, 아베 내각의 종식 이후에 성립하는 참명제다. 아베 이후도 아베 시대일 것이기 때문이다. 아베 이전과 아베 이후를 구분하는 기준, 이를 확인해 보는 것이 이 책의 목적이다.

---

1) Christopher W. Hughes, *Japan's Foreign and Security Policy Under the 'Abe Doctrine': New Dynamism or New Dead End?*, Palgrave Macmillan, 2015.

2. 아베 이후의 아베

이베 시대의 표어는 '재기하는 일본'이다. 과연 일본은 재기하고 있는가? 아베 총리가 다시 일본 수상관저의 주인으로 돌아온 이후(I am back), 그는 일본재흥전략(Japan is back)을 채택하고 국내외에서 강력한 리더십을 발휘하며, 이전의 일본과 다른 일본을 보여주려 했다. 그 결과 일본의 재기는 2012년 일본에서 아베 총리가 재등장한 이래, 동아시아 국제정치의 새로운 흐름으로 받아들여야 하는 현상이 되었다.

아베 내각이 시도한 '일본 재기'의 주된 강조점은 1990년대에 시작된 장기 불황의 터널을 아베노믹스의 성공적 수행으로 벗어나고, 전수방위라는 수동적 안보정책에서 적극적 평화주의라는 이름의 적극적 안보정책으로 전환하여 국제정치의 주도적 행위자가 되는 데 있었다. 그사이 자민당의 우위는 일본 정치에서 더욱 뚜렷한 흐름으로 자리잡았다. 그 결과 일본의 정치지형은 총체적으로 보수화되고 있다.

아베 피로 현상 속에서 아베 내각이 사퇴함으로써, 그 속도는 일시적으로 감속하고 있다. 아베가 추진한 헌법개정과 아베노믹스에 대한 일본 국민의 싸늘한 시선은 아베 노선을 변경하게 하고, 아베 시대를 마감하게 하는 요인이 될 수 있다. 아베가 사임을 발표한 직후 실시된 한 여론조사에서 아베의 헌법개정 노선을 계승해야 한다는 여론은 36%로, 60%에 가까운 국민이 그 수정을 원하고 있었다. 아베노믹스에 대해서도 33.3%의 국민은 그 계승을 원했으나, 이 역시 60%에 가까운 국민이 수정할 것을 요구했다(共同通信社, 2020.9.9). 일본 국민의 60%는 아베 정치의 계승보다는 수정을 원하고 있었던 것이다. 그러나 비슷한 시기에 실시된 또 다른 여론조사에서는 아베 사임에 대해 아쉽다는 사람이 50.2%로, 사임하길 잘했다고 평가한 49.8%를 근소하나마 앞지르고 있었다(共同通信社 PRWire, 2020.9.14). 아베 사임 직전 내각 지지율이 30% 내외였던 것을 감안하면, 사임 발표 직후의 이러한 평가는 차기 정권을 노리는 스가가, 그리고 그 뒤를 이은 기시다가 아베 노선의 계속을 주장하는 이유가 되었을 것이다.

아베 장기집권에 대한 피로감에도 아베 개혁에 대한 일본 국민의 지지는 앞으로도 얼마간 지속될 것으로 보이며, 그 결과 일본의 재기는 당분간 지속될 전망이다. 본 공동연구는 다음과 같은 소주제를 설정하여, 재기하는 일본의 정치와 외교를 다각적, 다층적으로 분석하여, 국가혁신에 버금가는 변화를 겪고 있는 일본의 실체를 파악하는 것을 목표로 한다. 그럼으로써 아베 시대의 특징을 총체적으로 포착하고자 한다.

이 책은 3부로 구성되어 있다. 1부는 아베의 정치, 2부는 아베의 외교, 3부는 아베 정치와 시민사회를 그 내용으로 한다.

3. 아베 시대의 정치: 자민당, 농업개혁, 복지와 방위

1부 아베의 정치에서는 자민당과 농업개혁, 복지와 방위의 관계에 주목했다. 각각 아베 정치의 특징과 한계를 가장 잘 드러내 보여줄 수 있는 쟁점들이다. 1장에서 박철희는 '아베 시대의 자민당 우위체제 재구축

전략'을 역사적 전개와 지속 가능성에 주목해서 분석하고 있다. 1993년 이후 동요와 혼선을 겪은 자민당은 아베가 재집권한 2012년 이후 자민당 우위 재구축에 성공하고 있다. 자민당은 2012년부터 2021년까지 9년간 의 국정선거에서 야당을 물리치고 안정적인 승리를 거두었다.

자민당이 다른 정당들에 비해 우위에 서는 이유에 대해서는 제도론 적 접근, 정치 리더십 스타일, 정책적 수월성 등을 이유로 거론하는 연구 들이 있지만 설명력에 한계가 있다는 것이 필자의 문제의식이다. 박철 희는 자민당 우위를 가져오는 요소를 야당의 분열과 여당의 승리연합 구성, 유연하고 포괄적인 지지 동원 전략, 그리고 무당파층을 끌어들이 는 정책 아젠다의 차별성과 상호 정합성에서 찾고 있다.

자민당 우위의 재구축은 아베 총리를 중심으로 한 핵심 엘리트들의 신보수주의적 아젠다 설정, 일본회의로 대표되는 신보수세력 공고화, 중도인 공명당과 보수우파를 포괄하는 정당 간 연합 전략이 있어 가능 했다. 그 연장선에서 박철희는 아베 시기에 이룬 경제적 퍼포먼스와 이 에 대한 견고한 지지, 야당의 분열과 상호 대립, 그리고 이에 따른 무당파 유권자들의 자민당 지지로의 전환이 자민당 우위 체제 지속에 유리한 조건을 제공하고 있다고 분석했다.

2장에서는 이정환이 '일본 농업 이익유도정치의 쇠퇴 현상'을 아베 정권, 자민당 농림족, 농업개혁에 주목해서 분석했다. 이정환에 따르면 아베 정권의 농업개혁은 농협과 자민당 농림족 사이의 정치적 이해관계 속에 형성되어 유지되어온 일본 농업 분야의 이익유도정치가 구조적으 로 쇠퇴하고 있음을 보여주고 있다. 아베 정권 기에 이뤄진 농업개혁은 농협의 조직과 기능에 대한 근본적 변화를 가져오는 농협개혁이 중심이 되어 진행되었다. 이에 대해 농협 측은 강하게 반발했지만, 자민당 농림족은 과거와는 달리 수상관저가 주도한 개혁을 수용할 것을 농협 측에 종용하면서, 농협 측의 정책선호와 차별화된 입장을 보였다.

이와 같은 자민당 농림족의 행위패턴은 그들의 이해관계 계산의 측면에서 볼 때, 농협이 제공하는 정치적 수혜가 약화되었다는 점과 강력한 리더십의 당 지도부가 취하는 핵심 정책노선에 반대했을 때 받을 수 있는 정치적 타격에 대한 우려가 작동한 것으로 설명될 수 있다. 한편 자민당 농림족은 아베 수상관저의 구조개혁 담론과는 차별화된 대항 국가개조 담론 속에서 농업문제를 설정하지 못했다. 오히려 이들은 '강한 일본'을 위한 구조개혁이라는 아베 정권의 국가개조 담론을 답습한 가운데, 구조개혁의 일환인 농업개혁을 수용하는 행위패턴을 보였다. 아베 시대의 농협개혁은 아베 이후 자민당 지지기반의 변화를 가늠하게 하는 기준이 되고 있다.

3장에서 남기정은 아베의 내정과 외교의 연결고리에 주목하여, 아베 내각의 방위정책을 사회보장과의 상관관계 속에서 평가하고 있다. 남기정은 그 방법론으로 '대포와 버터'의 정치경제학을 제시하고 있다. 현재 일본에서 저출산 고령화는 사회보장급부비의 급격한 증가로 인한 만성적 재정적자의 원인이 되어 방위비 증액의 압박요인이 되고 있다.

남기정은 이 글에서 사회보장급부비와 방위관계비 사이의 상관관계를 GNP/GDP 대비 사회보장비와 방위비의 상관관계 및 세출 대비 사회보장급부비와 방위관계비의 상관관계 등 두 가지 측면에서 추적하고 있다. 그 결과, 남기정은 전후의 전체적인 궤적 속에서 나타나는 아베의 정책 경향이 사회보장 우선으로 변화하는 커다란 방향으로의 변화 속에서 확대균형을 추구하는 작은 변화라는 사실을 확인하고 있다.

4. 아베 시대의 외교안보: 미일동맹, 중일관계

2부는 아베 시대의 외교·안보정책 분석으로, 아베 시대에 개시된 미중의 전략적 경쟁을 고려하여, 미일동맹과 중일관계에 대한 분석을 그 내용으로 삼았다. 4장에서 박영준은 아베 정부의 외교 및 안보정책을 '국제협조주의'와 '전략적 자율성'이라는 두 가지 관점에서 평가하고 있다.

'국제협조주의'란 일본이 미국과 유엔 등 국제사회와 협력함으로써, 일본의 국가이익을 수호하고 국제적 영향력을 높이려는 정책방향이다. 이에 대해 '전략적 자율성'이란 동맹국인 미국이 자유무역질서나 동맹국에 대한 안보관여 정책에서 이탈할 가능성에 대응하여, 자율적인 외교 공간을 확대하려는 정책방향을 가리킨다. 특히 트럼프 행정부 등장 이후 미국이 기존의 동맹체제나 경제협력체제, 국제규범으로부터 이탈하는 경향이 나타나자 유럽 국가들 사이에서 '전략적 자율성'의 경향이 나타나고 있다.

박영준의 분석에 따르면 아베 정부도 국제협조주의에 따라 미국과의 동맹관계를 강화하면서도, 대중정책이나 대러시아 정책, 그리고 영국, 프랑스 등 유럽 국가들과의 외교에서 전략적 자율성의 경향을 보이고 있다. 결론 부분에서 박영준은 미국과의 동맹을 공유하는 한국도 이같은 복합적 정책방향을 고려할 필요가 있다고 제언하고 있다.

5장에서 기미야 다다시(木宮正史)는 '한반도에서 본 일본의 대중 인식과 정책'을 분석하는 것으로, 한일관계에서 중국 요인이 가지는 함의를 검토하고 있다. 기미야는 탈냉전 이후 한중일 3국이 모두 수교함에 따라 중일관계에서의 한반도 요인과 한일관계에서의 중국요인의 중요성이 높아졌다고 주장하고 있다.

그는 첫째로 한국에 대한 일본의 여론과 정책의 전개 과정을 중국의 경우와 비교하고, 둘 사이의 괴리가 컸던 냉전기에 비해 탈냉전기에는 그 차이가 줄어들었다는 것, 그리고 냉전기에는 중일관계와 한일관계가 상호배타적 측면이 강했으나 탈냉전기에 들어 양립되는 경향이 있다는 사실을 실증했다. 나아가 그는 일본의 대중정책과 한국의 대중정책을 비교하여, 공고한 미일동맹을 바탕으로 중국의 공세에 대응한다는 것이 일본의 기본정책인 반면, 한국은 북한 문제를 다루기 위해 확고한 미일동맹과 동시에 양호한 한중관계를 유지하려는 경향이 있다는 것을 드러내 보여 주었다. 결국 미중관계를 바라보는 한국과 일본 사이에서 나타나는 인식의 괴리가 한일관계의 중요 변수가 되고 있다. 따라서 한국과 일본의 대 중국 인식 조정이 향후 한일관계 전개를 가름하는 주요 요인이 될 수 있다는 것이 그의 결론이다.

5. 아베 시대의 시민사회와 운동: 여론과 반기지 운동

3부는 아베 정치와 시민사회 관계에 대한 분석들로 구성되어 있다. 아베 정치를 둘러싼 일본의 여론과 시민운동이 주제다. 6장에서 경제희는 아베 정권 시기의 일본 여론과 외교·안보정책의 상관관계를 분석하여 일본 시민사회의 우경화 담론을 검증하고 있다. 구체적으로는 일본의 정치가와 시민을 구분하고 역사 및 영토 문제와 외교·안보 이슈를 분리하여 일본 시민의 외교·안보의식에 초점을 맞춰 분석했다.

그 결과 중국의 군사적 대두와 공격적 대외정책, 북한 핵 미사일 능력의 고도화와 이에 비해 악화한 한일관계로 인해 군사적 충돌에 대한 일본 국민의 우려가 높은 것이 사실이지만 이에 대한 해결 방안으로 무력을 행사하는 정책 방향은 선호하지 않는 것이 일본 국민의 여론이라는 것을 확인할 수 있었다. 특히 경제희의 분석은, 한국의 시각과는 달리, 이러한 여론이 제2차 아베 내각이 들어선 이후 오히려 조금씩 높아지는 경향을 보여 아베 정권의 외교·안보정책이 대다수의 일본 시민의 위기의식에 대응한 것이라는 결론을 내리기 어렵다는 사실을 확인해 주고 있다.

마지막 7장에서 진필수는 2014년 11월 오나가 다케시(翁長雄志)가 현지사로 당선된 이후 새로운 국면에 접어든 '올 오키나와' 반기지 운동의 조직, 목표, 전개 과정을 검토하고 있다. 분석 결과 진필수는 오키나와의 반기지운동이 '반전평화주의'에서 '자결권 운동'으로 변화하고 있다고 포착했다. 후텐마 기지의 헤노코 이설을 추진하기 위한 아베 정권의 강압적 조치들은 오키나와 주민들로부터 강력한 반발을 초래했다. 2014년 오키나와현 지사 선거 이후 오키나와 반기지운동은 오나가 지사를 지지하는 종래 보수세력의 일부와 혁신세력이 연합한 소위 '올 오키나와' 운동 세력에 의해 주도되고 있다.

그런 한편, 운동의 이념적 목표는 혁신세력의 반전평화주의에서 오나가 지사의 중도 보수 세력이 주장하는 자결권 행사와 자치 확대로 무게중심이 이동하였다. 그럼에도 두 정치세력은 헤노코 기지건설 반대라는 단 하나의 공동목표 아래 통합되어 있다. 이 운동을 통해 기지 문제를 둘러싼 대립 구도는 보수와 혁신의 대립에서 '일본정부 및 일본사회'와 '올 오키나와' 세력의 대립으로 변화하고 있다. 나아가 자결권에 대한 관심은 오키나와인들의 소수민족 아이덴티티에 대한 강조로 연결되고 있다. 이는 일본의 단일민족 아이덴티티에 큰 균열 요인으로 작동하고 있다.

6. 현실정치 분석에서 시대의 기록으로

본래 이 책은 아베 정치가 정점에 다다르고 있던 2017년에 기획되어 개시된 공동연구에서 비롯된 것이다. 재기하는 일본의 정치와 외교를 '아베 보수정치가 주도하는 국가혁신'이라는 시각에서 분석해 보자는 것이 그 목적이었다. 그러나 공동연구를 책으로 발간하는 과정에서 '정치 분석'을 책으로 내는 어려움을 확인할 수 있었다. 현상은 비록 조금씩이나마 끊임없이 변화하고 있어서, 개별 원고가 완성되는 시점이 서로 달라, 최종 수합한 원고들을 변화한 현실에 맞추는 작업이 필요했다.

그러는 사이에 아베노믹스의 기세가 꺾이고, 아베 정치의 위기 징후들이 나타나기 시작했다. 그리고 급기야는 2020년 여름 아베 내각이 막을 내렸다. 그럼에도, 다시 강조하건대, 아베 시대는 아베 이후 스가 내각을 거쳐 이제 시작했을 뿐이라고 할 수 있다. 그래서 이 책은 아베 시대가 시작되는 시점에서 그 기원을 기록해 두는 의미를 지니게 되었다.

그럼에도 이것이 편집자의 게으름을 합리화해줄 수는 없다. 이 책에서 현상분석보다는 시대규명의 의미를 읽어달라는 부탁은, 역사적 분석에 익숙한 편집자의 능력이 부지런함을 요구하는 정치현실 분석에 따라가지 못했다는 데 대한 변명일 뿐이다. 다만 독자들께서는 부디 이 책을 아베 정치를 되돌아보면서 '아베 이후의 아베들'이 이끌어갈 일본을 상대하는 데 가이드로 활용해 주시기를 바랄 뿐이다.

바쁜 가운데 공동연구에 참석해 주신 집필자들, 중간발표 세미나에서 유용한 커멘트로 문제제기 수준의 원고를 발전시키는 데 도움을 주신 김성조, 남상욱, 서승원, 유용욱, 이주경, 최희식, 한의석 등 여러 선생님들께 깊이 감사드린다. 마지막으로 서로 다른 체제의 원고들을 다듬고 고치고 합쳐서 책의 모양을 만드는 데 큰 역할을 수행한 유상희, 우종범 등 일본연구소 전임 현임 조교들, 그리고 박문사의 편집 담당자분들께도 감사 말씀 전한다.

2022년 1월 28일

집필진을 대표해서 남기정 씀

현대일본생활세계총서 **17**

아베 시대 일본의 정치와 외교

제1부

아베 시대의
자민당과 정책과정

I 박철희

아베 시대 자민당 우위체제 재구축 전략
역사적 전개와 지속 가능성

II 이정환

일본 농업 이익유도정치의 쇠퇴
아베 정권, 자민당 농림족, 농업개혁

III 남기정

저출생 고령화 시대 일본의 복지와 방위
'대포와 버터'의 정치경제학

현대일본생활세계총서 **17**

아베 시대 일본의 정치와 외교

아베 시대 자민당 우위체제 재구축 전략*
역사적 전개와 지속 가능성

박철희

1. 자민당 우위체제의 부활

일본 정치에 관한 오랜 궁금증은 왜 자민당(自民党) 우위체제가 오래 지속되는가 하는 것이다(佐藤誠三郎・松崎哲久 1986; Calder 1988). 1955년에 창당한 자민당은 55년 체제 내내 유일한 일본의 집권 정당이었고, 짧은 야당 시절을 제외하면 일본을 지배한 대표적인 정당이다. 펨펠(Pempel 1991)은 자민당의 우위체제를 보고 일본이 '흔하지 않은 민주주의(uncommon democracy)'라고 평하였고, 일본에서는 집권 가능성이 있는 다른 정당들이 보이지 않기 때문에 자민당을 일본의 '자연스런 여당(natural ruling party)'이라고 보는 시각까지 존재한다. 자민당은 1993년 8월 초부터 1994년 6월 말까지 일시적으로 정권을 잃었다가 다시 정권의

---

* 이 글은 『아태연구』 25권 3호(경희대학교 국제지역연구원, 2018.9)에 같은 제목으로 실린 글을 이 책의 편집 방침에 맞춰 수정한 것이다.

자리에 복귀하여 다시 자민당 정권 시대를 지속하였다. 2009년 7월 선거에 의해 처음으로 민주당(民主黨)에 정권을 내놓았지만 2012년 12월에 다시 정권의 자리를 찾아왔다.

아베(安倍) 시대의 개막과 더불어 자민당 우위체제는 다시 부활했다. 〈표 1〉에서 보는 바와 같이 2012년 12월 중의원 선거 이래 자민당은 2019년까지 7년간에 걸친 모든 국정선거에서 야당과 대결하여 압도적인 승리를 거두었다.

〈표 1〉 2012~2017년 일본 국정선거 결과

구분	자민당 의석수	공명당 의석수	여당 합계	야당 합계	전체 의석
2012년 12월 중의원선거	294 (61.3%)	31	325 (73.3%)	155	480
2013년 7월 참의원선거	115 (47.5%)	20	135 (55.8%)	107	242
2014년 12월 중의원선거	291 (61.3%)	35	326 (68.6%)	149	475
2016년 7월 참의원선거	120 (49.6%)	25	145 (59.9%)	97	242
2017년 10월 중의원선거	281 (60.4%)	29	310 (66.7%)	155	465
2019년 7월 참의원선거	113 (46.7%)	28	141 (58.3%)	101	242

■ 『요미우리신문』 선거속보 각 해당년도

자민당의 우위체제의 부활은 당연한 것처럼 여겨지지만, 2012년 자민당이 권력을 확고하게 다시 찾아오기까지 자민당 정권은 20년에 걸쳐 동요와 혼선이라는 우여곡절을 겪었다. 1990년대와 2000년대의 자민당 우위체제는 1955년 체제처럼 자민당 단독 정권도 아니었고, 야당의 도전도 더욱 거세졌다. 자민당 우위는 도전에 직면하였고, 2009년에는 새로운 보수 통합 야당인 민주당(民主黨)에 정권을 내주는 쓰라린 경험에도 직면했다.

2012년에 정권의 자리에 복귀한 자민당은 야당의 무한 분열에 힘입어 다시 자민당 우위체제를 공고히 해 가고 있다. 1955년 체제하에서 자민당이 야당의 분열과 내부 갈등으로 인해 장기집권에 성공했던 것과 유사하다. 자민당 내부에서도 파벌 간 갈등과 합종연횡에도 불구하고 아베(安倍)는 2015년 총재선거에서 무투표 재선되었고, 2018년 총재선거에서도 당선된 뒤 2020년 8월 28일 갑작스러운 사임 발표로 총리 자리에서 내려올 때까지 일본 헌정 사상 최장기 내각을 이끌었다.[1] 그 동안 자민당의 다른 정당들에 대한 상대적 우위 확보와 더불어, 아베 총리가 자민당 내 아베 우위체제를 유지하는 '이중의 우위체제'가 구축되었다.

이 글은 2012년 이후 자민당 우위체제의 재구축이라는 새로운 정치 현실을 분석함에 있어 그 이전의 자민당 정권 역학과의 비교를 통한 정치사적 함의를 우선 논하고자 한다. 그리고 아베 총리가 이끌었던 자민당 우위체제 구축 전략의 특징과 성격을 논해 보고자 한다. 결론 부분에서는 자민당 우위체제의 지속 가능성과 한계에 대해 간단히 논하고자 한다. 기존의 연구가 자민당 우위를 가져오는 정태적 제도의 중요성을

---

1) 아베는 2019년 11월 20일로 통산 재임 일수가 2,887일이 되어, 가쓰라 다로 (桂太郎)를 제치고 일본 헌정 사상 최장수 총리가 되었다. 2020년 8월 24일에는 연속재직일수가 2,799일이 되어, 숙부인 사토 에사쿠(佐藤栄作)가 가진 기록을 경신했다. (『요미우리신문』 2019.11.20, 2020.8.23).

강조하거나 지도자 개인의 속성에 기반을 둔 주장을 편 데 반해, 이 글에서는 동태적 행위자, 특히 정당세력 간의 이합집산 및 정당의 지지 동원전략의 수월성에 강조점을 두고자 한다.

2. 자민당 우위체제를 보는 시각

자민당이 다른 정당들에 비해 우위에 서는 이유에 대해 다양한 해석이 존재한다.

첫 번째, 제도 적응론(institutional adaptation)적 시각이다.[2] 자민당이 다른 정당들에 비해 우위에 설 수 있는 이유를 선거제도와 이에 대한 적응 능력에서 연원을 찾는 시각이다. 자민당이 소선거구제하에서 제도의 역학에 아주 잘 적응하여 다른 정당들을 제치고 우위로 올라섰다는 분석이다. 이러한 논의는 1955년 체제하에서 자민당의 일당 우위를 설명하는 이론이 중선거구 제도였다고 주장하는 이론의 연장선상에 있으며,[3] 자민당이 중선거구제이든 소선거구제이든 어떠한 선거제도를 도입하더라도 그 제도에 잘 적응하여 우위를 차지한다는 '제도 적응 만능론'의 관점에 서 있다. 중선거구제이건 소선거구제이건 특정 선거제도

---

2) 일본 특유의 문화 요인보다는 보편적인 선거제도의 시각에서 자민당 정치를 설명한 시도로는 렘세이어와 로젠블루스(Ramseyer & Rosenbluth 1993), 고노(Kohno 1997)의 논의가 있다.

3) 선거제도를 중심으로 정당 간 협력을 분석하는 예로는 크리스텐슨(Christensen 2000)의 논의가 있다.

가 자민당이라는 특정한 정당의 우위를 위해 작용한다는 논리는 보편 논리에 부합하지 않는다. 자민당은 어떠한 선거제도를 도입해도 선거제도와 무관하게 일당 우위를 차지한다고 한다면 '자민당 여당 필연론'을 두둔하는 숙명론에 가까울 수 있다. 또한, 이러한 제도 적응 능력에 기반한 설명 방식은 자민당이 1994년 선거제도 개혁 이후 분열과 통합의 역사를 거쳤고 2009년 중의원선거에서는 민주당에 참패하면서 정권을 잃었던 경험이 있다는 사실을 경시하는 주장이다. 민주당도 선거제도에 잘 적응하여 정권을 탈취했다는 점을 지나치게 과소평가해서는 안 된다. 다시 말해서, 선거제도 자체는 특정 정당을 일방적으로 선호한다고 볼 수 없으며, 정치를 돌이킬 수 없는 특정한 방향으로 규정짓는 것은 아니라는 사실에 착목할 필요가 있다. 선거제도가 궁극적으로 특정한 정치적 결과를 유도한다는 주장은 적어도 과장된 것이다. 정치적 행위자에 대한 분석을 강화해야 하는 이유이다.

자민당의 우위를 설명하는 두 번째 설명 방식은 정치적 리더십 (political leadership)의 차이에 주목하는 것이다(菊地正史 2017; 柿崎明二 2015). 자민당 총재와 총리로 복귀한 아베의 독특한 정치 리더십과 스타일이 자민당을 승리로 이끌었다는 주장에 와 닿는다. 이러한 주장은 자민당 정권 우위의 원인을 한 지도자의 자질과 신념에 연결시킨다는 점에서 지나치게 환원론적(reductionist)이다. 또한, 자민당 총재라는 개인의 자질에서 자민당의 생존 능력의 근원을 찾는다는 점에서 지나치게 개인주의적(individualistic)일 수밖에 없다. 이러한 주장은 동일한 인물인 아베 총리가 2006~2007년 1년 동안 총리를 지낼 당시는 자민당의 몰락을 막아내지 못했다는 점을 간과하는 것이다. 제2기 이후 아베의 리더십이 1기의 아베와 여러 가지 점에서 차이가 나고 변화한 면이 있다는 것은 부정할 수 없다. 하지만, 변화한 정치지도자의 자질 하나로 정당의 우위를 설명하는 것은 한계를 노정할 수밖에 없다. 민주당에게 정권을 내주기 이전, 고이즈미(小泉)에 이어 자민당 총재와 총리로 등판한 여러 정치가들이 고전을 면치 못했다. 아베의 1기가 그랬고, 후쿠다(福田) 총리도 아소(麻生) 총리도 민주당의 직격탄에서 헤어나지 못했다. 아베, 후쿠다, 아소라는 3명의 총리가 모두 1년을 채 견디지 못하고 총리직에서 물러났고, 이윽고 정권까지 내주어야 했던 것을 상기한다면, 정치가의 자질에 중점을 두는 설명도 한계가 있다. 다시 말하자면, 자민당이라는 하나의 정당 내에서도 리더십의 자질과 능력이 다르고 연속성이 보장되는 것이 아니기 때문에 지나치게 개인의 자질에 초점을 맞추는 것은 환원론의 오류로부터 자유로울 수 없다. 정치가 개인의 자질보다는 정권을 구성하고 있는 핵심 엘리트(core elite) 그룹의 정책 노선과 전략적 판단에 주목해야 하는 이유이다.

　세 번째 가능한 설명은 정책의 수월성(policy performance)으로 자민당의 우위를 설명하는 방식이다. 특정 정당이 추진하는 정책이 유권자들로부터 호평을 받고 높은 지지를 확보할 때 정권의 지속 가능성이 높아진다는 것은 말할 나위도 없다. 문제는 정책의 수월성이 반드시 한 정당에만 존재하는 특정성을 가지지 않는다는 점이다. 민주당이 2009년 집권할 당시, 민주당의 초기 정책 노선은 자민당의 정책들과 차별화하면서 높은 지지율을 확보한 바 있다(박철희 2014). 하지만, 민주당 정권은 국민들이 반대하는 소비세 인상을 단행하고 나서 지지 회복에 실패하였다. 국가를 위한 정책적 선택이 반드시 정치적 승리를 보장하는 것은 아니다. 일시적으로 인기가 있는 정책이 반드시 지속적인 정권 지지도로 연결된다고 볼 수 없으며, 역으로 일시적으로 인기가 없는 정책이라도 이를 극복하면 정권의 지지도 회복으로 연결되기도 한다. 이런 점에서 정책 대립축의 수월성은 상대적인 것이며, 정책 실현 가능성 지속 여부도 가변적이다.

이 글에서는 자민당의 우위를 가늠하는 척도를 아래 세 가지 설명 변수의 결합으로 보고 현실 분석에 임하고자 한다.

하나는, 정당 간 연합과 분열(inter-party coalition and fragmentation)이다. 1955년 체제에서 그러하였듯이, 현재의 자민당 우위가 지속되는 가장 큰 원인은 야당의 분열에 있다. 야당이 모두 힘을 합치고 자민당에 대항하는 대립축을 개발하고 경쟁에 임한다면 자민당은 위기에 처할 공산이 크다. 그러나 현재 일본의 야당은 4분 5열하여 내부적인 대립에 빠져 있어 자민당을 유리하게 하는 구도가 지속되고 있다. 야당은 자민당의 분열과 실패에서 자신의 설 자리를 찾고 있다는 점에서 지극히 수동적이며 패배주의적이다.[4] 반면, 자민당은 연립 여당인 공명당과의 연합을 강하게 유지하는 한편, 구체적인 사안에 대해 협력이 가능한 우파 정당들과의 협력 가능성을 열어 놓음으로써 자민당의 정책공간을 확장하

---

4) 한 야당의 간사장은 필자와의 인터뷰에서 아베 시대가 지나고 나면 자민당의 내부 분열이 일어날 것이며 그러면 야당이 집권할 기회가 찾아올 것이라며 1990년대 초반 오자와의 자민당 이탈을 예로 들었다(민주당 출신 야당의 원과의 인터뷰, 일본 도쿄 중의원회관, 2018.7.17).

고 있다.

다른 하나의 설명변수는 정당의 지지 확보 및 유권자 동원 전략(support mobilization)을 들 수 있다. 정당의 지지를 폭넓고 지속성 있게 확보하는 것은 그리 쉬운 일이 아니다. 자민당이 오랫동안 구사해 온 전략은 이데올로기적 유연성과 포괄성을 통해 가능한 한 폭넓게 조직화된 지지 기반을 확보하고자 하는 것이었다. 고정표(固定票)를 다른 정당에 비해 탄탄하게 유지하는 방식이다. 고정표의 기반이 되는 조직은 지방 장기거주자들의 조직이 될 수도 있고 이익단체들이 될 수도 있으며, 특정 종교조직이 될 수도 있다(朴喆熙 2000).[5] 이러한 고정표의 바탕 위에서 다수파(majority) 형성을 위해 보완적인 지지세력을 끊임없이 개발, 개척하는 방식이다. 아베 2기 이후 자민당은 우파진영에서 일본회의(日本会議)를 중심으로 하는 공고한 지지층을 개발해 나가는 한편, 공명당을 중심으로 중도와 온건보수층을 확보하고자 하는 전략이 눈에 띈다.

나머지 하나는 정책 아젠다의 상호 정합성(consistency)과 차별성(differentiation)을 통해 무당파층(無党派層)의 지속적인 지지를 유도하는 방식이다.[6] 야당들과의 선명하게 차별화된 정책 아젠다를 통해 유동층의 야당 선호를 차단하고, 내부적으로 추진하는 정책들 간의 상호 정합성과 상호 상승효과를 결합시켜 정책의 자기모순을 덜어내면서 무당파층의 잔류를 이끌어내는 방식이다. 민주당이 노조와 저소득층을 겨냥

---

5) 특히 6장 참고.
6) 정책대립축의 설정과 유지라는 관점에서 정권의 향방을 분석하려는 시도로는 오타케 히데오(大嶽秀夫 1999), 쿠사노 아츠시(草野厚 1999), 야마구치 지로(山口二郎 2007)의 연구가 있다.

한 복지 중심 정책을 추진한 데 반해, 아베 정권에 들어와 아베노믹스 (Abenomics)라는 구호 아래 기업의 활동과 이윤 창출을 도와주는 정책을 실현하고 있는 것은 대표적인 예이다.

요약하자면, 이 글에서는 자민당의 우위를 설명하는 변수로 정당 간 연합과 분열, 지지세력 동원의 포괄성, 그리고 정책 대립축의 차별성과 통합성에 중점을 두고자 한다.

3. 동요와 혼선을 경험했던 자민당 우위체제: 1990~2000년대

1955년 체제하에서 부침이 없었던 것은 아니지만 자민당의 상대적 우위는 38년이나 지속되었다. 하지만, 타케시타(竹下) 정권하에서 발생한 리쿠르트 스캔들(recruit scandal)의 발생 이후 자민당은 유권자들의 비판에 시달려야 했다. 이를 역전시키기 위한 화두가 '정치개혁(政治改革)'이었다(佐々木毅 1992). 야당이 아닌 자민당이 정치개혁이라는 담론을 주도하면서 자민당은 재생의 길을 모색하였다. 아울러 자민당 주류 세력은 정치개혁이라는 화두에 그치지 않고 '국가개혁'을 향한 발걸음을 재촉했다. 오자와(小沢一郎 1993)는 '보통국가(普通の国)론'을 제시하면서 정치개혁을 넘어서는 국가혁신을 주장한 바 있다. 사민당(社民党)과 공산당(共産党)을 중심으로 한 혁신계를 고립시키고 공명당(公明党)과 민사당(民社党)을 포함하는 중도 정당들과 손을 잡아 자민당 중심의 국가 전략 체계를 공고화 시킨다는 게 오자와 전략이었다(Curtis 1999,

65-98).

그러나 오자와의 전략은 자민당 내부의 온건보수의 반발을 가져와 급기야는 자민당의 분열을 불가피하게 만들었다. 자민당 우위체제가 일시적으로 붕괴하는 순간이었다. 이후 자민당은 정권에 복귀하지만 자민당 우위체제에는 근본적인 변환이 이루어졌다. 1990년대를 일본 사람들은 경제적 측면에 주목하여 '잃어버린 10년(失われた10年)'이라고 부르지만, 정치적으로는 사실상 '대변혁기'였다 (Park 2004, 311-322).

3.1 냉전 후 혁신의 몰락과 자민당 우위 유지를 위한 변혁적 실험

자민당을 떠난 오자와를 중심으로 사회당, 민사당, 공명당 등 1955년 체제하의 야당들이 모인 연합체로 출범한 비자민(非自民) 정권은 내부 분열과 정책 혼선으로 단기간에 정권을 내놓아야 했다. 자민당은 연립 정당 내부의 분열을 역으로 활용하여 사민당을 자신의 연합세력으로 끌어들임으로써 비자민 연립 정권을 무너뜨리는 한편 자민당 정권 복귀의 길을 열었다(Curtis 1999, 99-136). 자민당과 사회당의 연합에 의한 자민당의 정권 복귀였다. 자민당 내 보수 리버럴 세력들이 주도한 '보수-혁신 연합 전략(conservative-liberal coalition)'의 시도였다.7) 자민당 내 보수우파나 신보수세력들도 자민당이 정권의 자리에 돌아오는 것에 대해 반대하지 않았기 때문에 가능한 것이었다. 역설적인 것은 자민당은 사민당과의 연합으로 정권에 복귀하였지만, 연립의 상대였던 사회당의 지

---

7) 와카미야(若宮啓文 1995)는 자민당 내 보수세력을 정치적 성향에 따라 보수 우파, 중도보수, 보수 리버럴로 분류한다.

지도와 의석은 지속적으로 감소하여 1998년 참의원선거 이후에는 연립의 상대로서의 의미를 잃어간 점이다. 이는 오자와와 함께 연립을 구성했던 정치세력이 뿔뿔이 흩어지면서 혁신세력으로서의 정체성을 상실해 간 것과 궤를 같이 한다. 가토 고이치(加藤紘一) 간사장을 중심으로 한 자민당 내 보수 리버럴 세력은 혁신 진영의 몰락을 자민당의 새로운 세력 확장의 기회로 활용하고자 하였다. 즉, 사민당의 지지모태였던 노동조합 연합체인 렝고(連合)와의 협력 노선 구축을 통해 자민당 지지 기반 외연확산 전략을 도모하였다(박철희 2011, 252-297).

자민당은 연립 정권 구성 전략의 현실성을 두고 내부 갈등을 거듭하였다. 하지만 1998년 참의원 선거에서 사민당이 참패하여 자민당과 사민당, 사키가케(さきがけ)가 연합을 해도 국회 과반수 창출이 어려워지자 사민당과의 연립은 정치적 유용성을 상실하게 되었다. 1998년 자민당 총재가 된 오부치(小淵)는 사민당과의 연립을 종식하고 공명당(公明党)과의 연립을 선택하였다. 자민당 내부 역학으로 보자면 가토(加藤) 전 간사장 의 보수-혁신 연합 전략에 대한 노나카 히로무(野中広務) 간사장의 반격이었다. 자민당이 권력의 지위에 남아 있기 위해 승리연합(winning coalition)을 구축하는 현실적 선택을 한 것이었다. 1955년 체제하에서 야당의 최대 지지세력이었던 노동조합과의 연합보다는 사회의 발전과 더불어 점차 지역주민 공동체로 중도보수화하고 있는 창가학회(創価学会)를 자민당의 우호적 협력세력으로 인식한 것이 전략 전환의 단초였다.[8] 오자

---

8) 공명당의 유용성에 대한 논의는 야쿠시지 카츠유키(薬師寺克行 2016, 8-10 장)의 논의가 있다.

와(小沢)와의 연합 이탈 이후 고민을 거듭하던 공명당에게 손을 내밀면서 자민당 우위체제를 지속하려는 시도였다. 이는 조직화된 중도파를 지지세력으로 끌어들이려는 '보수중도 연합 전략(conservative-centrist coalition)'이라고 할 수 있다.

1990년대 이후 자민당 내에는 자민당 우위체제 지속을 위한 세 가지 전략적 선택이 복합적으로 논의된 것으로 보인다. 하나는, 노나카(野中) 전 간사장을 중심으로 한 '조직된 지지기반 공고화 전략'이다. 전통적인 보수세력의 지지 기반 위에 공명당의 지지 기반인 창가학회를 안정적인 연합세력으로 확보하고 지지 정당을 잃은 노동조합의 일부를 더하면 자민당의 우위는 지속될 수 있다는 전략이다. 자민당은 이 전략을 지금까지도 유지하고 있는 측면이 강하다. 지지 조직의 카르텔(cartel)을 만들어 다른 조직된 정당 지지세력에 대한 우위를 점하고자 하는 것이다. 둘째, 고이즈미(小泉)를 중심으로 하는 '무당파 흡인 전략'이다. 고이즈미는 자민당의 전통적 지지 기반인 지역 공동체와 지역 상인집단, 이익단체들이 형해화하고 있다고 보고, 점차 늘어가는 도시부 무당파층을 적극적으로 공략함으로써 자민당의 외연을 무한 확장하는 게 현실적이라고 보았다. 실제로 고이즈미 정권 시대의 자민당 전략의 기본에는 '극장형 정치(劇場型政治)'로 불리는 인기영합 정치를 통해 무당파층을 끌어들이려는 포퓰리스트 전략(populist strategy)이 작동하고 있었다(大嶽秀夫 2003). 셋째, 당시 자민당의 청년장교들로 불리던 나카가와(中川), 아베(安倍) 등을 중심으로 고안된 전략은 우파적인 성향의 지지세력을 개척해 나가려는 '신보수(新保守) 강화 전략(neo-conservative reenforcement)'이었다. 1990년대 중반부터 본격화한 이들의 조직화 노력은 2000년대 중반까지 커다란 성과를 거두지는 않았지만, 기존의 전통적 보수세력을 보완하는 지지세력으로서 신보수세력의 조직화 가능성을 모색했다는 점에서 유의미한 움직임이었다(中野晃一 2015).

실제로 고이즈미 정권은 위에서 제시한 세 가지 자민당 우위체제 유지 전략을 전반적으로 배합하여 활용하였다. 1999년에 본격화한 공명당과의 연립 정권을 지속적으로 유지하여 기초적인 지지표를 강화하는 한편, 포퓰리스트 개혁정치의 본격화를 통해 무당파층을 최대로 흡수하고, 신보수세력의 표도 동원하려는 우파 전략도 함께 활용하였다. 고이즈미 정권 시절 한국과 중국 등 아시아 국가들과 갈등적 양상을 표출한 것은 신보수세력을 염두에 둔 전략의 일환이기도 하였다.

고이즈미 정권을 계기로 자민당 우위가 다시 복원되는 것으로 보였지만, 고이즈미 이후 자민당 정권은 어려움에 봉착하였다. 우선, 국가 재정 개혁, 보조금 개혁 등의 여파로 자민당의 전통적인 지지 기반이 약화되고 지지세력의 이탈이 늘어났다. 1991년 5,464,782명이었던 자민당 당원수는 2009년에는 871,871명으로 백만 명 이하로 줄어들었고, 2012년에는 610,245명으로까지 감소하였다(中北 2014, 256). 또한, 고이즈미 총리의 화려한 극장형 정치가 사라지자 무당파층 사이에서 자민당의 매력은 반감되었다. 오히려 아베(安倍)나 후쿠다(福田) 총리 등은 당에서 축출했던 개혁 반대세력들을 자민당으로 다시 불러들임으로써 구태의연한 세력의 재결집이라는 인상을 주었다. 자민당의 혼돈은 깊어갔고 2009년 정권을 잃는 사태로 이어졌다.

3.2. 보수화된 통합야당 민주당과의 경합과 민주당 정권의 실패

1990년대 중반 이후 분열을 지속하던 야당들은 2000년 이후 소선거구제하에서 선거승리연합 구성을 위한 본격적인 움직임에 박차를 가하기 시작했다. 1955년 체제하에서 최대 야당세력이었던 사민당이 몰락하고 그 잔재세력이 선거에서 낙선하는 일들이 반복되면서 역설적으로 분화된 야당 간의 연합이 용이해졌다. 1996년 비자민, 비공산, 비공명의 기치를 걸고 중도야당으로 출범한 민주당(民主党)의 깃발하에 다양한 야당세력이 모여들기 시작했다. 자민당 탈당세력 이외에 사민당 우파는 물론 전 민사당 세력, 사키가케(さきがけ)의 후신들이 가담하였다. 또한 2000년 이후부터는 마츠시타 정경숙(松下政経塾) 출신들이 자민당 대신 민주당을 자신들의 활동무대로 여기면서 대거 합류하였다. 2003년에는 오자와가 이끄는 자유당(自由党)도 민주당에 합류하면서 민주당은 보수통합야당으로서의 면모를 확실히 갖추었다. 극좌와 극우를 제외한 통합야당이었던 관계로 자민당과 실질적으로 경합할 수 있는 기반을 확보하였다.

지지세력의 면에서도 자민당 탈당파를 중심으로 전통 보수세력을 양분시키는가 하면, 렝고를 중심으로 한 노동조합의 강력한 지지를 확보하였고, 국익(國益)이 아닌 민익(民益)을 추구한다는 명분하에 무당파층에 대한 지지도를 늘려갔다(鳩山由紀夫・菅直人 1997). 자민당 정권의 실패에 대해 '국민의 생활이 제일(国民の生活が第一)'이라는 문구를 통해 공세적 비판을 가한 것도 지지세력 확보에 일조하였다.

민주당은 2009년 중의원선거를 통해 자민당을 밀어내고 정권을 장악하였다. 일본 정치사상 처음으로 '선거를 통한 정권 교체'였다는 점에서 의미 있는 진전이었다. 하지만, 집권한 민주당세력은 여러 가지 어려움에서 벗어나지 못하고 3년 반 만에 정권을 내놓았다(日本再建イニシアティブ 2013).

민주당 정권은 국정운영 차원에서 적어도 다음과 같은 네 가지 역설적 도전을 견뎌내지 못했다. 첫째, 민주당 정권은 자민당의 미일관계 일변도 외교를 시정한다는 명분하에 대등한 미일관계 구축과 고이즈미 이래 악화된 아시아외교 복원을 내세웠다. 하지만, 오키나와(沖縄) 미군기지의 이전을 둘러싸고 미국과 갈등하면서 '대안 없는 이상주의'의 모습을 보여주었다. 기대를 모았던 중국과의 관계 회복은 오히려 중국의 적극적 해양 외교의 여파로 2010년 '센카쿠 열도(尖閣列島)'를 둘러싼 영토 갈등을 일으키면서 유권자들로부터 역풍을 맞았다. 일본 외교의 기축인 미일동맹을 흔들리게 하면서 동시에 아시아 외교도 실패를 노정하게 되자 유권자들의 불안이 커지게 된 것이다. 결과적으로 민주당 정권은 점차 미일동맹 강화라는 현실적 노선을 취하게 되지만 자민당과의 차별화에 실패하는 결과를 가져왔다. 둘째, '콘크리트로부터 인간으로'라는 주장히에 개별적 복지와 보편적 복지를 모두 강화하려는 복지정치 노선은 막대한 국가 재정 투입을 필요로 했다. 정권 초반에는 재정개혁 및 사업재분류(事業仕分け)를 통해 예산을 확보할 수 있다고 장담하였지만, 결국 재정의 건전화를 위해 소비세를 인상한다는 결정을 내리면서 정권운영 능력의 한계를 보여주는 동시에 유권자들을 기만했다는 비판으로부터 자유로울 수 없었다. 셋째, 당내 최대세력으로 성장했던 오자와(小沢)의 강권 정치를 어떻게 관리할 것인가에 대한 답을 내놓지 못했다. 오자와는 당권을 장악하면서 당내 최대 주주로 부상했지만 이는 당내 주류세력으로 부상하던 젊은 정치인들과의 갈등을 불가피하게 만들었다. 이것이 소비세 인상을 둘러싼 정책 갈등과 복합되면서 당내 분열은 피할 수 없는 사태에 이르렀다. 넷째는 지방으로부터의 역습이었다. 1990년대 중반 이후부터 조직적 성장을 거듭하던 신보수세력의 일부가 '일본유신의 회(日本維新の会)'를 구성하면서 민주당 정권에 대한 강력한 안티테제를 제공하며 비판의 선봉에 섰다. 이시하라 신타로(石原慎太郎) 동경도지사와 하시모토 도루(橋下徹) 오사카 시장의 연합에서 출발한 '일본유신의 회'는 센카쿠를 둘러싼 중국과의 갈등, 위안부와 독도를 둘러싼 한국과의 갈등을 부추기는 외교안보의 촉매로 작용하는 한편, 국내의 재정 및 지방 개혁에 대해서도 민주당을 괴롭히면서 민주당의 개혁명분을 약화시켰다. 극복할 수 없는 모순들의 복합적인 결과로 민주당은 2012년 중의원선거에서 정권을 내놓는 수모를 당해야 했다.

민주당이 정권을 내놓은 이후 이어진 야당세력의 자기 분열은 결과적으로 자민당에게 유리하게 작용하였다.[9] 2009년 중의원선거에서 308석이라는 압도적인 숫자로 정권을 획득했던 민주당은 2012년 12월 선거에서 다수의 탈락자를 내고 58석에 불과한 소수 정당으로 전락하였을 뿐만 아니라, 모두의 당(みんなの党) 18석, 미래(未來) 9석 등으로 뿔뿔이

---

9) 오자와를 중심으로 전개된 민주당의 내부 분열에 대해서는 심미정(2014)의 논의 참고.

흩어졌다. 더구나 새로운 우파 정당인 일본유신의 회(日本維新の会)가 54석을 점유함에 따라 야당의 분열을 촉진함은 물론 제1야당인 민주당의 입지를 축소하는 결과를 가져왔다. 오자와가 중심이 되어 탈당한 세력은 점차 포말정당화하였다. 민주당에 잔류했던 세력들도 2017년 10월 선거에서 다시 분열하여 입헌민주당 54석, 희망의 당 50석으로 재편되었고, 2018년에 들어 다시 입헌민주당과 국민민주당, 민진당, 무소속 등으로 세포분열을 계속함으로써 결과적으로 자민당이 우위체제를 유지하는 데 도움을 주고 있다. 아베 이후 자민당 우위체제에 가장 도움을 주고 있는 것은 민주당의 정책 실패, 지지세력 관리 실패, 정치세력의 분열에 있다고 해도 과언이 아니다.

4. 아베 시대 자민당 재건 전략

아베는 2012년 다시 총리로 취임하면서 '강한 일본'과 '대국 일본'을 건설하겠다는 의욕을 분명히 하고 자민당 일당우위체제를 재구축하기 위한 전략적 움직임을 가속화하기 시작했다. 민주당 정권의 실패를 교훈삼아 새롭게 일본을 재구성하려는 것이었다.

우선 아베는 국가 전략의 중심을 보수주의적 아젠다로 재설정하는 데 주저하지 않았다. '전후 체제로부터의 탈각'을 내세우면서 '아름다운 일본을 만든다'는 목표를 세웠다(安倍晋三 2006). 기존의 자민당이 추구했던 국가 전략과는 다른 정체성을 추구하려는 의지를 내보인 것이다.

역사, 전통, 문화, 자연을 중시하는 전통적 보수주의와 일본을 국제적인 보통국가로 새롭게 단장하려는 국제보수주의의 흐름을 결합하면서 신보수주의의 색채를 강하게 드러냈다(渡部治 2007). 또한, 사회민주주의적 성향이 강했던 전통적 자민당 경제정책과도 다르고 신자유주의적 성향을 강하게 드러냈던 고이즈미 시대의 개혁 중심적 경제정책과도 다른 '아베노믹스(Abenomics)'의 전개를 통해 기업 중심의 성장 전략을 구사하면서도 지방 창생과 인구정책에도 파급력이 있는 경제정책을 도입하였다.

4.1. 아베의 신보수주의적 아젠다 설정

아베가 주창하는 보수적 아젠다는 크게 세 가지 축으로 구성되어 있었다.

첫째, 중국의 부상에 대응하는 전략으로서 미일동맹을 강화함에 있어 주변지역에 대한 관여를 넘어서서 동맹을 글로벌화하여 '대국 일본(大國 日本)'의 기틀을 다시 정립하는 힘의 확산 전략을 제시했다(이기태 2018, 157-193). 미국의 요구에 수동적으로 응하여 반응형 정책을 구사하기 보다는 선제적이고 전략적인 기획을 통해 국제 및 지역 전략에서 미국과 조응하는 '글로벌 파트너십(global partnership)'을 정립하는 데 힘을 기울이고 있다. 다른 한편으로는 방위정책을 유연화하여 집단적 자위권 용인, 안보법제의 정비, 방위력의 재정비 등을 통해 자주방위의 골격을 잡으려는 노력을 강화했다(박철희 2016). 미국과 협력하되 일본의 자체 방위력을 향상시키려 한다는 점에서 '협력적 자주'에 가까운 전략의 전개이다. 외교안보 분야의 아젠다 설정 방식에 있어 수동적이고 반응적인 대응 전략에 머물러 있던 일본의 관행에서 벗어나, 주체적인 시각에서 전략적 우선순위를 정하고 글로벌한 영향력의 행사를 꾀하고 있다는 점에서 전통적 자민당 아젠다 설정 방식과도 대비되었다(박철희 2018).

둘째, '잃어버린 20년'이라는 자학적 정신 상태를 극복하여 저성장, 디플레이션의 굴레를 벗어나 경제에 활력을 고취하겠다는 신성장 전략 추구도 보수적 아젠다의 핵심을 구성한다(이창민 2018, 24-50). 1970-80년대 고도성장을 배경으로 중앙정부를 중심으로 한 성장과 분배의 균형을 이루어 삶의 질을 개선하려던 노력이 가해졌다면, 아베 시대에 들어서는 민간기업이 성장할 수 있는 제도적 혁신과 민관 협업을 중심으로 기업 중심 성장 전략을 추구한다는 점에서 관치경제와 다른 면모를 드러냈다. 또한 보편적 복지를 중심으로 한 분배지향성을 강하게 드러내기보다는 선택적 복지의 질적 향상을 통해 성장에 누를 끼치지 않는 정책 시행을 강조했다. 이는 국가 예산의 분배를 통한 복지정치(distributive welfare politics)에 치중했던 민주당 정권과 대비되는 전략인 동시에 과거 자민당이 중앙정부의 관치행정을 중심으로 국가 중심적 발전계획(state-centered development planning)을 도모했던 것과도 대비된다(윤대엽 2017, 54-94).

셋째, 전통적 자민당이 추구하던 보수적 전략이 중앙에 집중된 성장의 과실을 지방에 시혜적으로 분배하여 지역의 균형발전을 모색하던 것이라면, 저성장, 저출산, 저사망 시대의 신보수 전략은 지방의 창생과 참여 확대형 노동개혁을 통해 자립의 기반을 만드는 데 중점을 둔다(이정환 2018). 외국인 관광객 증대를 도모하는 관광 입국 전략도 지방의 활성화 및 고용의 확대로 연계시키는 종합적 환류 전략으로 연결시키고 있다. 일본의 전통, 자연, 문화, 역사를 접목시킨 사회문화적 자긍심 고양을 국가 전략과 연계시키고 있는 점에서 신보수주의적이다. 일본의 민주주의와 평화주의를 고수하려는 전통적 혁신 진영의 아젠다와도 구분되고, 전전(戰前) 일본과 대비되는 전후 일본의 안정적 시민 육성을 도모하던 자민당의 전통적 전략과 대비되는 점이 있다.

이와 같은 아베의 문제인식과 전략 추구에 대해 일본의 야당들은 아직 대안을 내놓지 못했다. 전 민주당 의원들은 정권 실패의 트라우마로부터 헤어나지 못하고 아베에 대한 대항축 개발 및 설정에 적극적이지 못했다. 전통적 혁신 진영의 입장만으로 아베를 공략할 수도 없고, 전통적인 자민당 수법에 대한 비판만으로도 아베를 제대로 공략할 수 없었던 것이다.

4.2. 지지세력의 확산 및 공고화 전략

아베가 이끄는 자민당은 고이즈미 시대와 비슷하게 여러 개의 지지세력을 복합적으로 활용하는 정교함을 보여주었다. 신보수주의적 아젠다를 통해 기업과 일반 시민들의 지지를 확보하려는 아베 시대의 자민당은 전통적 야당의 아성인 노동조합으로부터의 지지를 얻으려고 노력하지 않았다. 노동조합은 야당의 아성이며, 약화일로에 놓인 집단이라고 보기 때문이다. 우선 〈표 2〉가 보여주는 바와 같이 일본 내 기업에서 노동조합의 조직률은 시간이 갈수록 낮아지고 있다. 기본적으로 산별노조보다는 기업별 노조를 형성하고 있는 관계로 기업의 성장이 노조의 순화에도 도움이 된다는 사실에 착목하여 기업의 성장유도를 통한 노조의 간접적 협력 유도를 도모했다. 또한, 종신고용제의 붕괴 및 소자화 고령화로 인해 잠재적 노조 가입 인구가 줄어들고 있다는 점도 노조에 대한 매력을 줄이고 있다. 나아가, 비정규직 고용이 증대하고 있어 고정된 장기근속 근로자들을 중심으로 한 노조는 부분적 효용밖에 가지지 못한다는 점에도 착안하고 있다. 따라서 아베 시대의 자민당은 1990년대 가토(加藤) 간사장이 추구했던 노조로부터의 지지 유도 전략과 거리를 두고 있다. 오히려 기업의 성장 가속화와 유연한 노동력 확보 가능성을 높여 노조에 대한 간접적 접근을 시도하고 있는 게 특징이다.

〈표 2〉 노동조합 가입률의 저하 등 노조의 변화[10]

구분	고용노동자수	노동조합원수	추정 조직률
1975년	3,662만 명	12,472,974	34.4%
1985년	4,301만 명	12,319,356	28.9%
1995년	5,309만 명	12,495,304	23.8%
2005년	5,416만 명	10,034,433	18.7%
2015년	5,665만 명	9,825,300	17.4%
2017년	5,848만 명	9,915,574	17.1%
2019년	6,023만 명	10,088,000	16.7%

---

10) 일본 후생노동성 통계 자료(2017), www.mhlw.go.jp/toukei/itian/roudou/gaikyou.pdf(검색일: 2018.8.11).

자민당의 전통적 지지 기반인 장기 거주 지역주민들에 대한 접속 방식도 변화를 시도하고 있다. 기존의 자민당이 이익단체를 중심으로 국가 재정 분배 통로의 채널화를 통해 '분절된 다원주의(仕切られた多元主義)'에 기반한 네트워크 구축을 도모했다면(Muramatsu & Krauss 1988, 516-554), 아베의 신보수화 전략은 민간기업의 성장 기반 구축을 통해 지역밀착형 기업들에 대한 혜택을 늘려 일반적 지지(general support)를 확보하는 데 중점을 두었다(Okimoto 1989, 199). 아울러 신사(神社) 및 종교 조직들을 적극 활용하여 이념형 보수 기반의 공고화를 통해 개인의 총합보다는 집단적 구심점 확보를 추구했다. 신사본청과 연결된 신사들, 세이쵸노 이에(生長の家) 및 모랄로지연구회(モラロジー研究会) 등 보수적 종교집단이 지역주민들을 종적, 횡적으로 연결시키는 매개체가 되고 있는 점은 지역 유력자를 중심으로 한 이익 중심형 네트워크 구축 전략과 대비되는 측면이 강하다(成沢宗男 2016).

'일본회의(日本会議)'로 대표되는 신보수주의의 전국 세력화를 꾀하는 점도 아베 시대의 특징적 신보수 강화 전략에 속한다(具裕珍 2018). 일본회의의 영향력은 미디어에 의해 과대 포장되어 있기는 있지만, 반대로 과소평가해서도 안 된다(樋口直人 2014). 일본회의는 전국적 조직을 형성하고 있으며, 정례적인 모임을 통해 멤버들의 교화 및 동원을 도모하면서 이념적 결집력이 강하다는 점, 그리고 기부와 자발적 참여를 통한 시민조직에 가깝다는 점에서 기존의 노동조합이 수행하던 지역 네트워크를 대체하는 측면을 가지고 있다(青木理 2016; 菅野完 2016). 노동조합이 가졌던 전국 네트워크와는 달리 지역의 유력자 및 중소기업 대표 등이 다수 참가하고 있는 점에서 회원수만으로 영향력을 계측하는 방식은 적절하지 않다.

일본회의로 대별되는 신보수세력의 결집은 자민당을 지지하는 새로운 외곽세력의 형성을 의미한다. 보수-혁신 연합 전략 및 보수-중도 연합 전략에 대비하여 말한다면, '보수-우파 연합 전략(Conservative-Rightwing Coalition)'이라고 할 수 있다. 지방 및 풀뿌리 레벨에서의 신보수세력의 등장은 자민당 우위체제의 유지를 위하여 적어도 두 가지 역할을 수행하는 것으로 보인다. 첫째, 점차 약화되고 있는 지역 중심의 전통적 보수세력을 보완해 준다. 이들 신보수세력의 조직화는 기존의 전통적 보수세력을 대체하는 게 아니라 이들을 지탱하면서 강화해 나가는 보강재 및 보완재 역할을 하고 있다.11) 둘째, 신보수세력은 이른바 혁신 및 리버럴한 성향을 가진 조직 및 개인들에 대한 대항조직(counterbalancing organization)으로 자리매김하고 있다. 전통적 혁신세력의 이념적 기반이었던 호헌, 평화, 인권, 아시아주의 등에 대해 조직적으로 대항 이념과 반대 운동을 전개하고 있는 점에서 일본 사회의 전반적 보수화를 추동하는 측면이 강하다. 헌법 개정, 천황제 수호, 자긍사관에 기초한 교육의 진흥, 중국 및 한국에 관련된 영토 분쟁 등에 대해 혁신세력에 대한 비판적인 아젠다를 지속적으로 양산하고 있는 것은 결코 우연한 일이 아니다.12) 이들 신보수세력은 아베가 주도했던 자민당 우위체제 구축의 외

---

11) 지역의 유지들이 참가하고 있는 신사를 지탱해 주는 신사본청과 우파 종교 조직인 '세이쵸노 이에(生長の家)'가 주축을 이루고 있다는 것은 이들이 전국 조직일 뿐만 아니라 지역에 안착한 토착 풀뿌리 조직의 연계임을 말해준다.
12) 일본회의는 다음의 여섯 가지를 자신들이 주장하는 요체로 명시하고 있다.

곽 지원세력이자 별동대와 같은 존재이다.

아베 시대 이후 자민당의 우위가 강화되는 경향을 보이고 있는 이유 중 하나는 지지세력의 포괄적인 구축에 있다. 정책적 지향을 통해 무당파의 지지를 확보하고 있는 점도 주목해야 하지만, 조직화된 지지세력은 정당의 지속력을 강화시켜 준다. 야당인 민주당을 중심으로 한 세력이 노동조합 이외에는 지속 가능한 지지세력을 형성하는 데 실패한 데 반해, 자민당의 경우 중도보수격인 공명당의 지지를 받고 있는 데다 신보수주의적인 일본회의 중심의 보수세력을 새롭게 외곽 지원세력으로 구축하는 데 성공함으로써 '오른 날개엔 일본회의, 몸통엔 전통적 보수세력, 왼 날개에 창가학회'를 갖춘 비교적 안정적 조직 기반을 구축하였다. 이것이 자민당 우위체제를 장기화시키는 근간을 형성한다고 볼 수 있다.

4.3. 중도와 우파를 포괄하는 정당 간 연합 전략

아베의 자민당 우위체제 구축 전략에는 공명당과의 지속적 협력 추구가 한 축을 이루고 있다. 공명당을 지지하는 창가학회는 자민당이 약한 도시부에서의 집표에 결정적인 역할을 담당하고 있다(Sohn 2018). 공명당의 지지가 없으면 도시부를 중심으로 자민당 의원이 70-80명 정도

첫째, 아름다운 전통을 가진 나라를 미래의 일본으로. 둘째, 새로운 시대에 걸맞은 헌법을. 셋째, 나라의 명예와 국민의 생명을 지키는 정치를. 넷째, 일본의 감성을 중시하는 교육의 창조를. 다섯째, 나라의 안전을 높여 세계에 대한 평화 공헌을. 여섯째, 공생공영의 마음으로 연결된 세계와의 우호를(具裕珍 2018, 33).

가 낙선할 것이라는 분석이 대체적이다. 공명당과의 협력 추구는 자민당 우위 유지에 있어서 선택적 고려사항이 아니라 필수적인 요소이다. 일본회의가 전국적으로 잘 조직되고 교화된 비교적 소수의 외곽세력이라면, 공명당의 지지모태인 창가학회(創価学会)는 750만 명 이상의 표를 동원할 수 있는 거대한 집표 장치이다.[13] 일본회의가 세간의 주목을 받고 있고 공명당이 추구하는 이념축과도 대비되는 점이 있음에도 불구하고, 공명당 간부들은 자민당에 대한 영향력 면에서 일본회의와는 비교도 되지 않을 만큼 자신들이 강하다는 것을 자각하고 있다.[14] 아베 시대 이후 공명당과의 연합에 더욱 주목해야 하는 이유는 아베의 우파적 정치이념이 두드러지고 자민당이 일본회의와 같은 우파세력과 연합을 함에도 불구하고 공명당과의 연합 전략에 전혀 변화를 가하지 않았다는 점에 있다. 아베에게 있어 공명당은 국회의 의석수 보강이라는 현실적 필요 이외에도 중도세력을 끌어안는 정치적 의미를 가지고 있었다.

아베가 이끄는 자민당이 강할 수 있었던 또 하나의 정당 연합의 축은 지방정치세력의 결합에 있다. 〈표 3〉이 보여주듯 자민당과 공명당의 지방의원들의 수를 합치면 다른 정당들과 비교가 안 될 정도로 수적 우세가 있다. 지방의원은 선거 시 집표 조직의 기본이자 근간을 이루기 때문에 지방의원을 지속적으로 양산하여 국정 선거를 보조하게 하는 것은 중차대한 일이 아닐 수 없다(朴喆熙 2000, 88-119). 한때 집권했던 민주당

---

13) 〈표 4〉는 공명당이 참의원 선거 당시 비례대표 부문에서 약 750만 명의 유권자를 동원할 수 있음을 보여주고 있다.
14) 공명당 간부들과의 인터뷰(일본 중의원의원 회관, 2017.2.9).

이 갑자기 무력하게 정권을 잃게 된 이유 중의 하나도 국정 선거를 뒷받침해 줄 지방의원의 수가 절대적으로 부족했고, 이들을 양산할 기회를 포착하지 못했던 데 있었다.[15] 〈표 3〉을 보면, 입헌민주당이나 희망의당으로 분열한 민진당과 공산당을 합쳐도 17% 정도의 지방의원을 가지고 있어 자민당의 50.1%에 훨씬 미치지 못하고 있다.

〈표 3〉 정당별 지방의원수 및 점유 비율[16]

자민당	1,330	50.1
공명당	208	7.8
민진당	301	11.3
유신의 회	8	0.3
공산당	152	5.7
자유당	6	0.2
사민당	42	1.6
제파	108	4.1
무소속	502	18.9
합계	2,657	100

---

15) 후나바시 요이치 인터뷰(일본 동경 뉴오타니 호텔, 2018.7.17).
16) 일본 총무성 선거관련 자료. 지방자치단체의회의원 소속정파별 인원(2017. 12.31. 현재) www.soumu.go.jp/senkyo/senkyo_s/data/syozoku/h29.html.(검색일: 2018.8.11).

5. 자민당 우위체제의 전망

2012년 이후 다시 강화되고 있는 자민당의 우위체제는 굳건한 것인가? 현재 정치상황에서 자민당에 맞설 수 있는 대안적 선택지가 단기간 내에 등장할 가능성은 아주 낮다.

잃어버린 20년이라고 자조했던 침체된 일본 경제가 다시 살아나 경기회복의 징후가 나타나고 있던 상황은 여당인 자민당에게 유리한 환경이 되었다. 2012년 12월 아베 등장 이후 일본 경제는 상승세를 보이고 있었다. 아베 총리가 2018년 7월 20일 정기국회 폐회 기자회견에서 밝힌 바에 따르면, 아베 집권 이후 5년간 명목 GDP는 56조 엔 늘었고, 11.3% 성장했다. 2013년에는 100명당 50명분의 일자리밖에 없었는데 2018년에는 110명분이 됐다. 기업들 4분의 3에서 3%의 임금 인상이 실현되었고, 혁신에 도전하는 기업에게는 법인세 부담을 20% 내렸다. 아베가 정권을 탈환한 2012년 12월 26일 10,230이던 닛케이주가는 2018년 7월 말 현재 22,500으로 약 2.2배가 됐다. 그 결과 2018년 4월 '로이터 기업조사'가 자본금 10억 엔 이상의 기업을 상대로 실시한 조사에서 답신을 한 220개 회사 중 73%가 "아베 총리의 3연임이 바람직하다"고 했고, 정권에 가장 비판적이라는 『아사히신문』의 7월 조사에서도 "경제 실적을 평가한다"는 응답(59%)이 60%에 가까웠다(『중앙일보』 2018.07.31). 2018년 3월 2일 발표한 일본 총무성 통계에 의하면 실업률은 2.4%, 실업자 수는 159만이었다. 일본에서 실업률은 92개월 연속, 실업자 수는 61개월 연속 감소세를 보였다. 구인과 구직의 비율인 유효구인배율의 경우 2017년 12월 기준으로 1.59였다. 100명당 159개의 일자리가 있다는 의미다. 2017년 대학 졸업생에만 한정할 경우 유효구인배율이 1.74에 달한다. 1974년 1월 이후 최고 수준이다(『주간조선』 2018.03.12). 이 같은 일본 경제의 상승기류는 아베를 중심으로 한 자민당 정권의 든든한 버팀목이 되어 주었다.

일본의 야당들이 여전히 분열과 갈등을 반복하고 있는 점은 자민당에 둘도 없는 호재이다. 1955년 체제에서 자민당 우위가 지속될 수 있었던 가장 큰 이유가 혁신세력인 사회당과 공산당이 내부 대립으로 인해 힘을 합치지 못하였으며, 중도 정당인 공명당과 민사당도 혁신세력과 거리를 둔 상태였기 때문이다. 1970년대에 들어 '사공민 노선(社公民路線)'을 시도하기도 하였지만 성공을 거둔 적이 없다. 현재 상태에서도 야당은 통합을 향해 가기보다는 여전히 분열과 대립의 양상이 강하다. 입헌민주당(立憲民主党)과 국민민주당(国民民主党)은 일본민주당(日本民主党) 및 민진당(民進党)이라는 같은 뿌리를 가지면서도, 헌법 개정 및 공산당과의 선거 협력 문제를 놓고 여전히 이념적 내부 갈등을 봉합하지 못하고 있다. 1955년 체제하에서 총평(総評)의 지지를 받는 사회당(社会党)과 동맹(同盟)의 지지를 받는 민사당(民社党)이 상호 반목하면서 자민당의 장기집권을 도와주었듯이, 2018년 현재에도 공공부문 노조인 총평계는 입헌민주당을 지지하고 민간부문 노조인 동맹계는 국민민주당을 응원하는 구조가 다시 잉태되고 있다.[17] 마치 1955년 체제하에서 야당이 사회당, 민사당, 공산당으로 분열했던 양상이 구조적으로 재현

---

17) 우치야마(内山) 일본경제신문 정치부장과의 인터뷰(일본경제신문 사옥, 2018. 7.19).

되고 있는 듯하다.

　이러한 정치구조를 반영하기라도 하듯이 자민당은 분열된 야당들에 비해 의석이나 득표수, 정당지지율 면에서 압도적으로 상대적인 우위를 유지하고 있다. 자민당 자체의 매력과 경쟁력이 늘어나고 있다고 보기는 어렵지만, 야당의 거듭된 분열의 여파로 자민당의 비례대표 득표수는 아베 정권 이후 점차 증가추세에 있다. 자민당에 대한 지지가 정치적 대안의 부재로 인한 소극적 지지이기는 하지만 분열된 야당의 반사이익을 충분히 수혜하고 있다. 〈표 4〉를 보면 야당의 지지표가 점차 자민당에 잠식되어 가고 있다는 사실이 드러난다. 2007년 2,300만을 능가하던 민주당 지지 유권자가 2013년에는 700만까지 줄어들었으며, 이후 회복세에 있다고 해도 2016년에 1,175만 정도로 줄어들었다. 2019년에는 입헌민주당과 국민민주당의 표를 합쳐도 이에 미치지 못하는 1,140만표에 머물렀다, 반면 2007년 1,650만으로 줄어들었던 자민당 지지 유권자들이 2016년에는 2,000만 정도로 늘어나고 있음을 확인할 수 있다. 2019년에는 그보다 줄어든 1,800만 정도를 획득하고 있으나, 이는 득표율에서 2016년 선거와 거의 같은 비율을 점하고 있음을 알 수 있다.

〈표 4〉 역대 참의원 선거에서의 자민당 및 주요 정당의 비례대표 득표 추이[18]

구분	자민당	공명당	제1야당 (민진, 민주)
2019년 7월 21일 선거	17,712,373.119 (35.37%)	6,536,336.451 (13.05%)	11,398,799.345[19] (22.76%)
2016년 7월 10일 선거	20,114,788.284 (35.91%)	7,572,960.308 (13.52%)	11,751,015.174 (20.98%)
2013년 7월 21일 선거	18,460,335.204 (34.68%)	7,572,082.149 (14.22%)	7,134,215.038 (13.40%)
2010년 7월 11일 선거	14,071,671.422 (24.07%)	7,639,432.739 (13.07%)	18,450,139.059 (31.56%)
2007년 7월 29일 선거	16,544,781.100 (28.08%)	7,765,329.122 (13.18%)	23,256,247.299 (39.48%)

위에서 열거한 제반 조건들이 자민당 우위체제에 아주 유리하게 작용하고 있음에도 불구하고 자민당의 우위체제가 반석에 놓여 있다거나 영속적이라는 의미는 아니다.

현재 지리멸렬하게 분열되고 취약한 야당들이 지속적으로 분열을 계속하리라고 예단할 수 없다. 1994년 이루어진 선거제도 개혁 이후 소선 거구제를 중심으로 한 선거제도의 구성은 기본적으로 야당 간의 통합과 협력을 유도한다. 소선거구제는 실용적인 승자연합(winning coalition)의 등장을 가능하게 하는 논리를 가지고 있다. 실제로 1994년 이후 야당은 연합과 분열을 오랫동안 경험하였지만 10년이 지난 시점인 2003년 이후

---

18) 일본 총무성 선거관련자료 참의원 선거결과 일람, www.soumu.go.jp/senkyo/
   senkyo_s/data/sangiin/ichiran.html(검색일: 2020.4.12).
19) 2019년 7월 참의원 선거의 야당 득표수는 입헌민주당과 국민민주당의 득표
   수의 합.

야당의 통합을 통해 자민당체제에 실효적인 대안을 제시한 경험이 있다. 2012년 분열한 현재의 야당들도 합리적인 선거 행동을 계속한다면 분열되어 '같이 넘어지기(とも倒れ)'를 지속하기보다는 선거 협력과 통합 정당의 길을 모색할 것은 예상 가능한 범위의 일이다. 실제로 아베는 집권 시기 야당의 통합이 이루어지는 것을 방해하기 위해 잦은 중의원 해산을 거듭하고 있었다는 점에 유의할 필요가 있다. 2012년에 총선이 있음에도 불구하고 2014년에 중의원을 해산한 점, 임기를 많이 남겨놓은 시점임에도 불구하고 2017년에 다시 중의원을 해산한 것은 야당 통합 기운을 저지하기 위한 정치적 타산이 숨어 있다. 그럼에도 불구하고 일본의 분열된 야당들은 자기 생존을 위해 상호 협력과 통합을 향한 움직임을 멈추지 않을 것이라고 예상된다.

자민당 내부의 역학이 어떻게 변화할 것인지도 주목거리이다. 아베 집권 시기에는 그의 정치적 리더십 아래에서 총주류파(総主流派) 연합을 형성하고 있기 때문에 자민당은 강한 면모를 보여주고 있었다. 실제로 아베 총리도 자신에게 도전할 수 있는 파벌의 영수들을 대부분 당과 내각의 요직에 포진시킴으로써 당내 융합을 이루고 있다. 하지만 아베 총리가 총리 자리에서 물러난 상황에서 당내 권력 투쟁은 재점화되고 있다. 대부분의 자민당 지도자들이 아베 총리 이래에서 순응적인 자세를 유지하면서 비슷한 정치 노선을 추구했던 관계로 아베 이후 대안적 정책 노선을 제시할 가능성이 낮은 것도 취약점이다.

아베 이후 자민당이 지속적으로 국민적 인기를 확보할 수 있을지는 미지수다. 자민당 총재 3선에 도전하는 아베 총리에 대한 염증과 피로감이 늘어나고 있었던 사실은 그 구체적 방증이다. 아베 총리에 대한 지지율은 2012년 12월 59%에서 2015년 2월은 50%, 2018년 1월 45%, 2018년 7월에는 38%를 기록했으며, 2019년 12월에도 38%를 기록하는 등 장기적인 하락을 보여주었다(『아사히신문』 2018.07.16; 2019.12.23). 그러다가 아베 총리가 사임을 발표하기 직전 내각 지지율은 30% 선을 겨우 유지하고 있었다.(『아사히신문』 디지털, 여론조사) 아베 일강체제가 좋지 않다는 의견도 2018년 여름에 이미 69%에 달하고 있었다(『아사히신문』 2018. 07.16). 아베 시대 이후 자민당의 우위는 지속되고 있지만, 야당의 분열, 야당의 지지 기반 와해, 야당의 정책 부재로 인해 대안 정당이나 대안적 리더가 존재하지 않기 때문에 자민당을 지지하는 현상이 지속되고 있다고 해도 과언은 아니다. 과거의 예를 보면, 강력한 나카소네(中曾根) 총리 재임이 끝난 후 타케시타(竹下) 내각에서 미야자와(宮沢) 내각의 혼란기 속에 자민당이 어려움을 겪고 실각하였으며, 고이즈미(小泉)라는 강력한 지도자가 내려선 이후 아베(安倍) 내각부터 아소(麻生) 내각에 이르기까지 혼돈을 겪다가 자민당이 하야한 경험이 있다는 점은 일본 정치 분석을 함에 있어 시사하는 바가 크다.

일본 농업 이익유도정치의 쇠퇴*
아베 정권, 자민당 농림족, 농업개혁

이정환

1. 아베 시기 농협-자민당 관계

　제2기 아베 신조(安倍晋三) 정권의 정치경제 분야 개혁 중에 가장 눈에 띄는 것은 농업개혁이었다. 아베 정권은 환태평양경제동반자협정(Trans-Pacific Strategic Economic Partnership, 이하 TPP) 가입과 더불어 농업 분야 이익을 대변해온 전국농업협동조합(全国農業協同組合, Japan Agricultural Cooperatives [JA], 이하 농협)의 영향력을 축소시킬 수 있는 대대적인 개혁을 이루어냈다. 농업개혁의 필요성은 이미 오래전부터 일본사회에서 화두로 자리 잡았지만, 농업개혁을 거부하는 농업 분야의 정치적 힘은 대단했다. 하지만, 아베 정권의 농업개혁 추진 과정에서 농

---

* 이 글은 『현대정치연구』 11권 2호(서강대학교 현대정치연구소, 2018.8)에 게재된 논문을 수정 보완한 것이다. 참고로, 이 글은 2018년까지의 일본 농업 정책을 연구 대상으로 하고 있으며, 그 이후 시기의 정책 변화에 대해서는 향후 별도 연구를 통해 다룰 예정이다.

업 분야는 과거와는 달리 무력한 모습을 보였다.

아베 정권의 농업개혁은 일본 이익유도정치의 쇠퇴를 상징하고 있다. 특수이익집단의 이해가 자유민주당(이하 자민당) 정치인들과의 온정주의적 관계를 통해 정치적으로 보호받는 이익유도정치의 패턴은 전후일본의 정치경제시스템이 가지는 비효율성의 원인으로 제기되어 왔다(Calder 1988; 斉藤淳 2010). 농업 분야는 일본 이익유도정치가 작동해 온 대표적 영역이다. 농업 분야는 농촌에서의 조직적 집표능력을 무기로 하여, 지방권에 지역구를 둔 자민당 정치인들과 특수 관계를 형성하고, 이를 통해 자민당 정권에서 농업보호의 기존 법제와 예산조치에 손상을 줄 수 있는 변화를 차단하여 왔다. 때로 변화가 불가피할 경우에는 더 큰 수준의 보상을 정부로부터 얻어냈다. GATT 우루과이라운드 타결을 통해 쌀시장이 일부 개방되었던 1993년도 이후 6조 엔에 달하는 막대한 규모의 정부보조금이 농업 분야로 흘러들어간 것이 그 대표적 사례이다(読売新聞経済部 2017, kindle location 692).

농업 분야의 특수이익을 대변해온 것은 농협이었다. 농협은 농민과 자민당 의원 사이에서 농업 이익을 대변하면서 정치적 보호를 확보해내는 역할을 수행해왔다(윤용희 · 하세현 1997; 이향철 2006; 이향철 2012; Horiuchi and Saito 2010). 농협과 자민당의 관계 속에 유지되어 온 농업 부분의 강력한 정치적 힘은 농업개혁의 실현을 어렵게 하였다. 아베 정권의 농업개혁은 일본 농업 이익유도정치가 제공해온 농업 분야에 대한 특혜와 보호를 줄이는 것에 그치지 않고, 농업 이익유도정치의 중심에 있는 농협 자체에 대한 개혁을 내용으로 한다. 농협의 기능에 대한 대대적 변화를 중심적 내용으로 하는 아베 정권의 농업개혁은 일본 농업 이익유도정치의 일시적 약화를 넘어 구조적 쇠퇴를 보여주는 것으로 볼 수 있다.

전후일본에서 농업 분야에 대한 과보호를 유지시킨 농업 이익유도정치에서 농협의 파트너는 자민당 농림족(農林族)이다. 일본 농정사에서 농업에 대한 대부분의 재정지원은 명목상으로는 농업의 '경쟁력 강화'를 위한 것이었지만, 실질적으로 경쟁력이 부족한 농업을 보호하기 위한 조치였다. 자민당의 농림족 의원들이 농업 분야를 보호하는 법제와 예산조치에 힘쓰는 대신 농업 분야는 농협을 매개로 하여 농림족 의원들에게 안정적 정치기반을 제공하여 왔다. 농업에 대한 보조금은 농업의 경쟁력 강화로 이어지지 못했고, 쌀 재배 중심의 고령자 겸업농에게 주로 혜택이 돌아갔으며, 농협은 특수한 법적 위상을 인정받으면서 농업과 관련된 모든 사업 분야 - 구매, 판매, 신용, 공제 -에서 독점적 지위를 유지해왔다(山下一仁 2014, 16-18). 농업개혁의 진전이 더뎠던 원인으로 자민당과 농업부분 사이의 이익유도정치의 정치적 강력함이 주로 논의되어 왔고, 그 바탕에 선거제도에서 농업부분의 과대대표와 농협을 중심으로 하는 농업부분의 정치적 집표능력이 존재하는 것으로 간주되었다(猪口孝·岩井奉信 1987, 185-188; Sheingate 2003, 150-161).

농업 이익유도정치의 쇠퇴를 가져온 아베 정권의 농업개혁이 가능했던 것은 결국 농민→농협→자민당→농업정책으로 이어지는 자민당 이익유도정치의 연결고리가 약화되었기 때문이다. 기존 연구들도 농업 이익유도정치의 세 연결고리(농민→농협, 농협→자민당, 자민당→농업

정책)의 약화로 농업 이익유도정치 쇠퇴를 해석하고 있다. 농업분야 노동인구의 고령화 및 감소로 농민→농협의 연결고리가 약화되었다는 것에 대해서 대부분의 연구가 동의하는 가운데, 현재 선행연구는 농협→자민당의 연결고리에 주목하는 측과 자민당→농업정책에 주목하는 측으로 나뉠 수 있다.

자민당→농업정책에 초점을 두는 연구는 농업 분야를 넘어서 정책과정에서 총리 권한 강화라는 제도 여건 변화와 강력한 총리 리더십에 초점을 둔다. 특수이익집단의 이해관계가 정책에 반영되는 이익유도정치에서 각 정책분야는 자민당의 족의원과 해당 관청 사이에서 주로 다루어져왔다(猪口孝・岩井奉信 1987, 19-29). 하지만, 고이즈미 준이치로 (小泉純一郞) 정권 이래로 총리의 정책관여가 강화되었고, 수상관저의 강력한 정책 관여는 정책과정에서 족의원들의 역할을 제약하는 변화를 가져왔다(待鳥聡史 2012, 55-57). 관저주도로 상징되는 총리 권한 강화는 총리의 리더십에 영향을 받는다.[1] 고이즈미 총리나 2012년 이후의 아베 총리와 같은 강력한 총리 리더십이 나타날 때, 관저주도는 현저해진다. 이 관점에서 아베 정권의 농업개혁은 수상관저가 정책과정의 이니셔티브를 쥐고 주도한 사례이다. 하지만, 관저주도와 자민당 의원들의 정책과정에의 영향력이 언제나 상호배타적인 것만은 아니다. 이 글은 아베 정권의 농업개혁을 설명하는데 수상관저의 정책관여 강화가 중요한 요

---

1) 고이즈미 정권의 총리권한 강화에 대해서는 内山融(2007), 上川龍之進(2010), 清水真人(2005), 信田智人(2013)을 참조. 제2기 아베 정권의 총리리더십의 성격과 구조에 대해서는 田崎史郞(2014)를 참조.

인이었다는 점에 동의한다. TPP 가입과 농협개혁 모두 수상관저에서 주도되었던 것이 사실이다. 하지만, 관저의 농업개혁에 대한 지향성이 자민당 정치인 특히 농림족 의원들과 충돌되고 농림족 의원들의 반대를 억누르는 형태로 진행되지 않았음에 주목한다. 수상관저는 농업개혁 진행과정에서 자민당 농림족들에게 상당한 관여 여지를 제공하였고, 농업개혁 과정에서 자민당 농림족 의원들은 소외되지 않았다.

사사다(Sasada 2015)는 한발 더 나아가 총리권한강화의 제도 여건 변화를 자민당 당내 이념 갈등의 산물로 보고 있다. 관저주도의 정책결정스타일을 통해 본인이 구상하는 구조개혁안을 현실화시켰던 고이즈미 정권의 개혁노선은 자민당 내 이익유도정치를 대표하던 헤이세이연구회(平成研究会)에 대한 현 주류(과거 비주류) 파벌 세이와정책연구회(清和政策研究会)의 정치개혁 노선에서 기인한 것이고, 아베 정권의 농업개혁도 파벌 갈등과 연동된 당내 이념 갈등의 산물이라는 것이다. 다나카 가쿠에이(田中角栄) 전통 하에 헤이세이연구회는 자민당의 이익유도정치를 대표해왔으며, 후쿠다 다케오(福田赳夫)의 세이와정책연구회가 이에 대립해온 것은 자민당 정치사에서 중요한 부분이다. 하지만, 자민당 내 파벌간 정책이념의 대결구도가 과연 2010년대 농업개혁에서도 설명력이 있는지는 미지수이다.

한편, 농업개혁과 농업 이익유도정치 쇠퇴에 대한 많은 선행연구들은 농협→자민당의 연결고리 약화에 주목한다. 농업 분야를 포함한 대부분의 사회경제정책 영역에서 선거제도의 변화와 이에 따른 자민당 정치인들의 이해관계 변화가 이익유도정치 약화의 주된 요인으로 설명된다

(Mulgan 2005; Naoi and Krauss 2009; Rosenbluth and Thies 2010; Krauss and Pekkanen 2011; Maclachlan 2014; 待鳥聡史 2012). 1990년대 중선거구제에서 소선거구제로 중의원 선거제도가 변화하면서 농업부분 과대대표성이 감소되었다. 또한 특수이익집단의 조직적 지지보다도 정당플랫폼에 대한 지지가 정치인들에게 중요해졌다. 이는 농업 부분의 이익을 대변하는 유인이 정치인들에게 축소되었다는 것을 의미한다. 1993년 선거제도 개혁은 일본의 이익유도정치에 대한 정치인들의 합리적 이해관계에 대해 큰 변화를 가져왔고, 이러한 측면에서 정치개혁은 농업개혁을 비롯한 비효율적인 면을 가진 전후정치경제시스템의 여러 기제들에 대한 기득권을 약화시킨 원인이 된다(Noble 2010). 하지만, 농협→자민당에 초점을 둔 관점은 왜 농업개혁이 아베 정권에서 가능하였는가에 대한 충분한 답을 주지 못한다.

1990년대의 정치제도변화와 2010년대의 농업개혁 결과 사이의 시간적 간격은 두 변수 사이의 구조적 인과관계를 인정하더라도 농업개혁이 이루어진 시점에서 자민당 정치인들의 행위패턴을 면밀하게 살펴봐야 하는 필요성을 제공한다. 이 글은 농협→자민당의 연결고리 약화, 즉 자민당에서 농협의 이해관계를 대변하는 정치적 힘이 약화되었다는 점에 대해 동의한다. 하지만, 선거제도 변화로 농업 이해관계를 대변하는 자민당 정치인들이 줄었다는 논리는 아베 정권 하 농업개혁 과정에서 자민당 농림족의 행위패턴을 설명하지 못한다. 여전히 농업 이익을 대변하는 자민당 농림족 의원들은 명확하게 존재한다. 기존 관점에서 자민당 농림족 의원들은 농업개혁에 대한 반대 세력이다. 다만 이들의 정치적 영향력이 왜소화된 것으로 주장된다. 하지만, 아베 정권의 농업개혁 과정에서 자민당 농림족 의원들은 농업개혁의 단순한 반대세력이 아니다. 오히려 자민당 농림족 의원들이 농업개혁에 적극적으로 관여하였다.

자민당 농림족이 농업개혁에 대해 보이는 태도변화가 아베 정권의 농업개혁을 이해하는 핵심적 요소라 할 수 있다. 농업정책 분야에 지속적인 관심을 가지고 있는 자민당 농림족 의원들에게서 농업 분야의 기득권을 저해하는 개혁에 대해 수용하는 태도 변화가 나타났다. 이 조건 속에서 아베의 수상관저는 농업개혁에 대한 자민당 농림족의 관여 폭을 제공하여 당내에 큰 무리 없이 농업개혁을 실현할 수 있었다. 자민당 농림족들이 농협과 다른 입장에 서 있다는 점에서 아베 정권의 농업개혁은 일본 농정사의 결정적 변곡점이 된다. 농업개혁의 어젠다를 수용하고 실현시키는 것에 협조하는 것으로 변화한 자민당 농림족의 행위패턴에서 일본 농업 이익유도정치의 일시적 축소가 아닌 구조적 쇠퇴를 찾아볼 수 있다.

이 글의 구성은 다음과 같다. 2절에서는 아베 정권의 농업개혁의 내용을 일괄하고, 3절에서는 농업개혁의 논의 진행과 연결되어 동시기에 진행된 TPP 가입 협상 과정에서 드러나는 아베 정권의 농업정책 노선에 대해 설명할 것이다. 4절에서 농업개혁의 정치과정을 통해 자민당 농림족의 변화에 대해 살펴볼 것이다. 5절에서는 농업개혁에서 발견되는 자민당 농림족의 변화의 원인에 대해 논할 것이다.

2. 아베 정권 농업개혁의 내용

아베 정권의 농업개혁은 어떤 내용을 담고 있는가. 아베 정권의 농업개혁은 일괄적으로 이루어지지 않고, 2013년부터 2016년까지 분산되어 실시되었다. 그 과정에서 아베 정권은 농업보호에 사용되는 정부보조금에 대한 제도를 개혁하였고, 농업과 관련된 거버넌스 구조 변화 차원에서 농협에 대한 두 단계의 개혁을 이루어냈다.

2.1. 보조금개혁

아베 정권의 농업 보조금개혁은 호별소득보상제도(戸別所得補償制度)의 폐지에 초점이 있었다. 정권 교체 후 2013년 회계년도까지는 호별소득보상제도의 명칭이 사용되었지만, 2014년도 이후에 경영소득안정대책제도(経営所得安定対策制度)로 명칭이 바뀌었다. 아베 정권의 농업 보조금개혁은 아베노믹스의 성장전략 구상의 핵심 무대 중 하나인 산업경쟁력회의(産業競争力会議)에서 논의되기 시작하였다. 2013년 10월 24일 산업경쟁력회의 농업분과회에서 논의된 개혁안은 '미곡 재배 농가에 10아르(100㎡)당 1만5천 엔을 지급하는 보조금을 2014년도에 폐지하고, 미곡 생산조정 정책을 2016년도부터 폐지하는 것'을 내용으로 하였다. 전자는 2010년도부터 실시된 호별소득보상제도의 폐지를 의미하며, 후자는 호별소득보상제도가 기반을 두고 있는 감반(減反) 정책의 근본적 방향전환을 의미한다. 한 달 후 11월 22일 개최된 산업경쟁력회의 과제별 회의에 참석한 아베 총리는 1970년부터 지속되어 온 감반 정책의 근본적 방향전환 필요성을 역설하였다. 이후 11월 26일 농림수산업·지역활력창조본부(農林水産業·地域の活力創造本部)가 호별소득보상제도에 입각한 교부금을 2014년부터 반감하고 2018년에 폐지하는 한편, 2018년 이후에 정부가 미곡 생산량 목표 배분을 하지 않고 현, 시정촌, 지역농협 등이 주체가 되어 수요를 고려해 생산량을 결정하는 것으로의 제도변화를 결정하였다. 이 내용과 관련된 법안은 2014년도 정기국회에서 통과되었다(稲熊利和 2015, 83).

미디어에서 이러한 변화가 '감반 폐지'로 불려졌다. 1970년에 시작된 감반 정책은 쌀 소비 감소에 대응하여 쌀 공급조절을 통해 가격안정화와 농가의 소득보장을 목표로 도입되었다. 쌀 생산목표량을 농가에 배분하고 배분된 목표량보다 농가 쌀 생산량이 넘지 않으면 이에 대한 보상으로 정부보조금이 지급되는 것이 감반 정책이다. 아베 정권이 기존의 감반 정책 중에 개혁을 추구한 내용은 두 가지이다. 첫째, 쌀 생산목표량을 농가에 배분하지 않는다는 점이다. 이 내용이 미디어에서 '감반 폐지'로 주로 불렸다. 둘째는 생산목표량 달성(생산 축소)이 교부조건으로 되어있는 호별소득보상제도의 폐지이다. 1970년 이래로 유지되어왔던 정부에 의한 개별 농가에 쌀 생산량을 배분해온 관행이 없어진다는 점에서 큰 변화이다. 하지만, 주식용 쌀 대신 비주식용(사료용) 쌀이나 콩 등의 대체곡물을 재배할 때 지급되는 교부금은 유지, 확충되었기 때문에 개념적으로 감반 '폐지'는 아니다(山下一仁 2014, 133-134). 즉, 보조금 전체 규모가 대폭적으로 축소되는 개혁이 아니었다. 호별소득보상제도를 폐지하는 대신에 주식용 쌀 때신 비주식용(사료용) 쌀로 생산대체하는데 지급하는 보조금(10아르 당 8만 엔)을 유지하고, 사료용 쌀 생산의 양에 따라 그 보조금을 가산하는 안을 설계하였으며, 실제로 이에 입각한 보조금 변화를 입법화하였다(김종인 2016, 6).

2013~2014년에 보조금개혁이 구체화되는 과정에서 큰 반발은 찾아보기 어렵다. 농업에 대한 정부 예산조치의 상징적 제도였던 감반의 '폐지'로 미디어에 보도되었던 것에 비해서 제도 변화에 대해 매우 조용한 반응이었다. 실제 '감반'의 폐지가 아니라 감반 정책과 연동되어 민주당 정권이 설계하였던 호별소득보상제도만 폐지되었기 때문이다. '감반 폐지'의 보조금개혁이 발표되었을 때, 농민들은 비주식용 쌀 생산대체에 대한 보조금의 유지, 확충에 대한 공약이 지켜지는지에 대한 관심이 컸다. 전체 보조금의 규모 자체에서 축소가 아니란 점에 대해서 농협 측에서도 긍정적으로 평가하고 있었다(内田龍之介 2015, 245-246).

2.2. 두 단계의 농협개혁

아베 정권 농업개혁의 하이라이트는 농협개혁이다. 농협개혁과 관련된 결정적 두 장면이 있다. 2015년 2월 9일 전국농업협동조합중앙회(全国農業協同組合中央会, 이하 JA전중)의 반자이 아키라(萬歲章) 회장이 자민당 농림족 지도부와 회담 후에 정부·여당의 농협개혁안을 받아들인 것이 첫 번째 장면이다. 이날 반자이 회장은 농협법 개정을 통해 JA전중이 갖고 있던 지역단위 농협에 대한 지도감독권을 없애고 JA전중을 일반사단법인화하는 것을 수용하였다. 두 번째 장면은 2016년 11월 25일 자민당 본부에서 개최된 농림관계합동회의이다. 이날 전국농업협동조합연합회(全国農業協同組合連合会, 이하 JA전농)는 자기개혁을 실시하는 한편 수치목표를 포함한 연차계획을 공표하고 정부·여당은 그 진행상황을 정기적으로 팔로우업하는 것을 핵심 내용으로 하는 농협개혁안이 발표되었다.

　정부·여당과 농협 사이에서 나온 이 두 번의 합의는 일본 농정사에서 농협의 역할과 위상에 대한 가장 큰 폭의 변화를 가져왔다. 전전(戰前) 시기 농업관련 생산물을 일괄적으로 통제하는 역할을 수행하던 농업회(農業会)가 전후 개편을 통해 농협으로 재탄생한 후, 농협은 농업관련 다양한 사업을 독점하는 한편 농업 분야의 이해를 정치에 반영하는 창구 역할을 적극적으로 수행하였다(神門善久 2010, kindle location 703). 기본적으로 지역별 협동조합의 연합체로 분권적 조직체계 성격을 지녀야 하지만, 중앙조직의 영향력이 강하다. 농협의 중앙조직은 단위 농협과 각종 연합회에 대한 감독 기능과 농업정책 제언 역할을 수행하는 JA전중, 농업관련 구매와 판매를 독점하는 JA전농, 신용업무를 담당하는 농림중앙금고(農林中央金庫), 공제업무를 담당하는 전국공제농업협동조합연합회(全国共済農業協同組合連合会, JA공제련), 의료 등의 후생사업을 담당하는 전국후생농업협동조합연합회(全国厚生農業協同組合連合会, JA후생련) 등으로 구성된다. 지역 단위 농협이 조합원에게 제공하는 서비스인 구매·판매, 신용, 공제는 각각 중앙단위의 JA전농, 농림중앙금고, JA공제련으로 연결되어 있다. 한편, 지역 단위농협은 경영일반

전체에 대해서 JA전중의 감독을 받아왔다(山下一仁 2014, 29-32).

2015년 2월에 합의된 사항은 JA전중의 지도감독권을 농협법에서 삭제하는 것이 핵심이다. 산업경쟁력회의와 함께 아베 정권의 성장전략 구체화의 핵심 기관이었던 규제개혁회의(規制改革会議)는 2014년 5월 JA전중의 지도감독권 폐지를 내용으로 하는 정책제언을 내놓았다. 이 제언은 JA전중에 의한 지도권이 지역 단위농협의 독자성 발휘를 가로막는 장애물이라는 전제하에 이루어졌다. JA전중의 반발 속에 자민당 내부 논의가 2014년 내내 진행되었다. 그 결과 JA전중이 농협법에 명시되어 있는 자신의 권리를 포기하는 한편, 농협법 부칙에 JA전중이 농협의 종합조정, 대표기능을 담당한다는 것을 명시하는 것으로 정부와 타협을 보았다(石川武彦 외 2015, 19).

2016년 11월에 합의된 개혁안은 농림수산업·지역활력창조본부의 〈농업경쟁력강화프로그램(農業競争力強化プログラム)〉에 담겨졌다.[2] 13개 항목을 담고 있는 〈농업경쟁력강화프로그램〉의 첫 번째와 두 번째 항목은 농협조합원에 대한 생산자재 판매와 생산물의 구매유통에 대한 JA전농의 실질적 독점 권한을 폐지하는 내용이다. 이러한 개혁 내용의 배경에는 비료, 농약, 기계, 종자, 사료, 동물용 의약품 등의 생산자재 공급 과정에서 JA전농의 독점이 이들 생산자재의 가격을 부풀렸다는 정부·여당의 시각이 존재한다. 또한, 정부·여당은 같은 맥락에서 JA전농

---

2) 農林水産業·地域の活力創造本部. "農業競争力強化プログラム."(2016.11.29. 결정) http://www.maff.go.jp/j/kanbo/nougyo_kyousou_ryoku/attach/pdf/index-1.pdf(최종접속일: 2018.7.6).

의 농산물 유통구조에 대한 역할도 부정적으로 보았다. 〈농업경쟁력강화프로그램〉의 초안을 내놓은 규제개혁추진회의(規制改革推進会議, 규제개혁회의의 후속기관), 자민당 농림족 의원들, 농협 지도부 사이의 논의 끝에 JA전농의 자기개혁 형태로 합의되었다(読売新聞経済部 2017, kindle location 174).

3. TPP와 아베 정권의 농업정책 노선

호별소득보상제도 폐지와 농협개혁으로 대표되는 아베 정권의 농업개혁은 모두 수상관저에 의해 주도된 성격이 강하다. 호별소득보상제도 폐지는 산업경쟁력회의를 통해서, 농협개혁은 규제개혁회의/규제개혁추진회의를 통해서 제안되었다. 농업개혁의 각론들은 아베 정권의 농업정책 전반의 방향성에 대한 큰 그림 속에서 추진되었고, 아베 정권의 농업정책 기조는 TPP 가입 협상의 전제 속에서 구조화되었다고 볼 수 있다.

TPP 협상 참여에 대한 일본 정부 내 논의는 민주당 정권기에 시작되었다. 2005년 싱기포르, 칠레, 뉴질랜드, 브루나이 네 나라(P4)에 의해 시작된 TPP는 2008년 미국의 참여로 동아시아 지역통상질서에 중요한 틀이 되었다. 2000년대 중반 동아시아 지역통상질서 틀에 대한 논의가 아세안+3를 대상으로 하는 동아시아자유무역협정(EAFTA)과 아세안+6를 대상으로 하는 동아시아포괄적경제연대협정(CEPEA) 사이에서 정체된 가운데, 이들보다 매우 높은 수준의 자유화를 추구하는 TPP가 지역통상 질서 논의의 중심에 자리하게 되었다(김기석 2015). 또한 미국 오바마 행정부의 아시아회귀 노선과 대중견제의 함의를 포함하는 TPP는 안보적 측면의 의미도 담고 있었다(鯨岡仁 2016, kindle location 470). 동아시아 공동체론을 내세웠던 하토야마 유키오(鳩山由紀夫) 정권 동안에는 대중견제적 성격을 지닌 TPP에 참여하는 것에 적극적인 정책선호가 없었다(作山巧 2015, 117-128). 간 나오토(菅直人) 정권에서 TPP 참여에 대한 논의가 본격적으로 시작되었다. 2009년 집권하기 전에 미일자유무역협정 체결을 매니페스토에 담아냈던 민주당 지도부가 TPP 참여에 긍정적 정책 선호를 지니고 있는 것은 이상하지 않다. 2010년 시점에서 미국이 한국과의 자유무역협정을 마지막으로 양자간 무역협정을 더 이상 추진하지 않겠다는 입장에 서있는 상황에서 미일자유무역협정 체결은 곤란했고, TPP는 실질적인 미일자유무역협정의 효과를 낼 수 있는 틀이기 때문이다(鯨岡仁 2016, kindle location 786).

간 정권에서 미일동맹 강화의 일환으로 TPP 참여가 모색되기 시작하였고, 2010년 10월 1일 간 총리가 의회 소신표명연설에서 TPP 참여 검토를 일본 총리로는 처음으로 언급하였다(作山巧 2015, 133-136). 그후 내각과 민주당 내에 TPP 참여에 대한 정책논의가 진행되는 가운데, 간 정권을 승계한 노다 요시히코(野田佳彦) 정권은 2011년 11월 11일 총리 기자회견을 통해 'TPP 교섭 참가에 대해 관계국과의 협의에 들어간다'는 입장을 밝히고 TPP에 대한 전향적 정책지향을 밝혔다(作山巧 2015, 153-156). 간 총리의 소신표명연설이나 노다 총리의 기자회견에서 TPP

교섭 참여에 대한 직설적 언어가 구사되지 못했던 이유는 민주당 정권 내에서 TPP 교섭 참여에 대한 합의가 도출되지 않았기 때문이다. 간 내각의 야마다 마사히코(山田正彦) 농림대신과 노다 내각의 가노 미치히코(鹿野道彦) 농림대신은 농업 분야의 강력한 TPP 가입 반대 여론을 반영하여 정부가 TPP 교섭 참여를 공식화하는 것에 반대했었다(鯨岡仁 2016, kindle location 822, 1066).

민주당 내에서 TPP 가입이 농업 분야의 자유화와 이로 인한 농업 분야의 피해 문제로 연결되어 논의가 오가는 가운데, 당시 야당 자민당도 농업 피해를 주된 이유로 TPP 반대 당론을 확정했다. 2012년 3월 9일에 책정한 자민당의 TPP에 대한 당론은 '성역없는 관세철폐를 전제로 하는 교섭참가에 반대'였다. 자민당의 당론은 정권 복귀했을 때 TPP 협상에서 농업의 특정 분야에 대한 관세 틀을 유지할 수 있다면 교섭 참여가 가능하다는 논리를 제공하기 위한 장치이기도 했다(鯨岡仁 2016, kindle location 1252).

2012년 9월 자민당 총재 선거에서 승리하여 5년 만에 총재로 복귀한 아베는 TPP에 대해 표면적으로 자민당의 당론을 따랐지만, 개인적으로 자유무역에 대한 뚜렷한 정책지향을 지니고 있었다(鯨岡仁 2016, kindle location 1298). 아베의 강력한 지지세력인 전통주의적 보수주의자들이 주로 TPP 가입에 반대하는 입장이었던 것에 반해 아베는 무역자유화에 대한 의지가 확실했다. 또한 대중 균형 노선의 외교전략 속에서 TPP의 전략적 가치를 높게 보면서 TPP 가입에 대한 의지를 확실하게 지니고 있었다. 아베 체제를 지지하는 유력 자민당 정치인들 중 나카가와

히데나오(中川秀直), 시오자키 야스히사(塩崎恭久) 등이 TPP 가입에 대한 선호에 있어서 아베와 일치하고 있었다. 전통주의적 보수주의자들이 TPP에 부정적이었지만, 아베 정권 자체에 대한 신념적 지지가 강력하였기 때문에 TPP 현안으로 아베 정권에 반대하는 모습을 보이지는 않았다.

아베 정권이 TPP 가입 교섭에 착수하는 과정에서 기존 자민당 당론을 뒤엎지 않는 모양새를 만드는 것이 중요했다. 기존 자민당 당론의 번복이 아닌 모양새을 만들면서 TPP 가입 교섭에 임해야한다는 정치적 목표는 결국 'TPP 교섭에 참여해서 성역을 지키겠다'는 명제로 나타난다. 2013년 2월 23일 미일정상회담의 결과인 공동성명에서 일본의 TPP 참여 관심에 대한 양국간 협의 진행에 대해 기술할 때 '일본에는 일정의 농산품, 미국에는 일정의 공산품에 대해 양국 간 무역에서 센서티브한 부분이 존재하는 것을 인지한다'는 문구를 삽입하여, 제한 없는 관세철폐라는 TPP의 기존 지향성에서 예외되는 부분이 존재할 수 있음을 밝히는 것으로 '성역'의 존재를 확인하였다(作山巧 2015, 176-179). 미국으로부터 예외가능성을 인정받은 아베 정권은, 자민당 내부 논의를 통해 제한 없는 관세철폐에서 예외가 되는 '성역'을 확정한다. 그 '성역'은 2013년 3월 13일 자민당 TPP대책위원회에서 쌀, 밀, 우육·돈육, 유제품, 사탕수수 등 감미작물의 5대 농산품목으로 공식화되었고, 3월 15일 아베 총리는 TPP 교섭 참여를 공식으로 발표하면서, 이 '성역'을 지켜내겠다는 레토릭을 구사했다(作山巧 2015, 183-188).

2015년 10월 협상 타결까지 2년 가까이 진행된 TPP 협상에서 일본 정부는 결과적으로 '성역'에서 관세 제도의 폐지를 막아냈다. 때문에

TPP 협상의 결과가 일본 농업 체계에 준 영향은 제한적이라고 볼 수 있다. 외국(특히 미국)과의 교섭 또는 국제레짐에의 참여를 통한 자유화가 일본의 국내 정치경제 시스템의 개혁을 이끌어내는 외압으로 작동하는 패턴은 일본의 정치경제개혁의 역사에서 뚜렷하게 존재해왔다(Pempel 1999). 하지만, TPP와 농업개혁의 사이에 그 연결성이 생각보다 크지 않았다. TPP 협상 결과가 정부에 의한 관리와 보조로 이루어지는 일본의 농업정책이 더 이상 가능하지 않게 만드는 수준의 대전환을 필요로 하는 것이 아니었기 때문이다(鯨岡仁 2016, kindle location 2914).

다만 농업 분야의 개혁에 대한 아베 정권의 정책노선이 TPP 교섭 과정에서 가장 강력한 반대 세력이었던 농협을 상대하면서 확립되었다고 볼 수 있다. 아베 정권의 농업 분야에 대한 대처는 보상과 처벌로 가늠된다. 아베 정권의 농업 분야에 대한 보상은 농업 분야에 대한 재정지원 강화로 나타났다. 2013년 1월 29일에 각의결정된 2013년 예산안에서 농림관계예산은 2조 2,876억 엔으로 2012년도의 2조 1,727억 엔에서 증가하였는데, 이는 13년 만의 증가였다. 2012년도 보정예산을 합치면 3조 3,000억 엔 상당의 농림관계예산 편성은 농업 분야의 반발에 대한 확실한 보상의 표현이었다. 2014년도 농림관계 예산은 2조 3,267억 엔으로 다시 증가하여서 보상이 아베 정권 초기에 농업 분야에 대한 대처 방식이었음을 보여준다(内田龍之介 2015, 243-244). '감반' 폐지로 상징되던 보조금 개혁도 일종의 보상 조치로 볼 수 있다. 전술하였듯이 호별소득보장제도의 폐지로 상징되는 아베 정권의 농업 보조금 개혁은 보조금의 축소가 아니다. 민주당 정권이 호별소득보장제도가 농가 단위로 보상을 시도하였던 것에서 아베 정권은 농지 면적을 단위로 보상 체계를 변경하는 것이었고, 이에 대해 자민당 농림족 의원들과 농협 측에서도 전체적으로 농가의 전체적 소득에 플러스가 되는 것으로 인식하였다(内田龍之介 2015, 245-246). 한편, 보상과 반대되는 처벌의 대처 방식은 TPP 반대를 주도하는 농협에 대한 개혁 시도로 나타났다. 농협이 일본의 농업 분야의 생산성 증가를 방해하는 핵심적 요인으로 오랫동안 회자되어 왔고, 따라서 농협개혁에 대한 정책관계자의 공감대도 매우 넓었다. 이러한 조건 속에서, 농협이 주도했던 TPP 참여 반대는 결과적으로 농협개혁 필요성에 대한 정권 지도부의 공감대를 증폭시켰다(田代洋一 2017, 56).

4. 농협개혁의 정치과정

4.1. JA전중 개혁: 규제개혁회의와 자민당 농림족

농협개혁에 대한 논의는 아베 정권 이전부터 모색되어 왔다. 농림성에서 2000년, 2002년, 2009년 세 번에 걸쳐서 농협제도 개혁에 대한 검토회를 설치하고 논의를 진행시켰었지만, 실질적인 결과를 낳지는 못했다(内田龍之介 2015, 247). 아베 정권에 들어 농협 개혁에 대한 논의는 농림성이 아니라 총리자문기구인 규제개혁회의를 중심으로 전개되었다. 규제개혁회의가 농협개혁의 주도권을 쥐고 논의를 이끌었다는 것은 농협개혁이 농업정책 내부의 과제가 아니라 일본의 성장력제고를 위한 구조개혁의 일환으로 모색되어 진행되었다는 것을 의미한다.

2013년 1월 발족한 규제개혁회의의 2013년 5월 회의에서 농협제도의 개혁에 대한 언급이 처음으로 등장하였다. 하지만, 아베 정권은 2013년 8월 참의원 선거 전에 규제개혁회의에서 농협개혁 논의가 급진전되는 것을 원하지 않았고, 개혁 논의 진행의 속도를 조절하였다. 참의원 선거 이후인 8월 22일 규제개혁회의는 내부에 농업워킹그룹을 설치하고 가네마루 야스후미(金丸恭文)를 좌장으로 임명하였다. 농업워킹그룹은 2013년 11월 26일 〈이후의 농업개혁의 방향에 대해서〉의 문서를 작성하였고, 농업워킹그룹의 작업결과를 바탕으로 하여 규제개혁회의는 2014년 5월 14일 〈농업개혁에 대한 의견〉을 공표하였다.[3] 이 문건은 JA전중 제도의 폐지, JA전농의 주식회사화, 준조합원제도의 변경 등 아베 정권의 농협개혁에서 핵심적 쟁점이 되는 사항들에 대한 포괄하고 있다(朝日新聞 2014, kindle location 56).

이에 대한 농협 측의 반응은 격렬했다. 농협 거버넌스 구조의 최상부에 위치하는 JA전중의 당시 회장 반자이 아키라(萬歲章)는 규제개혁회의의 개혁안은 '농업을 위한 것이 아니라, 조직분열을 위한 것에 지나지 않는 농협 죽이기'라며 규제개혁회의의 안을 비판하였다. 규제개혁회의의 안에 대한 JA전중의 대책은 자민당 농림족을 움직여 개혁안의 실현을 좌절시키려는 것이었다. JA전중은 '사적 자치를 침해하는 것은 헌

---

3) 規制改革会議. "農業改革に関する意見."(2014.5.14. 결정) http://www8.cao.go.jp/kisei-kaikaku/kaigi/meeting/2013/wg2/nogyo/140514/item1.pdf(최종접속일: 2018.7.6).

법상 용인할 수 없다'는 문구를 담은 문서를 자민당 국회의원들에게 배포하고, 자민당 농림족에게 정치적 지지 철회의 가능성을 언급하며 규제개혁회의 안에 반대할 것을 종용하는 압력을 넣었다(朝日新聞 2014, kindle location 30). JA전중은 자민당 농림족을 움직여서 자신의 이해에 부합하는 방향으로 정책을 유도하고자 하는 전형적인 이익유도정치의 공식에 따라 움직였다.

2014년 봄에 JA전중의 시도는 성공하는 것처럼 보였다. 자민당 농림족 의원들은 2013년부터 농협개혁에 관한 규제개혁회의의 움직임에 대응하는 당내 논의기구를 창설하였다. 농림수산전략조사회와 농림부회는 2013년 9월 25일에 '신농정에 관한 농협의 역할을 생각하는 연구회'를 설치하였고, 2014년 3월에 '농업위원회 · 농업생산법인에 관한 검토 PT'와 '신농정에 관한 농협의 역할에 관한 검토PT'를 설치하였다. 이 두 PT의 논의에서 규제개혁회의의 안에 대해 반대하는 자민당 농림족 의원들의 의견이 강력하게 대두되었고, 결국 2014년 6월 24일 각의결정된 〈신성장전략〉에서 '폐지'의 표현이 빠지게 되었다(朝日新聞 2014, kindle location 70).

하지만, 2014년 봄의 시점에서 자민당 농림족 의원들이 JA전중과 정책선호를 공유하는 것으로 볼 수는 없다. 족의원 전체의 정책선호 방향성에서 족의원들 중 지도자적 위치에 있는 의원들의 정책선호가 매우 중요하다. 때문에 농협개혁 과정에서 당시 자민당 농림족의 지도자 위치에 있었던 니시카와 고야(西川公也, '농업위원회 · 농업생산법인에 관한 검토PT' 좌장), 모리야마 히로시(森山裕, '신농정에 관한 농협의 역할에 관한 검토PT' 좌장), 사이토 겐(齋藤健, 농림부회장), 미야코시 미츠히로(宮腰光寬, 농업기본정책검토PT 좌장), 나카타니 겐(中谷元, 농림수산전략조사회장) 등 농림족의 소위 '이너서클'의 의사가 중요했다. 자민당 내 농업정책과 관련된 조직의 장을 담당하면서 동시에 농림족 의원들의 실질적인 지도자들인 이들에게 아베 총리의 정책선호를 반영하는 규제 개혁회의 안을 배격만 할 수는 없었다. 이들은 수상관저를 설득하여 JA전중의 '폐지'라는 문구를 신성장전략에서 빼는 한편, 개혁의 반대가 아닌 자주개혁의 프레임을 택하지 않으면 안 된다고 JA전중을 설득하였다 (內田龍之介 2015, 248).

　이들 자민당 농림족 지도그룹을 중심으로 해서 작성되어 2014년 6월 10일 공표된 자민당의 농협개혁안은 '자율적 개혁'에 초점을 두고 있었다. 2014년 5월 21일에 개최된 자민당 내 '농업위원회 · 농업생산법인에 관한 검토PT'와 '신농정에 관한 농협의 역할에 관한 검토PT'의 합동회의에서 여러 농림족 의원들의 JA전농 폐지 반대 의견 피력은 자민당 농림족과 농협과의 호혜적 관계가 지속되고 있는 것처럼 보이게 한다. 하지만, 실제 2014년 봄 시점에서 자민당 농림족 지도자들은 아베 총리의 농협개혁에 대한 강력한 의지에 대해 인지하고 이와 충돌하는 것을 두려워하고 있었다. 특히나 고이즈미 정권기에 우정개혁으로 조반했던 경험이 있던 모리야마는 강력한 영향력을 확보하고 있는 총리에 대항하는 것을 최대한으로 피해야한다는 의식이 강했다(朝日新聞 2014, kindle location 94). 실제로 아베 총리의 농협 개혁에 대한 의지는 강했다. 2014년 6월 24일 〈신성장전략〉에서 JA전중의 '폐지' 문구가 빠진 것이 개혁의 후

퇴가 아니냐라는 질문에 대해 아베 총리는 '지금과 같은 틀의 중앙회의 존재방식은 폐지해 간다'로 명언하였다(朝日新聞 2014, kindle location 75).

2014년 가을 아베 정권의 농협개혁의 추진 방식은 '족으로 족을 제압한다'로 상징된다. 농림족 거물 니시카와를 9월 내각개조에서 농림대신으로 입각시키면서 그를 통해 농협개혁을 추진해 나갔다. 농협개혁 전반에서 보여준 니시카와의 행동패턴은 농림족의 변화를 상징하고 있다. 농림족의 지도적 위치에 있지만, 그는 농협의 조직과 행위양식에 비판적이었다(西川公也 2017, 127-129). 또한 그는 농업개혁과 TPP의 취지의 필요성에 동의하는 정책선호를 지니고 있었다. 농협의 이해보다는 수상관저의 개혁선호에 동의하는 입장에서 니시카와는 그 둘 사이의 중재를 시도하였다. 자민당 농림족의 핵심 지도인물인 니시카와와 모리야마는 아베 정권에게 농림족의 활용 가능성을 제공했다. 니시카와의 개혁적 정책선호와 모리야마의 당내 분쟁화에 대한 회피 노선은 농림족과 농협의 연결고리가 취약해졌음을 보여준다. 이 같은 상황에서 아베 정권에게 농림족은 농협을 공격하는데 함께 할 수 있는 협력자로 기능했다.

자민당 농림족에 의해 중재된 JA전중의 '자율적 개혁'에 대해 JA전중은 적극적으로 임하려는 자세가 없었다. 2014년 8월 시작된 JA전중의 조직개혁의 논의는 11월 6일 이사회에서 자기개혁안 발표로 정리되었다. 하지만, 실질적인 변화의 내용은 없다는 비판을 받았다. 하지만 2014년 11월에 정부가 비농가 준조합원에 의한 농협서비스 사용을 제한하는 것을 검토한다는 내용이 알려지면서 상황이 일변했다(田代洋一 2017, 56). 정부 입장은 준조합원의 서비스 사용 비율이 높은 금융 사업을 담당하는 농림중앙금고와 JA공제련의 존립 자체를 위협하는 것이고, 결국 농협 전체 수익구조가 가능하지 않게 하겠다는 것이었다. 농협의 근본 구조를 뒤흔들 수 있다는 아베 정권의 위협은 농협과 자민당 농림족 모두에게 강력한 시그널이 되었다. 결국 JA전중은 사단법인화를 수용하게 된다. JA전중 개혁은 규제개혁회의의 안과 유사한 내용을 2015년 2월에 '자기개혁'의 형태로 수용하면서 논의가 정리된다. 자민당 농림족 의원들은 이 과정에서 농협 측의 이해를 정책에 반영하는 양상이 아니라, 수상관저의 강력한 개혁 의지를 농협 측에 전달하여 자제할 것을 권하는 양상을 보였다.

4.2. JA전농 개혁: 고이즈미 신지로, 규제개혁추진회의, 자민당 농림족

2014년 5월 규제개혁회의의 〈농업개혁에 대한 의견〉에서 언급된 JA전중의 사단법인화와 준조합원제도에 대한 개혁의 내용은 2015년 2월에 정리되었다. 하지만, JA전농의 주식회사화로 상징되는 JA전농 개혁에 대한 논의는 지체되었다. 2015년 4월의 통일지방선거는 농협개혁 논의를 지체시키는 정치적 여건 중 하나였다. 또한 TPP 협상이 마무리되어 가는 가운데, TPP 가입협상 결과의 내용이 일본 농업 분야에 미칠 영향이 확정되지 않는 상황이었다. 즉 TPP 가입협상의 완료 때까지 농협개혁 논의가 진척되기는 어려웠다. 이는 TPP 가입협상이 완료가 된 2015년 10월 5일은 JA전농 개혁을 포함한 농업개혁 전반에 새로운 시작점이 된다는 것을 의미한다.

TPP 합의 이후에 아베 정권은 2015년 10월 7일에 내각개조와 자민당 인사를 하면서 모리야마를 농림대신으로 임명하였다. 2014년에 니시카와를 농림대신으로 임명했을 때와 마찬가지로 농림족의 중심인물을 농림대신으로 놓고, 그를 통해 농림족의 반발을 무마시키면서 농업 분야의 개혁들을 추진하겠다는 발상에 근거한 인사였다. 2015년 2월에 농림대신에서 물러났던 니시카와는 자민당의 농림수산전략조사회의 회장으로 돌아와 농업 분야 정책현안에 대한 자민당 내 논의를 다시 주도했다. 모리야마와 니시카와로 대표되는 자민당 농림족 지도부가 농업 분야에서 강한 영향력을 유지하고 있는 상황에는 변화가 없었다.

하지만, 2015년 10월 자민당의 임원 인사에서 누구도 예상하기 어려웠던 인사가 발생했다. 고이즈미 신지로(小泉進次郎)가 농림부회의 회장으로 임명된 것이다(読売新聞経済部 2017, kindle location 250). 고이즈미 준이치로 전 총리의 아들로 높은 인기와 지명도를 지니고 있는 고이즈미 신지로의 정체성은 도시 출신, 젊은 나이, 개혁 성향으로 상징되며, 이는 자민당 농림족 의원들과 전적으로 반대된다. 농림족에 의해 장악되어 온 농림부회의 회장으로 고이즈미 신지로를 임명한 것은 농업 분야의 개혁에 대한 아베 정권의 강력한 의지를 보여주는 것이었다.

2016년 JA전농 개혁에 대한 논의는 고이즈미 신지로와 JA전농 사이의 대결구도로 진행되었다. 일부 농림족 의원들의 부정적 예상과는 달리 자민당 내 농업정책 담당자 역할을 맡은 고이즈미는 정책에 대한 빠른 이해와 여러 관계자와의 소통 능력을 보여준 것으로 평가된다(読売新聞経済部 2017, kindle location 643). JA전농의 구매와 판매의 독점 구조가 일반 농가의 비용 감소와 수입 증가로 연결되지 않는다는 고이즈미의 비판적 의견 피력 속에서, 그와 JA전농 사이의 갈등이 2016년 상반기 내내 증폭되었다. 하지만 2016년 7월의 참의원 선거 전에 득표에 영향을 줄 수 있는 개혁안이 구체화되기는 쉽지 않았다. 양자 사이의 JA전농 개혁 논의는 참의원 선거 후 본격화되었다. 참의원 선거 후 JA전농 개혁 논의는 농협 측의 자기개혁 내용 제시와 이에 대한 고이즈미의 불만족 표시, 그리고 고이즈미 개혁안에 대한 설명과 이에 대한 농협 측의 수용 어려움 표시의 양상으로 진행되었다(読売新聞経済部 2017, kindle location 331).

이 구도는 2016년 11월 11일 일변한다. 참의원에서 TPP 승인과 관련된 심의[4]가 시작되던 11월 11일 참의원 본회의에서 아베 총리는 농업을 성장분야로 만들기 위한 구조개혁 단행의 필요성은 변하지 않았으며 JA전농의 개혁은 농업의 구조개혁의 시금석이 될 것이라고 언급하면서 JA전농 개혁을 명확하게 주문하였다(読売新聞経済部 2017, kindle location 542). 아베 총리이 연설이 있던 11월 11일 규제개혁회의의 후속기관으로 9월 12일 첫 회합을 가지며 출범한 규제개혁추진회의는 〈농협개혁에 관한 의견〉을 공표하였다.[5] 기본 취지는 자민당 내에서 고이즈미가 제안

---

4) TPP 반대의사를 표명해온 트럼프가 미국 대통령에 당선되었지만, 아베 정권은 국회에서 TPP 승인 노력을 계속하였다.

한 것과 큰 차이가 없다. 하지만 규제개혁추진회의는 그 목표달성에 있어서의 매우 급진적인 타임테이블을 설정하였다. JA전농의 조직체계 변화와 농산물의 위탁방식 폐지에 1년이라는 데드라인을 설정한 것이다. 이에 더해 금융사업을 하는 지역단위 농협을 3년 이내에 반감한다는 조항까지 포함되어 있었다(読売新聞経済部 2017, kindle location 547).

규제개혁추진회의의 문서가 나온 다음에 JA전농은 물론 고이즈미 개혁안에 긍정적이었던 JA전중의 오쿠노 쵸우에(奧野長衛) 회장도 태도가 경화되었다. 전임 반자이 회장과는 달리 농협 개혁노선에 협력적이었던 오쿠노 회장도 규제개혁추진회의의 안은 수용할 수 없었다. 규제개혁추진회의의 안에 대해서 자민당 농림족 의원들도 민감하게 반응하였다. 고이즈미 개혁안과는 달리 규제개혁추진회의의 안은 농협의 존립 자체를 위협할 수 있는 것이기 때문이다. 1년여 동안 농정에 대한 이해도를 심화시킨 고이즈미도 규제개혁추진회의가 제시한 타임테이블이 과도하다고 비판하였다. 규제개혁추진회의로 인하여 농협에게 고이즈미의 위상은 위협인물이 아닌 조력자로 변하고 있었다. 농협 측과 조정을 거쳐 11월 25일 확정발표된 자민당의 안에서 조직 개편과 위탁판매 폐지에 붙어있던 1년 내라는 시간 목표가 빠지고 금융사업을 실시하는 지역단위농협을 반감한다는 항목은 전체가 빠지게 되었다(読売新聞経済部 2017, kindle location 647). 아베 정권은 자민당이 농협 측과 조정해서 발

---

5) 規制改革推進会議 "農協改革に関する意見."(2016.11.11. 결정) http://www8.cao.go.jp/kisei-kaikaku/suishin/publication/opinion1/281111nougyo1.pdf(최종접속일: 2018.7.6).

표한 〈농업경쟁력강화프로그램〉을 정부의 공식적 개혁안으로 받아들였다.

규제개혁추진회의의 안은 자민당 농림족이 기반을 두고 있는 농업 분야에서 정치(농림족)와 업계(농협) 사이의 메커니즘을 근본적으로 뒤흔드는 것이었고, 이에 대한 강력한 반발이 나왔다. 규제개혁추진회의 안이 나온 이후에 자민당 농림족의 선호는 고이즈미 안으로 수렴된다. 2016년 11월 21일 니시카와는 농협 측에게 JA전농 개혁과 관련한 논의소통을 고이즈미로 일원화하겠다고 통보하였다(読売新聞経済部 2017, kindle location 643). 2014년 JA전중 개혁 논의 과정에서 자민당 농림족은 규제개혁회의와 농협 사이에서 직접 조정하는 역할을 수행하였던 반면에, 2016년 가을 JA전농 개혁 논의 과정에서 그들은 고이즈미의 도움을 받을 수 있었다. 자민당 농림족은 농협 측에게 2014년 JA전중 개혁 논의 때와 마찬가지로 개혁 자체를 거부할 수 없으니 수용하라고 종용하면서, 최악을 피하기 위해서 고이즈미 안을 받으라고 중재하였다.

아베 정권은 JA전농 개혁에 대해 수상관저가 그 내용을 먼저 제시하지 않고 자민당이 주도해서 농협과 직접 조정하는 형태로 진행되도록 하였다. JA전농 개혁의 얼굴로 동원된 고이즈미가 자민당 농림족의 본산인 자민당 농림부회의 회장을 맡았다는 것에서 이 이슈를 자민당에서 주도하는 것으로 두겠다는 의제설정의 의도가 엿보인다. 자민당 농림족에게 다행인 점은 고이즈미 신지로가 이 상황에서 적이 아닌 우군이었고, 또한 고이즈미 준이치로 정권이 우정개혁 때 보여주었던 자민당 패싱(passing)과 배싱(bashing)의 양상과는 달리 아베 정권은 자민당 내의 기득권 세력의 요구사항을 부분적으로 수용하면서 이들이 개혁 논의에 참여할 수 있는 공간을 마련해주었다는 점이다.

5. 자민당 농림족의 이익과 담론

자민당 농림족 지도부가 두 단계의 농협개혁 과정에서 보여준 행위 패턴은 유사하다. 개혁 수상관저가 자문기구를 통해 내놓은 개혁안을 전면적으로 거부할 수 없다는 기본 인식 속에서, 농협 측의 정책선호를 따르지 않았다. 수상관저와 농협 사이에서 자민당 농림족은 수상관저 쪽으로 경사하는 모습을 보였다.

이러한 자민당 농림족의 행위패턴은 농협의 집표능력의 저하에서 야기된 자민당 의원들이 농협과의 관계 속에서 얻을 수 있는 이익의 감 소로 설명될 수도 있다. 물론 2012년 중의원 선거 이후 여러 국정선거마 다 계속된 자민당의 연이은 대승 속에서 자민당 당선자 중 농협 측의 지 지를 받은 숫자는 매우 크다. 예를 들어, 2012년 12월 중의원 선거에서 당 선된 294명의 자민당 의원 중 농협의 정치단체인 전국농업자농정운동 조직연맹(全国農業者農政運動組織連盟, 이하 전국농정련)의 추천을 받 은 당선자는 162명에 이른다. 또한 2014년 중의원 총선거에서 자민당 후 보자 206명이 전국농정련의 추천을 받아 그 중 201명이 당선되었다. 2013년 참의원 선거에도 자민당 비례후보로 야마다 도시오(山田俊男)를 옹립하여 자민당 비례후보 중 2위의 고득표(34만여 표)로 당선시켰다

(城下賢一 2016, 111). 하지만, 국정선거에서 농업 단일 이슈의 영향력은 저하되었고, 전국농정련에 의해 지지받은 중의원 당선자가 농협의 정책선호에 얽매여 있다고 보기 어렵다. TPP 가입교섭 참여가 공식화된 2013년 이후 국정선거에서 지방단위의 농정련이 자민당 후보를 지지하지 않고 자유투표를 선택하는 경우도 증가하였지만, 이에 대해 자민당이 느끼는 위기의식은 크지 않았다(読売新聞経済部 2017, kindle location 331).

농협의 집표능력 하락으로 인한 자민당 의원들의 농협 정책선호로부터의 이탈은 자민당 전체의 정책선호가 농협으로부터 벗어나는 점을 설명할 수 있지만, 농림족 의원들이 농업개혁 과정에서 농협과 정책선호가 어긋나게 되는 것을 충분하게 설명하기 어렵다. 농림족 의원들의 행위패턴을 그들의 이익 차원에서 이해할 때 농협으로부터 오는 정치적 수혜의 축소보다 중요한 요소는 당지도부 즉 수상관저의 의사에 반하는 행동을 하였을 때 받을 수 있는 처벌에 대한 두려움이다. 고이즈미 준이치로 정권이 우정선거에서 보여준 반대의원들에 대한 처벌의 기억이 강력했다. 우정선거의 기억은 자민당 의원들에게 강력한 리더십에 도전하는 것을 저어하게 만드는 요인이었다. 모리야마의 당내 결속 강조는 강력한 리더십의 당 지도부에 대한 농림족의 위상저하를 상징한다(西川公也 2017, 131).

이익유도정치 메커니즘과 이익유도정치 이탈의 메커니즘 모두에서 농림족의 행위패턴은 주로 이익 차원에서 논의되어 왔다. 하지만, 농업 보호의 논리는 전통주의적 애국주의 담론으로 강하게 연결될 가능성이 있다. 실제 TPP 가입 논의 초기에 TPP에 반대하는 논리 중에 '일본적 가치'를 중시하는 전통주의적 보수주의가 발견된다(鯨岡仁 2016, kindle location 1380). 니시다 쇼지(西田昌司) 참의원 등이 이러한 전통주의 관점에서 농업정책과 TPP를 바라보는 대표적 자민당 인사였다.[6] 하지만, 농림족 의원들에게 농업과 농협은 전통주의 담론이 아닌 정치적 계산속에서 이해되어왔다. 농림족의 농업에 대한 정책이념이 전통주의적 담론과 합일되어 나타난다면, 구조개혁 담론과 차별화되는 다른 차원의 보수적 국가개조 정책담론이 나올 수 있다. 하지만, 농림족 의원들은 구조개혁 담론과 대립되는 전통주의적 국가개조 담론 속에서 농업의 가치를 담아내는 논리를 개발해내지 못했다. 즉, 농림족의 정책선호의 바탕에 왜 농업과 농협이 보호되어야 하는가에 대한 강력한 거시적 정치담론이 부재했다.

오히려 농림족 의원들은 아베 시대 대부분의 자민당 의원들과 마찬가지로 '강한 일본'을 위해 비효율적인 전후체제 구조를 개혁해야한다는 구조개혁 담론에 올라탔다. 아베 정권이 매년 개정하면서 내놓은 〈일본재흥전략〉은 구조개혁 담론에 입각한 개혁 정책들의 종합판이며, 아베 정권의 농업 분야 개혁 내용들은 〈일본재흥전략〉의 하위 과제의 성격을 갖는다. 자민당 내부에서 '강한 일본'을 위한 〈일본재흥전략〉의 필요성에 대한 광범위한 동의가 존재하였으며, 농림족 의원들도 다르지 않았다. 거시적 국가전략에서 아베 정권의 구조개혁 담론에 동의하는 농림

---

6) 2012년 아베 정권 출범시에 니시다는 아베 총리에게 총리비서관으로 전통주의적 관점에서 TPP를 반대해온 나카노 다케시(中野剛志)를 추천하였지만 거절되었다. 나카노 다케시의 보수주의 입장에서의 TPP 비판론은 中野剛志 (2011)을 참조.

족 의원들은 〈일본재흥전략〉의 하위 과제인 농업 분야에 개혁 요구에 대해 기본적으로 수용하는 가운데 절제적 개혁 진행을 요구하는 수준에서 입장을 정리하였다. 아베 수상관저의 구조개혁 담론을 수용하여 농업개혁에 관여한 대표적 농림족 의원은 농림족의 가장 중심인물인 니시카와이다. 농업개혁 논의에 자민당 농림족의 관여 여지를 제공한 아베 정권의 판단에는 농림족 핵심인물이 구조개혁 담론을 수용하고 있다는 상황이 존재한다.

6. 농업 이익유도정치의 전망

아베 정권의 농업개혁은 농협과 자민당 농림족 사이에 정치적 이해관계 속에 형성되어 유지되어온 일본 농업 분야의 이익유도정치의 구조적 쇠퇴를 보여주고 있다. 아베 정권기에 이뤄진 농업개혁은 농협의 조직과 기능에 대한 근본적 변화를 가져오는 농협개혁이 중심이 되어 진행되었다. 이에 대한 농협 측의 강력한 반발이 있었지만, 자민당 농림족은 과거와는 달리 수상관저가 주도한 개혁을 수용할 것을 농협 측에 종용하면서, 농협 측의 정책선호와 차별화된 입장을 보이는 행위패턴을 보였다. 자민당 농림족의 행위패턴은 그들의 이해관계의 계산 측면에서 이해될 때, 농협이 제공하는 정치적 수혜가 약화된 점과 강력한 리더십의 당 지도부가 취하는 핵심 정책노선에 반했을 때 받을 수 있는 정치적 타격에 대한 우려가 강화된 점으로 설명될 수 있다. 한편 자민당 농림족은 아베 수상관저의 구조개혁 담론과는 차별화된 대항 국가개조 담론 속에서 농업문제를 설정하지 못했다. '강한 일본'을 위한 구조개혁이라는 아베 정권의 국가개조 담론을 답습한 가운데, 구조개혁의 일환인 농업개혁을 수용하는 행위패턴을 보였다.

일본 정책논의에서 이익유도정치에 대한 비판은 광범위하게 동의되고 있으며, 이에 입각한 구조개혁 노선은 고이즈미 정권 이후 일본의 정치경제 논의에서 일관되게 주류적 입장에 서 있다. 노블(Noble 2010)이 주장하듯, 영역마다 특수한 분야에 대한 이익을 제공하던 전후일본의 정치경제 메커니즘은 쇠락하고 있다. 농업 분야에서 이러한 특수주의의 쇠락이 최근에 가장 늦게 진행되고 있다는 점은 전후일본 정치경제 시스템에서 농업 분야의 정치적 영향력이 매우 강력했음을 방증한다. 하지만 이익유도정치에 대한 비판에서 이익유도정치를 통해 전후일본 정치경제시스템이 제공했던 사회안전망 역할에 대한 대안 모색의 고민은 찾아보기 어렵다. 이는 앞으로 일본의 정치사회변동을 이해하는데 있어서 구조개혁에 대한 반동의 정치가 다시 등장할 가능성을 의미하며, 이에 대해 일본 정치권이 어떻게 대응하는지가 장기적으로 주목된다. 아베 정권 시대 구조개혁의 정치를 가장 잘 보여주는 사례로 농협과 자민당 농림족을 주요 행위자로 하는 농업개혁이 존재하는 가운데, 앞으로 구조개혁에 대한 반동의 정치의 중요 사례로 농업 분야가 다시 등장할 가능성도 배제할 수는 없다.

저출생 고령화 시대 일본의 복지와 방위*
'대포와 버터'의 정치경제학

남기정

1. 인구문제: 아베 시대 안보론의 숨은 그림

이 글은 아베 내각에서 전개된 방위정책을 사회보장과의 상관관계 속에서 평가하고자 한다. 일본에서 저출생 고령화 문제는 안보문제와 직결되는 문제로 인식되고 있다. 저출생 고령화 시대에 들어 서 있는 일본에서 자위관 모집 적정연령 인구의 감소는 일반 병사에 해당하는 '사' 계급 인원의 감소를 가져와, 자위대 고령화와 충원율 감소로 인해 실전 능력의 약화를 가져오는 직접적 원인이 되고 있다. 다른 한편 저출생 고령화는 사회보장급부비의 급격한 증가를 초래하여 만성적 재정적자의 원인이 되어 방위비 증액의 압박요인이 되고 있다. 이 글에서는 인구문

---

* 이 글은 『일본연구논총』 47호(현대일본학회, 2018.6)에 같은 제목으로 실린 글을 대폭 수정한 것이다. 특히 이후 변화된 내용을 최대한 업데이트하기 위해 노력했다.

제와 자위대 충원의 직접적 상관관계를 실증적으로 검증하면서, 후자의 측면에도 주목하여 일본 방위정책의 방향과 한계를 사회보장과의 관계 속에서 논하고자 한다.

저출생 고령화와 일본의 방위정책의 관계에 대해서는 일본 국제포럼(日本国際フォーラム)이 펴낸 보고서(『少子高齢化と日本の安全保障ー今そこにある危機とどう向き合うか』)와 오노 게이시(小野圭司) 방위성 방위연구소의 연구(「人口動態と安全保障ー22世紀に向けた防衛力整備と経済覇権」) 등이 있으나, 저출생 고령화가 안전보장에 미치는 영향을 경고하거나, 그 영향에 대한 대응을 논의하는 내용들이어서, 그 상관관계가 구체적으로 어떤 양태를 띠고 있는지에 대한 연구는 미흡하다.

이러한 한계를 극복하기 위해 이 글에서는 군사력과 사회보장의 상관관계에 대한 '대포와 버터(Guns and/or Butter)'의 오래된 논의에서 분석의 틀을 마련하여, 현대 일본의 사례가 이러한 논쟁에서 예외가 아님을 드러내고, 일본의 인구문제가 초래하는 사회변화 가운데 가장 큰 부분을 차지하는 사회보장 분야의 변화와 방위력 정비 사이의 상관관계를 밝혀보고자 한다.

이는 아베가 추진했던 적극적인 방위정책을 외부환경 요인이나 이데올로기로 설명하는 한계를 극복하게 해 줄 것이다. 일본 방위정책에 대해서는 중국의 군사력 증강과 적극적 해양정책, 북한의 핵 미사일 능력 고도화 등 외부 환경요인으로 설명하거나, 아베와 주변 인사들이 갖고 있는 '일본주의' 국가정체성의 발로로 설명하곤 한다. 그러나 이 글은

'숫자'에 입각해서 일본의 방위정책을 설명해 보고자 한다. 한편 이러한 시도는 '요시다 노선'의 끈질긴 생명력으로 일본의 외교·안보정책을 설명하고 일본의 정책 노선이 '중견국 외교(ミドルパワー外交)'여야 한다고 제언하는 소에야 요시히데(添谷芳秀 2005; 2017)의 주장에 이를 밑받침하는 통계수치들을 제공해 줄 수 있을 것으로 생각된다.

이하 2절에서는 '대포와 버터' 논쟁으로 불리는 군비와 사회보장의 상관관계에 대한 이론적 논의를 검토하고, 3절에서는 일본의 저출생 문제가 자위대 충원에 미치는 직접적 영향에 대해 분석할 것이다. 이어서 4절에서는 일본에서 사회보장 관련 비용과 방위 관련 비용의 상관관계를 여러 지표를 활용하여 분석한 뒤, 마지막 결론에서는 이상의 분석 내용을 한국의 사례와 비교하여 그 함의를 도출해 보고자 한다.

2. '대포와 버터' 논쟁

'대포와 버터(guns and/or butter)'의 문제는 일반적으로 군비와 국민경제를 양립시키는 정책으로 이해되고 있다. '대포와 버터'의 선택의 문제는 '모든 선택에는 대가가 있다'는 맨큐 경제학 제1 기본원리가 적용되는 대표적인 사례이다. "우리의 국토를 외침에서 지키기 위해 더 많은 돈(대포)을 쓴다면, 그만큼 우리의 생활수준을 높이기 위해 사용할 수 있는 돈(버터)은 줄어들 수밖에 없다"(Mankiw 1998, 5)는 것이다.

한편 리처드 하스는, 미국 외교정책에서 국가안보와 국내정책이 양자택일의 문제가 아니고 동시에 고려되어야 할 사안임을 지적했다. 즉 '대포냐 버터냐' 즉 '군비냐 민생이냐'의 문제가 아니라, '대포와 버터', 즉 '군비도 민생도'의 사안이라는 것이다(하스 2017, 303).

　　정치경제 관련 정보를 제공하는 지식 사이트, 「political-economy.com」에서는 'Guns or Butter'의 항목에서 '대포냐 버터냐'라는 오래된 논쟁이 미국에서 2012년 대선 과정에서 다시 전선에 등장했다고 평가했다. 식자들이 그러한 분위기를 감지했던 것은 당시 공화당 후보들이 오바마의 사회분야 프로그램들을 해체하는 대신 방위비에 대해서는 존중하겠다는 주장을 펴는 데에서 대포를 위해 버터를 희생하겠다는 정치인들의 주장을 기꺼이 받아들이려는 유권자를 보았기 때문이다. 「political-economy.com」은 공화당 후보들이 실패할 것으로 예언했고, 실제로 2012년에 유권자들은 공화당을 선택하지 않았다. '버터 대신 대포'를 선택하는 나라는 그 아무것도 얻지 못한다는 것, 그것이 역사에서 드러나는 단순한 진리였다.[1] 그러나 미국에서 '버터 대신 대포' 정책은 2016년 트럼프를 통해 재등장했고, 이번엔 승리해서 실제 정책으로 실시되고 있다.

　　사실, 1950년대부터 미국 정치에서 '대포와 버터(guns and butter)'는 높은 생활수준을 보장하는 중산층의 복지 프로그램을 희생하지 않고 군비 증강을 합리화하는 미국 대중과 정치인들이 즐겨 사용하는 경제학 용어가 되어 왔다. 아이젠하워에서 레이건 행정부에 이르기까지 사회보장과 안전보장의 비율을 어떻게 책정하는가와 관련한 논의는 미 국가예

---

1) "Guns and Butter", *Political Economy: Economics of Freedom, Peace and Prosperity*, https://political-economy.com/guns-or-butter/(최종접속일: 2020.3.17).

산이 두 가지를 모두 견디어낼 수 있을 것이라는 전제가 있었다. 그러는 가운데 'guns and butter'가 전통적으로 'guns or butter' 논쟁이었다는 것은 잊혀졌다. 브룬(Lester H. Brune)에 따르면 대포와 버터가 상쇄(trade off) 관계가 아니라 두 가지 모두를 취할 수 있다는 믿음은 한국전쟁 직전 트루먼 행정부 시기의 몇 년 동안에 일어난 일이다. 이러한 변화는 페어딜 팽창(Fair Deal Expansion)의 옹호와 공산주의에 대한 과장된 공포가 만들어낸 현실이었다(Brune 1989, 357-371).

한국전쟁 발발은 제2차 세계대전 이후 전후 복구에 집중하던 유럽에서도 군비 증강에 나서게 하는 계기가 되었다. 이에 대해 영국에서는 사회보장비 삭감에 반대하여 노동장관 베번(Aneurin Bevan)이 사임했다. 이를 계기로 유럽 각국에서 '대포 대신 버터'를 표어로 삼아 군사비의 증대에 의한 사회보장비 삭감에 반대하는 여론과 운동이 전개되기도 했다.

비슷한 시기 일본에서 확립된 '요시다 라인', 즉 평화헌법 하에서 미일동맹을 통해 안보를 확보하는 노선은 버터를 위해 대포를 희생한 정책으로 이해된다. 그러나 고이즈미 내각 시기인 2005년 10월 자민당이 신헌법초안을 발표하면서, 일본에서도 '대포와 버터' 논쟁이 개시되었다. '대포 대신 버터'의 중요성을 강조하는 이른바 전후 평화주의자들에게 일본 헌법 25조는 사회보장 중시의 마지막 보루의 의미를 지니고 있다. 일본에서 '보통국가' 노선이 등장하던 시기, 사회복지의 후퇴로 인해 헌법 25조가 형해화할 가능성에 대한 의구심이 '대포와 버터' 논쟁으로 제기되고 있었다(二宮厚美 2005).

나아가 2012년에 재등장한 아베 총리는 '적극적 평화주의'라는 이름의 적극적 안보정책을 내걸고 방위비 증액을 시도했다. 적극적 평화주의 노선은 자위대를 헌법에 명시하고 이를 외교 수단으로 활용하겠다는 군사적 보통국가 노선이었다. 거기에는 사회보장과 안전보장이라는 두 가지 선택지를 양자택일의 문제로 간주하지 않고 동시에 고려하겠다는 의지가 담겨 있었다.

아베 총리는 2017년 11월 17일 중참 양원 본회의 소신표명연설에서, "긴박한 북한 정세, 급속히 진행하는 저출생 고령화. 지금 우리 나라는 바로 이 '국난'이라고도 할 과제에 직면했"다고 하며, 북한 정세와 저출생 고령화를 '국난'으로 규정하고 '정책 실행'의 필요성을 강조했다.[2] 두 가지 '국난'에 동시에 대처하겠다는 의지를 피력한 것이다. 그런 의미에서 적극적 평화주의는 일본식 '대포와 버터' 정책이라고 할 수 있다. 아베는 2018년 이후 한반도 평화프로세스로 북한의 위협이 감소한 상황에서 김정은 위원장과의 대화 필요성을 언급하면서도 대북 제재 강화를 주장하며 적극적 평화주의의 기본 노선을 유지했다. 2019년 10월 4일의 소신표명연설에서도 아베는 적극적 평화주의와 쌍둥이 국가노선이라고 할 수 있는 '지구본을 부감하는 외교'를 강조했다.[3]

이상의 논의를 바탕으로 우리는 예산 배분 속에서 국방(National Security)과 사회보장(Social Security)의 비율을 책정하는 것이 정치의 기

---

2) 首相官邸, "第195回国会における安倍内閣総理大臣所信表明演説(平成29年11月17日)"
3) 首相官邸, "第200回国会における安倍内閣総理大臣所信表明演説(令和元年10月4日)"

본이며, 거기에서 국가운영의 방향이 도출되어 나오는 것을 알 수 있다. 이로부터 다음과 같은 매트릭스를 만들어 볼 수 있다. 이하 4장의 논의에서는 아래 매트릭스를 통해 일본의 방위정책을 설명하고자 한다.

〈그림 1〉 대포(방위비)-버터(사회보장비) 매트릭스

방위관계비	방위비 우선	확대균형
	축소균형	사회보장비 우선
	사회보장관계비	

3. 일본의 인구동태와 사회보장, 방위력 정비의 실상

3.1. 일본의 인구동태 개관

먼저 일본의 저출생 고령화의 실태를 확인하고 이에 대응한 사회보장체제의 재편과정과 방위력 정비의 실상을 파악해 보고자 한다. 2015년 국세조사를 기초로 추산하면 일본의 총인구는 2010년에 1억 2,806만 명이었던 것이 50년 후인 2060년에는 8,674만 명으로 인구규모가 3분의 2로 줄어든다. 2010년부터 2035년까지의 감소폭이 1,594만 명, 2035년부터 2060년까지의 감소폭이 2,538만 명으로 2040년 이후로는 매년 100만 명 이상의 규모로 감소할 것이 예상된다.

65세 이상 인구는 2010년 2,948만 명에서 2035년에는 3,741만 명으로 증가할 것이 예상된다. 이후 노년인구는 2042년에 3,878만 명이 되어 정점에 이르러 이후 감소될 것이 예상되지만 총인구가 감소하기 때문에 2060년의 고령화율은 39.9%에 이를 것으로 예상된다. 이에 더해 출생수 및 저연령 인구의 감소가 뚜렷해지는데, 15세 미만의 저연령 인구는 2010년 1,684만 명에서 2060년 791만 명으로 절반 이하로 감소하게 된다.

이에 따라 생산연령인구가 격감하게 된다. 2010년에 8,173만 명이었던 것이 2060년에는 4,418만 명으로 거의 절반으로 줄게 된다. 이러한 변화의 결과 노년종속인구지수(생산연령인구에 대한 노년인구의 비율)가 급등한다. 1985년에는 현역 7명이 1명의 고령자를 부양했었는데, 2010년에는 2.8명이 1명의 고령자를, 2060년에는 1.3명이 1명의 고령자를 부양해야 하는 상황이 예상된다(日本国際フォーラム 2015, 35-36).

총인구 가운데 65세 이상 인구의 비율인 고령화율 추이는 1970년에 7%를 넘어 고령화사회에 진입했고, 1994년에 14%를 넘어 고령사회에 들어갔다. 2007년에는 21%를 넘어 초고령사회에 세계 최초로 도달했다. 2018년 통계에 따르면 65세 이상 인구는 3,558명으로 고령화율은 28.1%에 달했다(国立社会保障・人口問題研究所 2012, 39; 厚生労働省 2018, 3).

〈그림 2〉 총인구와 인구구조의 추이(일본)[4]

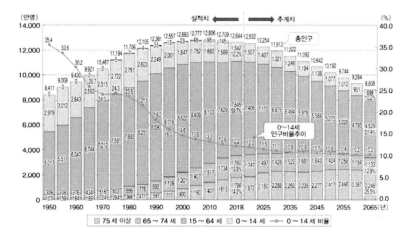

일본의 인구문제에서 특히 문제가 되는 것은 '2025년 문제', 즉, 단괴(団塊) 세대라 불리는 전후 베이비 부머 세대(1947년~49년생)가 2025년에 후기고령자(75세 이상)로 이행하는 문제이다. 이후 고령화율이 지속적으로 상승할 것이 예상되며 평균연령도 계속해서 상승하게 된다. 그런 현실에서 소비세 증가를 전제로 마련된 사회보장개혁은 2025년까지만 마련된 것으로 이후의 지속적인 사회보장급부비의 팽창을 어떻게 감당할 것인가가 커다란 숙제로 부상하고 있다.

---

4) 内閣府, 『少子化社会対策白書(令和元年版)』, 2頁.

〈그림 3〉 인구 피라미드 변화와 2025년 문제5)

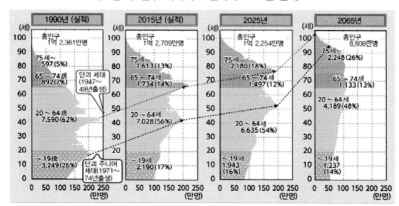

3.2. 일본의 사회보장개혁과 재정적자의 진행

고령화 인구 감소가 재정에 영향을 미치는 가장 직접적이고 중요한 경로는 사회보장이다(『厚生労働白書』2015, 189). 이를 반영하여, 2015년 판 『후생노동백서』는 '인구감소사회를 생각한다'는 부제가 붙어 있다. 2016년판에는 '인구고령화를 극복하는 사회모델을 생각한다'이며, 2017년 판에는 '사회보장과 경제성장'이었다. 2015년 이후 『후생노동백서』는 전후 사회보장제도의 근본적 개혁을 과제로 삼고 있다. 그 위기의 기원은 어디에 있는가? 저출생 고령화에 따른 재정위기는 회피될 수 없었던 것인가?

일본에서는 고령화율이 6%이던 1961년에 국민개보험/개연금제도가 도입되어 본격적인 사회보장제도가 시작되었다. 그러나 일본이 본격적으로 사회보장에 힘을 기울이기 시작한 것은 1970년대에 들어와서였

---

5) 『厚生労働白書(平成30年版)』, 228頁.

다. 1973년은 노인의료비 무료화, 고액의료비 상환제도 등이 도입되어 본격적인 복지정책이 실시된 해로, 복지원년이라 불린다. 그러나 이와 동시에 1973년과 1979년 두 차례의 석유위기를 겪으면서 경제성장이 둔해지고 세수 감소로 인해 복지정책을 위한 재원도 감소하게 되자, 복지정책의 재검토가 실시되었다. 1980년대에는 노인의료비 무료화 폐지, 피보험자 본인의 의료비 부담률 10% 책정, '2층 연금제도' 도입에 따라 국고부담을 1층의 기초연금부문에 한정하고 2층의 노령후생연금 부분의 지급 개시연령을 높이는 등의 정책이 실시되었던 것이다(野副常治 2016, 23; 泉真樹子 2013; 藤田安一 2016).

특히 1985년 이후로는 고율 보조금의 보조율 삭감정책에 따라, 생활보호비 보조금이나 사회복지시설보호비 보조금 등의 복지관련 보조금이 대폭 삭감되었다. 이어서 1990년대에 들어서서 진행된 개혁들은 경제불황, 재정위기, 저출생 고령화 등이 진전됨에 따라, 사회보장급부비를 억제하고 사회보장에서 국가책임을 축소하는 방향으로 진행된 것이 특징이었으며, 아베노믹스 하의 성장전략에 의해 사회보장 분야는 다시 축소되었다. 아베 정권 하에서 진행되는 사회보장 분야 개혁에 대해서는 이를 '사회보장 해체의 마무리 국면'이라고 진단하고 비판하는 경향도 보인다(藤田安一 2016, 15-20).

반면 사회보장제도 개혁의 지연이 현재 위기의 근원이라는 진단도 있다. 즉 일본 정부가 이미 1970년대부터 시작된 고령화 경향 속에서 사회보장제도의 개혁을 긴급한 과제로 인식하지 않았던 탓에 고복지 저부담 상황에서 빠져 나오지 못하면서 재정적자가 구조화되고 위기가 심화되었다는 것이다(近藤誠 2013, 30). 그 결과 사회보장급부비는 2010년도에 103조 4,879억 엔으로 고령자가 수급자인 고령자관계급부비가 전체의 70%를 차지하기에 이르렀다(国立社会保障・人口問題研究所 2012). 2012년도 3월에 발표된 '사회보장에 관계된 비용의 장래통계(개정판)'에 따르면 사회보장급부비는 '단괴' 세대가 후기고령자로 이행하는 2025년도에는 148조 9000억 엔으로 부풀어 오를 것이 예상된다(厚生労働省 2012).

〈그림 4〉 사회보장급부비의 추이[6]

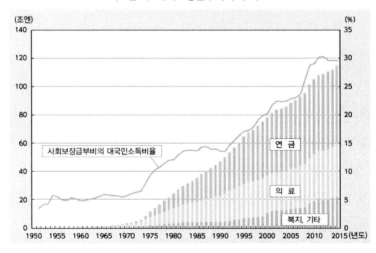

이러한 상황에서 사회보장제도 개혁은 더 이상 미룰 수 없는 것으로 인식되었다. 민주당 정부 시기인 2012년 8월에 성립한 '사회보장 제도

---

6) 『厚生労働白書(平成29年版)』, 12頁.

개혁 추진법'은 사회보장제도 개혁의 기본적인 생각을 담고 있는데, 여기에는 "근년의 급속한 저출생 고령화의 진전 등에 의한 사회보장급부에 필요한 비용의 증대 및 생산연령인구의 감소에 수반하여, 사회보험료와 관련한 국민의 부담이 증대함과 함께 국가 및 지방 공공단체의 재정상황이 사회보장제도와 관련한 부담 증대로 인해 악화하고 있다"고 하여, 저출생 고령화, 생산연령인구의 감소가 사회보장비 증대, 재정부담의 증대 요인임을 밝히고 있다(中村高昭 2013, 135).

인구고령화가 경제에 미치는 영향으로는, 노동력 공급의 감소, 저축 및 자본축적과 경제성장, 생산성 향상과 기술 혁신 등 경제성장력의 저하를 중심으로 논의되는 경향이 있다. 그러나 이러한 문제는 만성질환이라고 할 수 있는 문제로 오늘 당장 문제를 발생시키는 일이 아니다. 한편 재정문제는 일본경제에서 임박한 문제로, 즉각적인 대책을 강구하지 않으면 일본 경제에 큰 손실을 가져올 문제이다. 특히 경제성장력의 유지를 위해 실시되는 고령화 대책이 재정적자의 누적에 박차를 가하는 구조가 만들어지고 있는 것이 문제이다(近藤誠 2013, 28).

2020년 일본의 기초적 재정수지 적자는 GDP대비 ‑3.0%, 재정적자는 ‑5.3%가 예상되고 있으며 2030년까지 약간의 개선이 가능하다는 비교적 낙관적인 예상이 있는 반면, 2030년까지 전혀 개선이 되지 않거나 더 악화할 것이라는 비관적인 전망도 나오고 있다. 또한 2014년에 GDP대비 200%를 넘어선 채무잔고도 2030년에 250%까지 상승할 것이 예상되는 등 재정수지와 채무잔고도 쉽게 개선될 전망이 보이지 않는다(財務省 2015). 일본 정부는 2020년까지 기초적 재정수지 흑자화를 목표로

삼고 있기는 하지만, 실질 GDP성장률이 0.8%를 유지한다고 가정할 경우 2020년의 기초적 재정수지는 16.4조 엔 정도의 적자가 예상되고 있다. 이럴 경우 가령 소비세율만으로 목표를 달성하고자 한다면 16%의 인상이 필요하다는 시산이 나온다(『中長期経済財政に関する試算』 2015.2).[7]

기초적 재정수지 흑자화를 위해서는 성장에 의한 세입을 확보하고, 사회보장비를 억제하면서, 기타 세출을 억제하고 증세 등에 의한 세입을 확보하는 등 복합적인 처방을 시행해야 하는 상황이다. 그런데 2015년에서 2030년까지의 잠재성장률은 대체로 0.4%에서 0.7%정도로 예상되고 있다. 여기에 사회보장급부비는 2015년에 약 116조 엔이었던 데에서 2025년에는 약 141조 엔으로까지 확대될 전망이어서 재정재건은 요원한 과제인 것으로 보인다(『日本の財政と防衛力の整備』 平成21年4月).

이러한 상황에서 '대범한'이라는 뜻을 담은 '호네부토(骨太) 2015'의 '경제 재정재생 계획'이 목표로 하는 세출 개혁은 고령화에 따른 사회보장 관련 세출의 증가분을 제외하고, 일반 세출의 증가를 전제로 하지 않고 세출 개혁을 추진한다는 것이다.[8] '호네부토(骨太) 2015'의 '경제 재정재생 계획'에서는 "아베 내각에서 이루어진 3년 동안의 경제 재생과 개혁의 성과와 함께, 사회보장관계비의 실질적인 증가가 고령화에 따른 증가분에 상당하는 증가(1.5조 엔 정도)를 보인다는 점, 경제 및 물가 동향

---

7) 2030년까지의 평균 실질 GDP성장률에 대해 한 경제전망 보고서는 세계경제가 호전된다는 낙관적 전망을 전제로 할 경우 1.6%를 유지할 수 있을 것으로 내다 보고 있으며, 세계경제가 여전히 불투명한 상황이 지속된다는 비관적 전망을 전제로 할 경우 0.5%에 불과할 것으로 예상하고 있다. 電力中央研究所, 『2030年までの日本経済中期展望—財政再建への道』, 2012.6.
8) 財務省, 『「骨太2015」の「経済・財政再生計画」のポイント』.

등을 고려하여, 그 기조를 2018년도까지 계속해갈 것을 기준으로 하여, 효율화, 예방 및 제도개혁을 시도한다. 이를 포함하여 2020년을 목표로 사회보장관계비의 증가를 고령화에 따른 증가분과 소비세율 인상과 동시에 실시하는 충실화 등에 상당하는 수준에 맞추는 것을 목표로 한다"고 제시되어 있다.[9]

한편 아래 〈그림 5〉에서 보듯이 '단괴' 세대가 75세 이상에 진입하는 2025년이 되면 의료비와 관련해서 국고부담액은 약 5배, 개호비의 경우 약 10배의 증가가 예상된다.

〈그림 5〉 고령화의 진전이 재정에 미치는 영향[10]

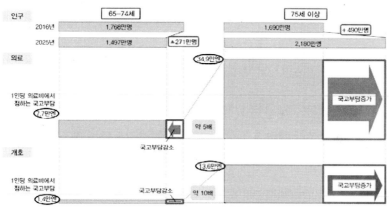

이와 같이 급격한 고령화로 사회보장급부비(연금, 의료, 개호 등)가 크게 증가하는 반면 사회보험료 수입은 급부비의 증가만큼은 증가하지

9) 財務省, 『財政健全化に向けた取組みと28年度予算編成』.
10) 財務省, 『社会保障について(平成31年4月23日)』, 11頁.

못하고 있다. 해마다 확대되어 온 급부비와 보험료의 차이는 현재의 사
회보장제도 하에서는, 주로 국가와 지방이 부담하는 구조로 되어 있다.
그만큼 국가의 부담이 증가하고 있어 재정적자의 큰 요인이 되고 있다.

〈그림 6〉 사회보장급부비의 증가에 따른 국가와 지자체 지출 부담의 증가[11]

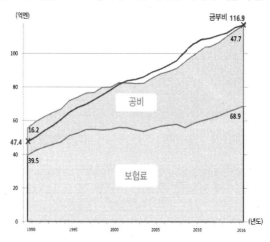

이미 심각한 재정적자 상황에 빠져 있는 일본의 재정 상황은 2018
년에도 여전히 개선될 여지가 없이 심각한 상황을 보이고 있다. 재정제
도 등 심의회(財政制度等審議会)가 제출한 『2018년도 예산 편성 등에 관
한 건의(平成30年度予算の編成等に関する建議)』(2017.11.29)에 따르면,
2016년말 GDP대비 일반정부 채무잔고가 239%로 역사적으로도 국제적
으로도 유례가 없이 높은 상황이다. 이런 가운데 일본정부는 2017년 9월,
저출생 고령화라는 과제를 극복하기 위해 고등교육과 유아교육 및 보육

11) 위의 자료, 12頁.

에 관계되는 부담을 경감시키고 개호인재를 확보하기 위한 '인재 혁명(人づくり革命)'을 실시하기 위해 2조 엔 규모의 새로운 정책을 실시하며, 그 재원은 2019년 10월로 예정된 소비세율 10% 인상에 따른 증가분의 용도를 변경하는 것으로 마련한다는 내용의 조치를 발표했다.

한편 2017년 10월의 중의원 선거에서 내건 중요한 공약이 교육 무상화와 사회보장제도 개혁이었다. 해산의 명분이 없다는 야당의 비판에 맞서, 아베 총리가 내세운 것이 '국난' 극복 선거였다. 공약의 핵심은 '인재혁명(人づくり革命)'이다. 대학 등 고등교육을 포함한 교육무상화와 고령자 중심의 사회보장제도를 바꿔 저소득자 청년층을 겨냥한 '전세대형 사회보장' 실현을 목표로 설정하겠다는 것이다. 구체적으로는 2019년 10월부터 소비세 세율을 8%에서 10%로 인상함으로써 얻어지는 5조 엔 정도의 세수를 유아교육과 보육의 무상화에 사용하겠다는 것이었다. 원래는 국채 변제를 위해 쓸 계획이었다. 이로서 재정재건의 목표는 더 멀어지게 되었다(『朝日新聞』 2017.9.19). 실제로 소비세 증세로 2019년도 일반회계 세수는 과거 최대인 62.5조 엔으로 예상되었다. 그에 비해 사회보장비와 방위비 증가를 반영하여 같은 해 일반회계 예산은 101.5조 엔으로 팽창하여, 여전히 재정적자 상황을 벗어나지 못했다(『時事ドットコムニュース』 2019.10.2).

3.3. 재정과 방위력 정비
이러한 재정 및 경제상황의 악화가 일본의 방위력 정비사업에 압력

요인으로 작용하고 있다. 과거 민주당 정부에서는 이러한 실정을 감안하여 방위관계비 축소와 이에 따른 효율화를 방위력 정비 작업의 핵심으로 삼았다. 하토야마 내각이 들어서기 바로 직전인 2009년 4월에 재무성에서 발간한 보고서, 『일본의 재정과 방위력 정비(日本の財政と防衛力の整備)』에 충실하려는 노력이었다. 그에 따르면 과거 1995년이나 2004년에 작성한 『방위계획 대강(防衛計画の大綱, 이하 대강)』이 상정하고 있던 환경에 비해 2008년의 "재정상황은 더욱 악화되고 있으며, 경제상황은 나쁘다"고 하여, 향후 재정 및 인구 문제가 더욱 심각한 제약요인이 될 것을 전망하고, 방위력 정비에 이러한 사정이 반영되어야 한다고 강조했다. 하토야마 내각에 들어서서 마련된 같은 제목의 재무성 자료에서도 같은 인식을 보여주고 있다(『日本の財政と防衛力の整備』, 2010). 여기에서는 1995년도 『대강』 작성 시의 공채잔고가 225조 엔이었던 것에 비해 2004년도 『대강』 작성 시에는 499조 엔, 그리고 2010년에는 637조 엔에 이를 것으로 보면서 이러한 환경에서 2010년도 『대강』이 작성될 수밖에 없음을 지적하고 있다.

이러한 인식에 기초해서 보고서는 마지막에 전전 시기 일본의 비극을 소환하고 이를 반복하지 말 것을 암묵적으로 경고하고 있다. 그 하나가 1934년 2월 24일 다카하시 고레키요(高橋是清) 대장상이 귀족원 예산위원회에서 답변한 발언이고, 다른 하나가 1921년 12월 27일, 워싱턴군축회의의 수석전권이던 가토 도모사부로(加藤友三郎) 해군상이 해군차관 앞으로 보낸 전언이다. 보고서는 다카하시의 발언 가운데 "아무리 군함이 만들어지고 병비가 정비되어도, 만약 국민 경제력이 이를 유지하고 움직일 수 있는 힘이 없다면 전혀 국방에는 도움이 되지 않는 것이다. (중략) 결국 외교가 제일 중요하며, 외교의 배경이 되고 후원이 되기도 하는 것이 국방인 것이다. 이 국방의 정도는 국민의 재력이 감당할 정도이지 않으면 안 된다"는 부분을 발췌하여 밑줄 친 부분을 강조하고 있었다. 또한 가토 전권위원의 전언 가운데에서는 "국방은 국력에 상응하는 무력을 정비함과 동시에 국력을 함양하는 한편 외교 수단에 의거하여 전쟁을 피하는 것이 현재 시세에서 국방의 본의임을 믿는다. 즉 국방은 군인의 전유물이 아니라는 결론에 도달한다"는 부분을 발췌해서 인용하고 있다. 즉 재무성의 입장에서 방위력 정비를 통제하겠다는 입장이 제시되고 있는 것이다.

하토야마 내각에서 책정된 2010년도 『대강』은 이러한 입장을 반영한 것이었다. 그 내용에서 주목할 부분은 미군기지 관련 비용에 대한 상세한 분석이었다. 재정적 제약은 주일미군 기지의 합리적 적정 수준의 유지에 대한 관심으로 이어졌고, 민주당 정권 하에서 미군에 대한 일본의 방위비 분담 문제가 크게 주목되었다. 그러한 사정이 하토야마 내각 시기, 후텐마 기지 이전 문제를 둘러싸고 미일 간에 긴장을 고조시켰다. 이어서 등장한 간 내각과 노다 내각에서는 틀어졌던 미일관계를 봉합하는 것이 큰 과제로 부상했다. 그럼에도 2010년도 『대강』과 이에 대응해서 작성된 2011년도 『중기방위력정비계획(이하 중기방)』의 방침이 책정하고 있던 큰 방향, 즉 방위비 예산의 감소와 이에 대응한 방위력의 조정 개편은 그 기조가 유지되고 있었다.

아베는 이를 수정하기를 원했다. 아베 제2차 내각이 탄생한 직후

2013년 1월 아베 총리는 '2013년도 방위력 정비 등에 관한 각의 결정'을 통해 적극적인 방위정책으로의 전환을 예견하게 했다. 이에 따라 민주당 정부에서 책정된 『대강』과 『중기방』은 모두 폐지되었고, 새로 2013년 『대강』과 2014년 『중기방』이 새로 책정되었다. 이러한 방침 전환은 즉각 방위비 증가로 나타났다. 2012년 전년대비 1.3% 감소액인 4조 7,134억 엔이던 방위관계예산은 아베 내각이 들어선 2013년에 0.8% 증가한 4조 7,538억 엔, 2014년엔 2.8% 증가한 4조 8,848억 엔, 2015년엔 2.0% 증가한 4조 9,801억 엔이었다가 2016년엔 1.5% 증가한 5조 541억 엔이 되어 드디어 5조 엔을 넘어섰다. 특히 2016년의 방위관계 예산 편성의 기본적인 구상은 일본 남서지역의 도서부에서의 방위태세 강화를 도모하기 위한 것임이 강조되었다(財務省・堀内主計官 2015). 이후로도 방위비는 계속 증액되어, 2017년에는 전년 대비 1.4% 증액된 5조 1,251억 엔, 2018년에는 전년 대비 1.3% 증액된 5조 1,911억 엔, 2019년에는 전년 대비 1.3% 증액된 5조 2,574억 엔으로 증가했으며, 2020년에는 1.1% 증액된 5조 3,133억 엔이 계상되었다.[12]

아베 내각에 들어와서 미군 재편 등에 따른 경비도 부활 확대되었다. 미군기지를 보유한 지자체에 대한 부담경감분이 890억 엔으로 2014년에는 전년(2013년) 대비 244억 엔이 증가했다. 후텐마 비행장 건설 및 이동이 지체되고 있는 데 따라 약간 감소한 반면, 오키나와 미해병대의 괌 이전(전년 대비 11억 엔 증가)에 더해 아쓰기 비행장으로부터 이와쿠니

---

12) 財務省・内野主計官, 『平成31年度防衛関係予算のポイント』, 平成30年12月, 8頁 ; 財務省・岩佐主計官, 『令和2年度防衛関係予算のポイント』, 令和元年12月, 7頁.

비행장으로의 항모탑재기 이주를 위한 비용이 전년대비 227억 엔으로 대폭 증가한 것이었다.

2014년『중기방』의 실시에 필요한 방위력 정비 수준에 이르기 위해 서는 24조 6,700억 엔 정도가 들 것으로 예상되었다. 같은 기간 내에 효율 화, 합리화를 철저히 하면서 7,000억 엔 정도의 실질적인 재원 확보를 도 모하여, 실질적인 방위관계비는 23조 9,700억 엔 정도로 억제한다는 것 이 목표로 제시되었다(中村稔 2014). 그리고 실제로 이 시기에 투입된 것 은, 2018년도 예산안을 포함하여 다음과 같다. 초년도인 2014년에 4조 7,838억 엔, 2015년에 4조 8,221억 엔, 2016년에 4조 8,607억 엔, 2017년에 4조 8,996억 엔, 그리고 2018년도 예산안에 4조 9,388억 엔이 계상되었다. 2014년에는 전년도 대비 2.2%의 증가를 보였는데, 이후 0.8%의 증가로 억제되었으며, 5년동안 누계 24조 3,050억 엔으로, 애초의 목표치보다 약간 적은 액수였다.[13]

3.4. 인구동태와 방위력 정비

한편 인구구조의 변화는 자위관의 인적구성에 직접 영향을 주고 있 다. 18세에서 26세까지 인구는 과거 24년(1994-2018) 사이에 1,743만 명 에서 1,105만 명으로 급감했다.

---

13) 財務省・内野主計官,『平成30年度防衛関係予算のポイント(平成29年12月)』, 8頁.

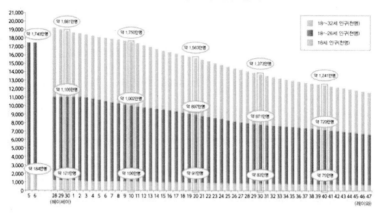

그 가운데 18세에서 26세 사이의 남자 인구는 1994년에 900만 명에 가까이 이르러 최고를 기록한 뒤 점차 줄어들어, 2016년에는 약 570만 명으로 감소했다. 이에 따라 자위관 정원도 줄이고 있는데 그 감소폭에 비해 18세-26세 남자 인구의 감소폭이 훨씬 커서, 자위관 모집에 어려움이 커지고 있다. 1991년 자위대 정원은 27.5만 명이었던 것이 2008년도 정원은 24.8만 명으로 1991년 대비 9.5%의 감소였던 데 비해 자위관 모집의 대상 인구인 18-26세 인구는 같은 시기에 23.7% 감소하고 있었던 것이다. 이에 따라 자위관 평균연령도 같은 시기에 32.2세에서 35.1세로 고령화 경향을 보이고 있다(『防衛白書』 2015). 자위관의 평균연령을 1990년과 2012년을 비교하면, 1990년 31.8세였던 것이 2012년에는 35.9세로 높아졌다(中村 2014, 43). 이러한 상황을 고려하여 일본 정부는 2018년에 자

---

14) 『防衛白書(令和元年版)』, 406頁.

위관 채용 상한 연령을 27세 미만으로부터 33세 미만으로 올리지 않을 수 없었다(『防衛白書』 2019).

같은 시기 실질 인원을 보면, 1991년에 23만 7,969명이었던 자위관은 2008년에 23만 2,855명으로, 다시 2019년에는 22만 6,547명으로 줄었다. 이를 간부급, 준/조급, 사급 대원으로 나눠서 보면, 같은 시기 간부급 대원은 3만 8,386명에서 4만 120명으로, 그리고 다시 4만 2,274명으로 늘었으며, 준/조급 대원은 12만 7,561명에서 14만 453명으로, 그리고 다시 14만 1,655명으로 증가한 데 비해 사급 대원은 7만 2,022명에서 5만 2,282명으로, 그리고 다시 4만 2,618명으로 줄었다. 자위대 대원의 신규 모집에 난항을 겪고 있다는 것을 알 수 있다. 이는 18세에서 26세 사이 인구의 급격한 감소를 여실히 반영하고 있다(『防衛白書』 2015).[15]

한편 이를 육상, 해상, 항공 자위대별 인원수로 보면, 위의 시기, 즉 1998년에서 2008년 사이에 육상자위대가 5,656명 감소한 데 비해 해상자위대가 376명, 항공자위대가 166명 증가하고 있다. 그런데 같은 시기 실제 인원수가 증가하고 있는 해상, 항공 자위대에서도 신규채용수는 각각 1,125명, 2,249명이 감소하고 있다. 이는 채용 및 퇴직의 회전이 빠른 임기제 자위관 총수의 감소가 자위관 총수의 감소보다 대폭으로 더 감소하고 있기 때문인 것으로 분석된다. 즉 퇴직해서 나가는 임기제 자위관을 줄이기 위해 비임기 자위관을 늘려 퇴직 수를 줄이는 방향으로 개편되고 있는 것이다. 이러한 수치 또한 젊은 신규 자위관을 확보하기가

---

15) 2019년 수치는 다음을 참조. 防衛省·自衛隊, "防衛省·自衛隊の人員構成".

점점 더 어려워지고 있다는 것을 의미하고 있다(『防衛白書』 2015).

한편 군대를 안전보장이라는 서비스의 생산의 함수로 파악할 때, 생산요소가 노동력(병력)과 자본(장비품)으로 구성된다는 점을 고려하면, 병력과 장비품 사이에는 대체관계가 존재한다. 즉 충분한 병력이 확보되지 않을 경우, 안전보장이라는 서비스 생산량을 유지하기 위해서는 장비품을 충실하게 하고 고도화시키는 것으로 보충해야 한다. 즉 노동집약적 군대로부터 자본집약적 군대로의 이행이 필요하다는 것이다. 오노 게이시는 자본집약적 군대에 대한 니치포루크와 포우스트의 논의를 발전시켜, '국방 지출의 자본집약도' 개념을 도입하여 그 이행의 정도를 측정하고 있다(Nichiporuk 2000, 91; Poast 2006). 오노에 따르면 '국방 지출의 자본집약도'란 국방 지출의 장비비 지출액을 인건비 지출액으로 나눈 것이다. 이 수치의 장기적 경향을 관찰하는 것으로 군대의 자본집약도를 측정하는 것이다(小野圭司 2017, 13).

〈그림 8〉 방위지출의 자본집약도와 자위관 인원수 추이[16]

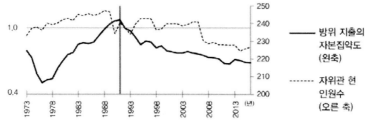

방위 지출의 자본집약도 (왼축)

자위관 현 인원수 (오른 축)

---

16) 小野圭司, "人口動態と安全保障ー22世紀に向けた防衛力整備と経済覇権," 『防衛研究所紀要』 19(2), 2017, 13頁, 자위관 단위는 천 명. 굵은 세로축은 1991년.

〈그림 8〉에서 보는 바와 같이, 일본에서는 자위관 인원수가 감소하는 가운데, 자본집약도가 1991년 이후 일관해서 하락하고 있다. 2007년에는 자위관 인원수가 급감했다. 전년도 대비 1만 1,000명 감소, 4.6%의 감소율(24만 1,000명에서 23만 명으로)이었다. 자위관 인원수의 감소가 방위지출에 미친 영향은 그리 크다고 할 수 없다. 자본집약도의 상승 기조는 버블경기가 붕괴하는 1991년까지 이어지고, 그 이후 자본집약도는 하강국면에 들어가서 여전히 그러한 기조를 유지하고 있다. 이 기간에 『방위계획 대강』은 4번 개정되었지만, 방위지출의 장기적인 경향, 즉 자본집약도의 체감 경향에는 변화가 없었다.

인구동태는 방위력 정비라는 미시적 의미에서는 물론이고 경제적 패권이라는 거시적인 의미에서도 안전보장에 큰 영향을 미친다. 인구동태가 거시적인 의미에서 경제 패권에 미치는 영향은 유사 이래 확인되었으나, 산업혁명 이래 현재까지 반드시 일치하지는 않았다. 그러나 최근에는 다시 인구 추이와 경제력 동태가 근접하는 방향으로 변하고 있다. 그러한 경향으로 볼 때, 21세기에서 22세기에 걸쳐 경제 패권의 중심은 현재의 아시아태평양 지역으로부터 인도-대서양 방향으로 이동할 것이 예상된다(小野圭司 2017, 1-20).

이에 따라 오노는 미국의 인보정책이 '아시아로의 회귀'에서 '대서양으로의 회귀'로 전환할 가능성이 있으며, 이러한 변화가 미일동맹과 일본의 안보정책에도 큰 영향을 미칠 가능성이 있다고 지적했다. 오노는 또한 일본의 방위구상이 아프리카에도 주목할 필요가 있다고 암묵적으로 주장하고 있다. 이에 더해 AI의 활용을 통한 군의 자본집약화도 필요하다고 제언하고 있다(小野圭司 2017, 23-26). 2017년 이후 일본의 방위정책이 적극적 평화주의와 지구본을 부감하는 외교를 결합하여 인도태평양 전략으로 발전하는 배경에 일본의 인구동태가 감춰진 요인으로 작용하고 있음을 알 수 있다.

또 하나, 인구감소가 안보에 미치는 심각한 영향 가운데 하나가, '외딴 섬' 문제이다. 2050년에는 현재 일본에서 사람이 사는 섬 가운데 10%가 무인도로 바뀔 가능성이 있다. 이들 섬은 대체로 멀리 떨어져 있는 경우가 많지만, 바로 그런 이유 때문에 배타적 경제수역의 중요한 근거들이 되고 있다. 이러한 섬들이 무인도화하는 것은 자위대와 해상보안청의 감시 부담을 증대시켜 방위력 저하를 가져오는 요인으로 지적되고 있다(『産経新聞』, 2012.9.3).

4. 사회보장급부비와 방위관계비의 상관관계

4.1. 인구/국민총생산/세출/사회보장/방위비의 관계(전후 개관)

이제 사회보장급부비와 방위관계비의 상관관계를 따져 보고자 한다. 이를 위해 우선 기초 데이터를 확인해 두고자 한다. 다음 〈표 1〉은 전후 일본의 총인구와 국민(국내)총생산, 사회보장비와 방위비 지출 및 그들 사이의 상관관계를 나타낸 것이다.[17]

---

17) 総務省 統計局 http://www.stat.go.jp/index.html(최종 접속일: 2020.3.10), 財務省 統計 https://www.mof.go.jp/statistics/index.html(최종 접속일: 2020.3.10),

〈표 1〉 총인구, 국민(국내) 총생산, 사회보장급부비, 방위비 지출 및 상관관계(전후, 전 시기)

연도	총인구	GNP/GDP	일반회계세출	사회보장급부비	대GNP사회보장	사회보장/세출	방위관계비	대GNP방위	방위/세출	사회보장/방위비
1951	84,541	54,815	7,937	1,571	2.866%	19.793%	1,199	2.187%	15.106%	1.31
1952	85,808	63,730	9,325	2,194	3.443%	23.528%	1,771	2.779%	18.992%	1.24
1953	86,981	75,264	10,273	2,577	3.424%	25.085%	1,257	1.670%	12.236%	2.05
1954	88,239	78,246	9,999	3,841	4.909%	38.414%	1,396	1.784%	13.961%	2.75
1955	89,276	75,590	10,133	3,893	5.150%	38.419%	1,349	1.785%	13.313%	2.89
1956	90,172	82,600	10,897	3,986	4.826%	36.579%	1,429	1.730%	13.114%	2.79
1957	90,928	98,500	11,846	4,357	4.423%	36.780%	1,435	1.457%	12.114%	3.04
1958	91,767	102,470	13,331	5,080	4.958%	38.107%	1,485	1.449%	11.139%	3.42
1959	92,641	107,620	15,121	5,778	5.369%	38.212%	1,560	1.450%	10.317%	3.70
1960	93,419	127,480	17,652	6,553	5.140%	37.123%	1,569	1.231%	8.889%	4.18
1961	94,287	156,200	21,074	7,900	5.058%	37.487%	1,803	1.154%	8.556%	4.38
1962	95,181	176,700	25,631	9,219	5.217%	35.968%	2,085	1.180%	8.135%	4.42
1963	96,156	203,900	30,568	11,214	5.500%	36.685%	2,412	1.183%	7.891%	4.65
1964	97,182	240,700	33,405	13,475	5.598%	40.338%	2,751	1.143%	8.235%	4.90
1965	98,275	281,600	37,447	16,037	5.695%	42.826%	3,014	1.070%	8.049%	5.32
1966	99,036	308,500	44,771	18,670	6.052%	41.701%	3,407	1.104%	7.610%	5.48
1967	100,196	409,500	52,034	21,644	5.285%	41.596%	3,809	0.930%	7.320%	5.68
1968	101,331	478,400	59,173	25,096	5.246%	42.411%	4,221	0.882%	7.133%	5.95
1969	102,536	578,600	69,309	28,752	4.969%	41.484%	4,838	0.836%	6.980%	5.94
1970	103,720	724,400	82,131	35,239	4.865%	42.906%	5,695	0.786%	6.934%	6.19
1971	105,145	843,200	96,590	40,258	4.774%	41.679%	6,709	0.796%	6.946%	6.00
1972	107,595	905,500	121,189	49,845	5.505%	41.130%	8,002	0.884%	6.603%	6.23
1973	109,104	1,098,000	152,726	62,587	5.700%	40.980%	9,355	0.852%	6.125%	6.69
1974	110,573	1,315,000	191,981	90,270	6.865%	47.020%	10,930	0.831%	5.693%	8.26
1975	111,940	1,585,000	208,372	117,693	7.425%	56.482%	13,273	0.837%	6.370%	8.87
1976	113,094	1,681,000	246,502	145,165	8.636%	58.890%	15,124	0.900%	6.135%	9.60
1977	114,165	1,928,500	293,466	168,868	8.756%	57.543%	16,906	0.877%	5.761%	9.99
1978	115,190	2,106,000	344,400	197,763	9.390%	57.422%	19,010	0.903%	5.520%	10.40
1979	116,155	2,320,000	396,676	219,832	9.476%	55.419%	20,945	0.903%	5.280%	10.50
1980	117,060	2,478,000	436,814	247,736	9.997%	56.714%	22,302	0.900%	5.106%	11.11
1981	117,902	2,648,000	471,254	275,638	10.409%	58.490%	24,000	0.906%	5.093%	11.48

国立社会保障・人口問題研究所 http://www.ipss.go.jp/ss-cost/j/fsss-h27/fsss_h27.asp(최종 접속일: 2020.3.10). 沓脱和人, 「戦後における防衛関係費の推移」, 『立法と調査』 395号, 2017 등을 참고로 작성.

1982	118,728	2,772,000	475,621	300,973	10.858%	63.280%	25,861	0.933%	5.437%	11.64
1983	119,536	2,817,000	508,394	319,733	11.350%	62.891%	27,542	0.978%	5.417%	11.61
1984	120,305	2,960,000	515,134	336,396	11.365%	65.303%	29,346	0.991%	5.697%	11.46
1985	121,049	3,146,000	532,229	356,798	11.341%	67.038%	31,371	0.997%	5.894%	11.37
1986	121,660	3,367,000	538,248	385,918	11.462%	71.699%	33,435	0.993%	6.212%	11.54
1987	122,239	3,504,000	582,142	407,337	11.625%	69.972%	35,174	1.004%	6.042%	11.58
1988	122,745	3,652,000	618,517	424,582	11.626%	68.645%	37,003	1.013%	5.983%	11.47
1989	123,205	3,897,000	663,119	450,554	11.562%	67.945%	39,198	1.006%	5.911%	11.49
1990	123,611	4,172,000	696,512	474,153	11.365%	68.075%	41,593	0.997%	5.972%	11.40
1991	124,101	4,596,000	706,135	503,697	10.959%	71.332%	43,860	0.954%	6.211%	11.48
1992	124,567	4,837,000	714,897	540,712	11.179%	75.635%	45,518	0.941%	6.367%	11.88
1993	124,938	4,953,000	774,375	570,560	11.519%	73.680%	46,406	0.937%	5.993%	12.29
1994	125,265	4,885,000	734,308	607,240	12.431%	82.696%	46,835	0.959%	6.378%	12.97
1995	125,570	4,928,000	780,340	649,842	13.187%	83.277%	47,236	0.959%	6.053%	13.76
1996	125,859	4,960,000	777,712	678,253	13.674%	87.211%	48,455	0.977%	6.230%	14.00
1997	126,157	5,158,000	785,332	697,151	13.516%	88.772%	49,414	0.958%	6.292%	14.11
1998	126,472	5,197,000	879,915	724,226	13.935%	82.306%	49,290	0.948%	5.602%	14.69
1999	126,667	4,963,000	890,189	753,114	15.175%	84.602%	49,201	0.991%	5.527%	15.31
2000	126,926	4,989,000	897,702	783,985	15.714%	87.332%	49,218	0.987%	5.483%	15.93
2001	127,316	5,186,000	863,526	816,724	15.749%	94.580%	49,388	0.952%	5.719%	16.54
2002	127,486	4,962,000	836,890	838,402	16.896%	100.181%	49,395	0.995%	5.902%	16.97
2003	127,694	4,986,000	819,396	845,306	16.954%	103.162%	49,265	0.988%	6.012%	17.16
2004	127,787	5,006,000	868,787	860,818	17.196%	99.083%	48,764	0.974%	5.613%	17.65
2005	127,768	5,115,000	867,048	888,527	17.371%	102.477%	48,301	0.944%	5.571%	18.40
2006	127,901	5,139,000	834,583	906,729	17.644%	108.645%	47,906	0.932%	5.740%	18.93
2007	128,033	5,219,000	838,042	930,793	17.835%	111.068%	47,818	0.916%	5.706%	19.47
2008	128,084	5,269,000	889,112	958,438	18.190%	107.797%	47,426	0.900%	5.334%	20.21
2009	128,032	5,102,000	1,025,582	1,016,709	19.928%	99.135%	47,028	0.922%	4.585%	21.62
2010	128,057	4,752,000	967,284	1,053,612	22.172%	108.925%	46,826	0.985%	4.841%	22.50
2011	127,834	4,838,000	1,075,105	1,082,682	22.379%	100.705%	46,625	0.964%	4.337%	23.22
2012	127,593	4,796,000	1,005,366	1,090,720	22.742%	108.490%	46,453	0.969%	4.621%	23.48
2013	127,414	4,877,000	980,770	1,107,736	22.713%	112.946%	46,804	0.960%	4.772%	23.67
2014	127,237	5,004,000	990,003	1,121,672	22.416%	113.300%	47,838	0.956%	4.832%	23.45
2015	127,095	5,049,000	996,633	1,154,007	22.856%	115.790%	48,221	0.955%	4.838%	23.82
2016	126,933	5,188,000	1,002,220	1,184,089	22.824%	118.147%	48,607	0.937%	4.850%	24.36
2017	126,706	5,535,000	974,547	1,202,443	21.724%	123.385%	48,996	0.885%	5.028%	24.54

아래 〈그림 9〉는 총인구, 일반회계세출, 사회보장급부비, 방위관계비의 단순 증감을 나타낸 것이다.

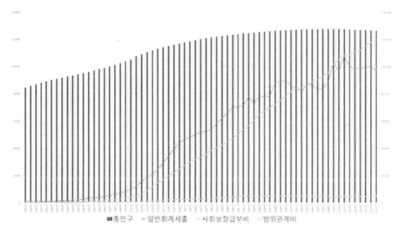

〈그림 9〉 인구, 세출, 사회보장비, 방위비 증감

다음 〈그림 10〉은 GNP/GDP 대비 사회보장급부비와 방위관계비의 증감을 나타낸 것이다. GNP 대비 방위관계비는 1952년에 증가했지만, 1953년 이후 줄어들어 보합세를 보이다가 1967년에 처음으로 1% 이하로 떨어져 이후 거의 그 수준을 유지하고 있다. 한편 사회보장급부비는 1955년에 5%를 넘은 뒤 1970년대 초까지 5%를 유지하고 있다가 1983년까지 사이에 11%를 넘는 수준으로, 즉 2배로 증가했다. 1983년부터 1996년까지 보합세를 유지하다가 다시 1996년부터 2002년까지 증가했으며, 2007년부터 2010년까지 3년 사이에 17.9%에서 22.2%까지 급등했다. 그리고 2010년 이후 다시 보합세를 보이고 있다.

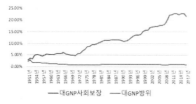

〈그림 10〉 GNP/GDP 대비 사회보장비와
방위비 증감

〈그림 11〉 세출 대비 사회보장비와
방위비 증감

　　한편 〈그림 11〉은 세출 대비 사회보장급부비 및 방위관계비의 증감
을 나타낸 것이다. 방위비의 경우 1950년대 초반은 GNP 대비 증감과 비
슷하게 추이하고 있다. 1974년에 처음으로 5%대로 떨어져 이후 보합세
를 보이고 있다. 반면 사회보장급부비의 경우 1950년대 초반 방위비가
급감한 데 반해 급증하여 40%대에 이르렀으며, 이후 1973년까지 거의 같
은 수준을 유지하고 있었다. 1973년에서 1976년 사이에 40%대에서
58.9%까지 급증했다. 이후 2007년까지 점증하다가 2010년을 전후하여
증감폭이 커졌다가 2011년 이후 점증하고 있다.

　　다음 〈그림 12〉와 〈그림 13〉은 GNP 대비 사회보장급부비와 방위관
계비의 증감을, 그 변화량을 가시화하기 위해 눈금을 달리하여 그 증감
을 비교한 것이다.

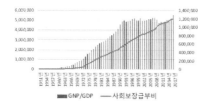

〈그림 12〉 GNP/GDP와 사회보장비

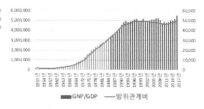

〈그림 13〉 GNP/GDP와 방위관계비

사회보장급부비의 경우, 2009년 이전에는 GNP/GDP 증가 대비 사회보장급부비의 증가가 밑돌고 있었으나, 2009년 이후 GNP/GDP 증가만큼 사회보장급부비가 거의 같은 비율로 증가하고 있는 것을 알 수 있다. 한편 방위관계비의 경우 GNP/GDP 증가에 거의 1대 1로 비례하듯 증감하고 있다. GNP/GDP 대비 1% 틀이 적용되고 있었기 때문이다. 주목할 점은 2013년 이후 GNP/GDP 증가에 방위관계비 증가가 미치지 못하고 있다는 것이다. 2002년부터 2009년까지 대테러전쟁에서의 대미협력을 구실로 이른바 보통국가론이 활발해지고 있던 시기에도 GNP/GDP 증가에 방위관계비 증가가 미치지 못하고 있었던 것을 알 수 있다.

〈그림 14〉 GNP/GDP와 사회보장비와 방위비 비율

위 〈그림 14〉의 그래프는 GNP/GDP의 증감과 방위관계비 대비 사회보장급부비의 증감을 비교한 것이다. 흥미로운 것은 신냉전이 개시되는 1979년부터 냉전이 붕괴하는 1990년대 초까지 방위관계비 대비 사회보장급부비가 12%를 유지하며 거의 같은 비율로 증가하고 있었다는 점이다. 그리고 그 이전과 그 이후에는 방위관계비 대비 사회보장급부비

의 증가가 크다는 것이 확인된다. 즉 기반적 방위력 구상의 전반기에는 방위관계비와 사회보장급부비가 같은 비율로 증가하고 있던 시기이고, 후반기에는 방위관계비 증가에 비해 사회보장급부비가 크게 증가하고 있었던 것이다. 2010년까지 이 경향이 유지되고 있었던 것이다. 동적방위력 개념이 등장하는 국내적 이유를 여기에서 확인할 수 있다. 그리고 다시 2011년 이후 방위관계비와 사회보장급부비가 비슷한 증가를 보이기 시작하고 있다. 즉 기반적 방위력 구상 이전, 일본은 복지우선의 예산배분이었다가 1970년대 중반부터 탈냉전 시기, 즉 기반적 방위력 전반의 시기는 '대포와 버터'의 시기였다. 이후 다시 복지우선의 예산배분의 시기를 맞이했다가 2011년 이후 다시 '대포와 버터'의 시기를 맞이하고 있다고 해석해 볼 수 있다.

4.2. 사회보장급부비와 방위관계비의 연도별 추이

이제 사회보장급부비와 방위관계비 사이의 상관관계가 연도별로 어떻게 추이하는지 살펴보고자 한다. 먼저 단순대비를 그림으로 표현하면 〈그림 15〉와 같다. 1990년대 중반까지 축소균형에서 방위비 우선으로의 변화를 보이다가 이후 방위비 우선에서 점차 확대균형의 방향으로 추이하다가 1990년대 후반 이후 사회보장비 우선의 방향으로 틀어서 진행되고 있음을 알 수 있다.

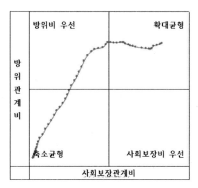

〈그림 15〉 방위비-사회보장비 분포
(전 시기)

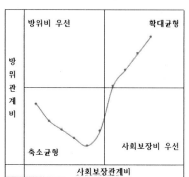

〈그림 16〉 방위비-사회관계비 분포
(최근10년)

이를 2008년 이후 최근 10년 동안의 변화만 추적해 보면 〈그림 16〉
과 같은 궤적을 그린다. 이는 〈그림 15〉의 궤적과 대칭적인 모습을 보이
고 있다. 두 그림은 전후 전(全) 시기의 추이와 최근 10년의 추이가 정반
대의 모습을 보이고 있다는 사실을 말해 주고 있다. 〈그림 16〉에서 확인
할 수 있듯이, 방위비-사회보장 비율은 민주당 시기에 사회보장비 우선
의 방향으로 틀었다가 아베 시기에 확대균형의 방향으로 튼 것을 알 수
있다. 최근의 변화가 사회보장 경시, 방위 중시 경향을 보이고 있어서 국
방 중심의 확대균형으로 가고 있는 것으로 체감되지만, 장기적 경향으
로 보면 여전히 사회보장 우선의 경향 속에 있는 작은 변화라는 것을 알
수 있다.

다음은 GNP/GDP 대비 사회보장비와 방위비 관계의 추이이다. 〈그
림 17〉에서 보듯이 전후 전 시기를 놓고 보면, 1950년대 방위비 우선의
국가운영에서 축소균형으로 이행하다가 1970년 이후 사회보장 우선의

국가운영으로 변화하고 있는 것을 알 수 있다. 그런데 〈그림 18〉에서 나타나는 것과 같이 2008년 이후의 변화를 보면 민주당 시기에 축소균형에서 확대균형으로 이행했으나 최근에는 방위비의 GNP 대비 비중이 감소하는 방향으로 이행하고 있음을 알 수 있다. 특히 최근 1년 방위비 비중이 급격히 낮아지고 있다.

〈그림 17〉 GNP대비 사회보장비-방위비
분포(전 시기)

〈그림 18〉 GNP대비 사회보장비-방위비
분포(최근10년)

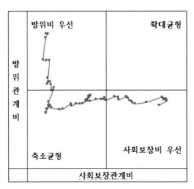
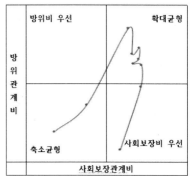

다음으로 세출 대비 사회보장급부비와 방위관계비 관계의 추이를 보자. 이 또한 GNP/GDP 대비 사회보장급부비와 방위관계비의 상관관계와 비슷한 궤적을 그리고 있다. 〈그림 19〉에서 확인되듯이 일본은 1973년을 꼭짓점으로 해서 방위비 우선 국가에서 사회보장비 우선 국가로 이행했다. 그런데 2008년 이후의 궤적을 보면, 〈그림 20〉에서 확인되듯이 민주당 정부에서 방위비 삭감으로 축소균형으로 들어서는가 했는데, 아베 내각 이후 미묘하나마 확대균형의 방향으로 변화하고 있다. 그

러나 이 또한 전후의 전체적인 궤적에서 보면 사회보장 우선의 커다란 방향에서의 변화임을 알 수 있다.

〈그림 19〉 세출대비 사회보장비-방위비 분포(전 시기)

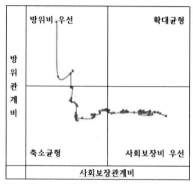

〈그림 20〉 세출대비 사회보장비-방위비 분포(최근10년)

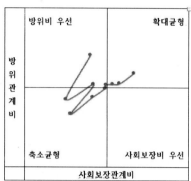

5. 인구와 안보: 동아시아에 주는 함의

이상의 내용을 요약하면 다음과 같다. '대포와 버터'로 비유되는 안전보장과 사회보장의 문제는 냉전이 본격화하면서 대부분의 국가에서 양자택일의 문제라기보다는 양자를 동시에 만족시켜야 하는 과제로 인식되었다. 일본에서는 '대포 대신 버터' 정책으로 간주되는 요시다 노선이 오랜 동안 추구되었으나, 실제로는 사회보장과 방위관계 비용은 정방향의 상관관계를 가지면서 '대포와 버터'를 동시에 만족시키는 방향으로 추이하고 있었다. 그러나 1990년대 보통국가 노선 하에서 오히려 사회보장비 우선의 방향으로 변화하기 시작하여 '대포 대신 버터'의 경향이 뚜렷해지고 있었다. 이런 가운데 아베 내각에 들어서서 시도되었던 '대포와 버터' 정책, 즉 사회보장과 안전보장의 균형을 잡으면서 동시에 증대시켜가는 정책은, 1990년대 이후 '대포 대신 버터' 정책의 거시적 장기적 경향 속에서 미시적인 조정을 시도했던 것에 불과한 것으로 보인다.

이상의 논의가 가지는 정책적 함의는 다음과 같다. 비록 아베의 시도가 미시적인 조정에 불과한 것이었다고 해도, 사회보장과 안전보장의 두 마리 토끼를 다 잡으려는 아베의 시도는 1990년대 이후 저출생 고령화라는 인구동태가 사회보장급부비의 급속한 증가 요인으로 작용하고 있는 한계 속에서 난이도가 높은 과제가 되어 아베 내각을 압박하는 요인이 되었다.

2017년 일본의 사회보장급부비는 120.4조 엔이었다. 이는 단괴 세대의 의료 개호 수요가 늘어나는 2025년에는 150조 엔으로 늘어날 것이 예상된다. 이러한 사태를 대비해서 2012년 자민, 공명, 민주 3당은 세제-사회보장을 일체화해서 개혁한다는 데 합의한 바 있다. 소비세 증세와 제도개혁을 실시할 것을 결정했던 것이다. 당시 당수들은 '사회보장을 정쟁의 도구로 삼지 않는다'는 데 합의한 바 있다. 소비증세는 2회 연기되다가 2019년 10월에 소비세 증세가 실시되었지만, 증세분의 일부는 사회보장이 아니라 교육무상화에 충당할 수 있도록 용도가 변경되었다. 2019년 7월의 참의원 선거는 그 가부를 묻는 선거였다. 결국, 팽창하는 사회보장의 재원을 어떻게 확보할 것인가, 사회보장급부 규모의 조정 필요성은 없는가, 이에 대한 사회적 합의를 이루는 것이 개헌보다 긴요한 일본의 피할 수 없는 숙제라고 할 수 있다.

이런 상황에서 아베 내각은 지지를 이끌어내기 어려운 사회보장정책에 대신해서 외교·안보정책에서 지지를 이끌어내려는 유혹을 받고 있었다. 이러한 국내 조건이 일본 사회의 우경화 경향을 낳는 요인의 하나로 작동하고 있다. 2018년 2월에 실시된 한 여론조사에서 아베의 정책에 대한 지지도는 다음과 같다. 내각 지지율은 1월에 비해 1.6포인트 내려간 51.0%를 보이는 가운데, 경기 경제정책에 대해 긍정적으로 평가하는 사람이 40.2%, 평가하지 않는다는 사람이 50.4%, 사회보장정책에 대해서는 평가한다가 29.6%, 평가하지 않는다는 사람이 59.9%, 외교·안보정책에 대해서는 50.7%가 평가한다, 41.0%가 평가하지 않는다고 대답했다.[18]

2019년 7월 참의원 선거 이후에 실시된 여론조사에서도 이러한 경향은 확인된다. 7월 22일과 23일『아사히신문』이 실시한 여론조사에서 선거 이후 아베 내각에 바라는 정책으로 일본 국민들은 사회보장(38%), 교육 및 자녀양육(23%), 경기와 고용(17%), 그리고 외교·안보(14%)의 순서로 주목하고 있었다. 이러한 기대와 관련해『아사히신문』이 11월에 실시한 여론조사에서는 아베 내각에 대해 44%의 일본 국민이 지지하고 36%의 국민이 지지하지 않는다고 대답하는 한편, 내각을 지지하는 이유로는 외교·안보(26%), 경제(18%), 그리고 사회보장(16%)의 순서로 높이 평가하고 있었다.[19] 비슷한 시기 NHK가 실시한 여론조사 결과도 비

---

18)『産経·FNN合同世論調査』, 2018.2.12.
19)『朝日新聞』世論調査, 2019.7.23;『朝日新聞』世論調査, 2019.11.18.

숫하다. 2019년 11월 8일부터 사흘간 실시한 조사에서, 아베 내각을 지지하는 국민은 47%, 지지하지 않는 국민은 35%였으며, 아베 내각의 실적으로 평가하는 항목으로는 외교·안보(23%), 저출생 대책과 자녀 양육(16%), 일자리 개혁(13%), 경제정책(11%), 소비세 대책(9%), 그리고 사회보장(6%)의 순이었다.[20]

이러한 여론조사 결과들은 아베 내각이 경제정책과 사회보장 문제에 대한 높은 기대에도 불구하고, 이 분야에서 기대에 미치지 못하고 있는 데에서 오는 국민의 비판과 지지 철회를 외교·안보정책에서의 지지로 만회하고 있었다는 사실을 보여준다. 그런 의미에서 2019년 여름 이후 일본의 외교에서 한국에 대한 수출규제조치가 광범위한 일본 국민의 지지를 이끌어내고 있었다는 점은 '대포와 버터'와 관련한 일본 정부의 향후 정책 전개에서 시사하는 바가 크다.

마지막으로 이상의 논의가 한일관계에서 지니는 함의를 간단히 언급하고자 한다. 〈그림 21〉과 〈그림 22〉에서 확인할 수 있듯이, 한국의 경우에도 총인구변동 및 GDP대비 사회복지비 및 국방비는 일본과 비슷한 모습으로 추이하고 있다.[21] 인구문제는 사실은 한일관계를 규정하는 구조적인 문제가 되고 있는 것이다. 이로부터 알 수 있는 것은, '대포와 버터'의 한일관계를 규명하고 전망하는 일이 향후 한일관계의 중심 주제가 될 것이라는 점이다.

---

20) NHK 世論調査, 2019.11.11.
21) 〈그림 22〉는 대한민국 국방부와 e-나라지표 홈페이지를 참조로 작성.

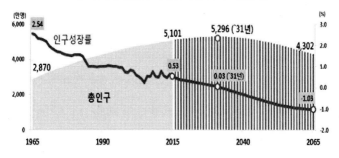

〈그림 21〉 총인구와 인구구조의 추이(한국)

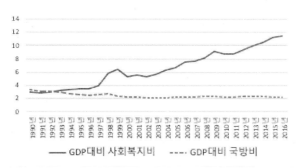

〈그림 22〉 GDP대비 사회복지비와 국방비 증감(한국)

국제정치와 안보분야 연구에서 인구문제가 중요한 요인으로 간주되기 시작한 지 오래다. 에버스타드, 하스 등의 연구가 그 시초를 열었다(Eberstadt 2010, 58-67; Haas 2007. 112-117). 실바(Douglas A. Sylva)는 저출생 고령화 사회에 진입한 서구 선진 국가에서는 사회보장 지출이 국방 지출의 압박요인이 되어 선진국가들끼리는 군사적으로 적대적인 행동을 취하지 않게 된다고 하여 '노인의 평화'론을 전개했다(Sylva 2012, 98-99).

중국의 국방개혁도 인원감축에 중점이 있는 것으로, 인구감소에 대비한 것이라고 할 수 있다. 한국과 일본 중국은 공동의 문제를 안고 있다고 할 수 있다. 군비증강에 열을 내고 있는 것처럼 보이는 이들 국가들이 실제로는 국내적으로 군비감축의 필요성에 직면하고 있는 것이다. 동북아시아의 군비경쟁은 인구변화라는 구조적인 문제로 인해 둔화할 가능성이 있다. 이미 사어(死語)가 된 '민주 평화(democratic peace)'를 대신해 '인구 평화(demographic peace)'의 가능성을 시야에 두고자 하는 노력은 이러한 변화를 배경으로 하고 있다(신성호 2012, 2). 한일 '중견국 협력'의 전망이 '인구 평화'의 가능성을 평가하는 가늠자가 될 수 있다.

제2부

아베 시대의
대외정책

IV 박영준

아베 정부의 미일동맹 정책과 지구본 외교
"국제협조주의"와 "전략적 자율성"의 사이

V 기미야 다다시

중국을 둘러싼 한일관계
한국, 한반도에서 본 일본의 대중 인식, 정책

현대일본생활세계총서 17

아베 시대 일본의 정치와 외교

아베 정부의 미일동맹 정책과 지구본 외교*
"국제협조주의"와 "전략적 자율성"의 사이

박영준

1. 동맹의 강화와 자율성 문제

2012년 12월, 아베 정부 등장 이후 일본 안보 및 외교정책이 적극화되고 있다. 그간 아베 정부는 국내적으로는 집단적 자위권 용인, 무기수출금지 3원칙의 변경, 국가안전보장회의 등 안보기구의 변화, 안보관련 법제의 제정과 개정 등 안보정책 분야에서 큰 변화를 주도했다. 이러한 국내 안보체제의 변화는 미일동맹의 강화에도 영향을 미쳤다. 즉 미일동맹 차원에서도 집단적 자위권 개념을 반영한 가이드라인 개정이 이루어진 것이다. 이같은 가이드라인 개정을 통해 미일동맹의 작동범위와 그 수단이 보다 확대되는 변화가 나타나고 있다. 트럼프 행정부 등장 이

---

* 이 글은 『국방연구』 제61권 3호(국방대학교 안보문제연구소, 2018.9)에 게재된 같은 제목의 논문을 이 책의 편집 방침에 맞춰 수정 보완한 것이다.

후에도 아베 총리는 트럼프 대통령과 전화회담을 포함하여 20회가 넘는 정상회담을 가지면서, 미일동맹 간의 물샐틈없는 연대를 과시했다.[1]

한편 일본 아베 정부는 무기수출금지 3원칙의 폐지와 같은 국내 안보정책 변화를 활용하여 미국 이외에 영국, 프랑스, 독일, 호주, 인도 등 여타 우방국들과의 안보협력을 일층 확대, 강화하는 정책도 추진하고 있다. 아베 총리 자신이 2018년 1월 22일의 양원 시정방침연설에서 표명하였듯이 그는 집권 5년 동안 76개국을 방문하여 600여회의 정상회담을 가지면서, "지구의를 부감하는 외교"를 실시하면서, 외교의 반경을 확대했다. 특히 미국 트럼프 행정부 등장 이후에는 기본적으로 대미협조외교를 추진하면서도, 트럼프 행정부 대외정책의 불확실성을 염두에 두면서 일본 독자적인 외교 및 안보정책을 전개하는 양상도 나타나고 있다. 미국 정부가 위협 대상으로 인식하는 중국 및 러시아 등과의 외교대화 채널 확대가 그러한 양상의 표현이다.

이같이 아베 정부 등장 이후 일본에서는 전통적인 맹방인 미국과의 동맹관계를 확대하면서, 동시에 여타 지역에 대한 외교 및 안보정책의 반경 확대를 통해 일본의 안보적, 외교적 자율성을 높이려는 정책 방향이 나타나고 있다. 특히 트럼프 정부 등장 이후 일본 대외정책의 자율적인 공간 확대 양상이 점진적으로 나타나고 있다. 이 글은 이같은 아베 정부 하 일본 안보 및 외교정책 추이를 "국제협조주의"와, "전략적 자율성"의 두 개념을 축으로 종합적으로 파악하려는 시도이다.[2] 국제협조주의

---

1) 2018년 1월 22일 아베 총리의 중참 양원 시정방침 연설에서.
2) 아베 정부의 외교 및 안보정책에 대한 개략적인 연구로는 유웅조, 「일본 신

의 기치 하에 일본은 미국과의 동맹을 강화하고 있으며, "전략적 자율성"의 개념과 부합하는 양상으로 일본의 글로벌 외교 확대가 나타나고 있는 것이다. 이하에서는 "국제협조주의"와 "전략적 자율성" 개념을 개략적으로 설명한 이후, 아베 정부의 대외정책 전개에 대한 검토를 통해 그 구체적인 양상을 살펴보려고 한다. 이같은 일본의 안보 및 외교정책이, 미국과의 동맹이라는 공통성을 갖고 있는 한국 안보와 외교정책에도 유용한 시사점이 될 것으로 생각된다.

2. 아베 정부의 "국제협조주의"와 "전략적 자율성"

2012년 12월, 제2차 집권에 성공한 아베 정부는 1년여의 준비 기간을 거쳐 2013년 12월 17일, 「국가안보전략서」와 「방위계획대강」을 공표했다. 「국가안보전략서」는 미국의 국가안보전략서(National Security Strategy)와 같은 위상을 갖는 일본 최초의 안보전략서로서 공표되었고, 「방위계획대강」은 미국의 국방전략서(National Defense Strategy)와 같은

안보법의 주요 내용 및 쟁점과 한국의 대응과제」, 『이슈와 논점』(국회입법조사처, 2015.9.25), 박영준, 「아베 정부의 보통군사국가화 평가: 국가안보전략서, 집단적 자위권, 미일가이드라인, 안보법제에 대한 종합적 해석」, 『아세아연구』제58권 4호(고려대학교 아세아연구소, 2015 겨울) 등을 참조. 본고와 유사한 문제의식에서 트럼프 행정부 등장 이후 일본 안보정책이 국제정세의 불확실성에 대비해야 한다는 지적을 하고 있는 연구로는 佐竹知彦, "日本: 不確實性の中の日米同盟", 防衛研究所 編, 『東アジア戦略概観 2018』(防衛研究所, 2018)을 참조.

성격의 문서로서 2010년 공표된 것을 개정한 것이었다.[3] 이 문서들에서 아베 정부는 일본이 추구해야 할 안보정책과 외교이념으로서 "국제협조주의에 기반한 적극적 평화주의"를 제시했다. "국제협조주의"란 일본이 유엔 등 주요 국제기구 및 규범을 준수하고, 특히 동맹국인 미국과의 긴밀한 협력 하에 국제질서의 유지에 적극 관여하겠다는 의미를 갖는 것이었다. "적극적 평화주의"란 일본 자신의 외교적, 군사적 능력을 강화하여, 국제사회의 안정과 질서 유지에 적극 공헌하겠다는 의미를 담고 있는 것으로 해석된다.

한편 2017년 1월, 트럼프 행정부 출범 이후 미국이 "미국 우선주의" 방침을 추진하면서, 글로벌 차원에서 안보, 경제, 기후변화 등 제반 분야에서의 오바마 행정부와 다른 방향으로 정책을 변경하려는 움직임을 보이게 되었다. 이런 가운데 트럼프 행정부가 나토 등 기존 동맹국가들의 역할이나 비용분담에 대해 불신을 표명하고, 방위분담금 증대 등을 거론하고, 유럽 동맹국들에 대한 방위의무에 대한 재확인에 소극적으로 임하게 되자, 나토와 유럽연합 국가들에서 "전략적 자율성(strategic autonomy)" 논의가 제기되게 되었다. 즉 프랑스, 독일, 폴란드, 스웨덴, 노르웨이 등 유럽 국가들 사이에서 트럼프 행정부가 추진하는 동맹정책에 불안감을 느끼면서, 미국을 보완 혹은 대체하여 영국이나 프랑스가 핵억제력을 제공하는 방안을 모색하거나,[4] 자체 징병제도 개편과 군사력 강화를 추구

---

3) 國家安全保障會議 및 閣議 決定, 「国家安全保障戦略について」(2013.12.17) 및 「平成26年度以後に係る防衛計画の大綱について」(2013.12.17).
4) 독일 의회는 미국 트럼프 행정부의 안보공약에 대한 불확실성에 대비하여, 영국과 프랑스가 제공하는 핵우산 강화를 그 대안으로 논의하고 있다.

하려는 움직임을 보이고 있는 것이다(*New York Times* 2017.3.10). 이같은 움직임과 관련하여 르몽드 편집장을 지낸 실비 카우프만(Sylvie Kaufman)은 트럼프 행정부가 파리기후변화 협약에서 탈퇴를 선언하고, 이란 핵합의도 파기하고, 독일이나 유럽연합에 대한 대사 임명도 지연시키고 있는 사실을 지적하면서, 독일 메르켈 총리가 지적한 것처럼 유럽은 자신들의 운명을 스스로 결정해야 한다고 주장하기도 했다(*New York Times: International Edition* 2018.3.29). 이같이 유럽 국가들에서 제기되는 "전략적 자율성"의 논의는 미국과의 동맹은 유지하지만, 안보불안요인에 대해 자신들의 방위력을 증강하거나 외교적 역량을 강화하여 잠재적 안보위협에 대응하는 수단을 강화하자는 논의로 이해된다.[5]

주목할 것은 일본에서도 나토 국가들의 "전략적 자율성"과 유사한 논의가 대두하고 있다는 점이다. 트럼프 행정부는 미일동맹에 대해서도 방위분담금의 증대나 동맹 역할 확대를 거론하였고, 일본이 참가를 결정한 TPP에서 탈퇴하는 움직임을 보였다. 이에 대해 일본 내에서도 트럼프 행정부의 대외전략이 일본의 국가이익을 침해할 가능성이 있다고 우려하면서, 자체 방위비의 증액이나 안보태세 강화 필요성을 주장하는 논의가 제기되고 있는 것이다. 미야케 구니히코(宮家邦彦)는 뉴욕타임스와 가진 회견에서, 트럼프가 추구하는 미국의 동맹정책에 대해 신뢰

Max Fisher, "Germany could seek its security in Europe", *New York Times: International Edition*(2017.7.7).

5) 뉴욕타임스 칼럼니스트 토마스 프리드먼은 유럽 국가들이 미국에 대한 의존을 줄이고, 자신의 운명을 자신들의 손으로 해결해야 한다는 인식이 확산되고 있다고 관찰한다. Thomas L. Friedman, "Trump's United American Emirate", *New York Times: International Edition*, 2017.6.1.

성이 약해질 수 있다고 지적하고, 그에 대해 일본은 독자적 방어수단을 강구할 가능성이 있다고 지적한 바 있다(*New York Times: International Edition* 2016.11.10). 자민당내 유력 정치인인 이시바 시게루(石破茂)도 미국의 국력약화나 관여 범위 축소 가능성에 대비하여, 일본이 탄도미사일을 포함하여 자체 방위력을 증강할 필요가 있다고 주장했다.[6] 동경대학 명예교수 기타오카 신이치(北岡伸一), 게이오대학 교수 호소야 유이치(細谷雄一) 등 아베 총리의 브레인들이 다수 참가하고 있는 세계평화연구소는 2017년 1월에 작성된 보고서를 통해, 트럼프 행정부 발 불확실성에 대응하여, 일본 정부도 방위비를 GNP 대비 1.2% 수준까지 증액하고, 순항미사일 등 군사능력을 강화해야 한다고 제언했다(世界平和研究所 2017). 방위연구소 사타케 도모히코(佐竹知彦) 연구원도 트럼프 행정부 대외정책의 불확실성에 대비하여, 일본으로서는 한국 및 호주 등 다른 대미 동맹국들과 협력을 강화하여, 미국발 불안정성에 대응해야 한다고 주장했다(佐竹知彦 2018, 212).

이상의 논의에서 볼 수 있는 바와 같이, 아베 정부의 안보 및 외교정책에는 2013년 12월의 국가안보전략서 등에서 표명된 바와 같은 "국제협조주의에 기반한 적극적 평화주의"의 기조와, 트럼프 행정부 이후 나토 국가들에서 제기된 바 있는 "전략적 자율성"론의 두 가지 흐름이 복합되어 있다고 보여진다. 즉 미국이나 국제연합과 같은 국제사회의 주류와 안보 및 경제정책 면에서 협조하면서 일본의 국제적 영향력과 위상

---

6) 石破茂 인터뷰. 『朝日新聞』(2016.12.8).

을 확대하려는 "국제협조주의"의 흐름과, 트럼프 행정부 등장 이후 나타나고 있는 미국 우선주의의 기조가 초래하게 될 불확실성에 대비하여 일본 독자적인 안보역량과 태세를 강화해야 한다는 "전략적 자율성"론의 흐름이 병행되어 전개되고 있는 것이다. 이 두 가지 흐름이 일본 아베 정부의 안보 및 외교정책에 수용되면서, 한편에서는 트럼프 행정부와 최대한 협력하는 외교적 노력을 추진하면서도, 다른 한편으로는 일본의 독자적인 안보역량을 강화하려는 양상이 동시에 노정되고 있는 것이 아닌가 생각된다. 이하에서는 이러한 두 가지 양상을 각각 검토하고자 한다.

3. "국제협조주의에 기반한 적극적 평화주의"의 전개

3.1. 오바마 행정부 시기의 "국제협조주의"

2013년 12월, 아베 정부의 국가안보전략서에서 제시된 "국제협조주의"는 일본정치외교사의 문맥에서는 의미심장한 역사성을 갖는 개념이다. 이 개념은 제1차 세계대전 직후에 전개된 1920년대 다이쇼 데모크라시 시대에 시데하라 기주로(幣原喜重郎) 외상이나 요시노 사쿠조(吉野作造) 도쿄대학 교수 등에 의해 주창되던 외교이념을 가리킨다. 이들은 만주사변 등을 획책하던 군부와 달리, 세계대전의 승전국이었던 미국과 영국 등의 민주주의 국가들과 협력하여 군비축소 및 식민지 자치권 부여 등의 대외정책을 전개해야 한다는 외교정책론을 추진했다(酒井哲哉 1989). 다만 1920년대 말기에 국제군비축소의 조류에 반감을 갖고 있었던 군부 소장파들이 만주사변을 획책하면서, 일본의 대외정책은 국제협조주의에서 이탈하여, 동아시아 지역에서 배타적 블록을 형성하려는 동아협동체론, 나아가 대동아공영권 구상으로 경사되어 갔다. 아베 정부의 국가안보전략서에서 다시 "국제협조주의"의 개념이 사용된 것은, 일본이 21세기 국제질서의 초강대국인 미국 및 유엔 등 주요 국제기구와 협력하면서 기존 국제질서를 유지하고, 그 속에서 일본의 영향력 및 위상을 증대하려는 전략적 의도를 표명한 것이라 보여진다.[7]

이러한 "국제협조주의"의 외교이념에 기반하여 아베 정부는 지난 3-4년간 미국과의 동맹관계를 다각적으로 강화하고, 이를 기반으로 국제질서의 안정을 유지하려는 일본 나름의 외교적 노력을 기울여 왔다. 안보 측면에서는 2014년 7월, 각의 결정을 통하여 "집단적 자위권"을 용인하였고, 2015년 5월과 7월에 걸쳐서는 "집단적 자위권" 개념을 반영하여 기존의 안보관련 10여개 법제를 개정하고, 1개 법제를 제정했다.[8] 그리고 2015년 4월 27일에는 집단적 자위권의 개념을 반영하여 1997년에 미일 간에 개정되었던 미일 가이드라인을 재개정하면서, 미일동맹의 활동범위를 지리적으로 글로벌 차원으로 확대하였고, 미사일 방어와 사이버 방어, 그리고 우주 공간에도 확대한다는 정책방침을 표명했

---

7) 그런 점에서 국제협조주의의 흐름이 아베 정부에 의해 처음 나타난 것은 아니다. 전후 요시다 정권 이래 미일동맹을 외교 기축으로 강조하는 이같은 흐름은 역대 일본 정부에 공통된 대외정책 기조라고 할 것이다.
8) 內閣官方, 「平和安全法制の槪要」(내각관방 홈페이지 검색, 2015.9.3).

다.[9] 같은 날인 4월 27일, 미일간 2+2 회의에서 공표된 공동성명에서는 미국 오바마 행정부가 추진하던 아태 지역에서의 리밸런싱 정책을 일본이 평가하고, 동시에 일본이 추진하던 집단적 자위권 용인과 안보법제 개편 등의 정책을 미국이 평가하면서, 중일간에 영유권 분쟁이 전개되던 '센카쿠 열도(중국명 댜오위다오)'가 미일 방위조약의 적용대상임을 명시하기도 했다.[10]

아베 정부는 경제분야에서도 미국 오바마 행정부와 전략적인 협력을 공고히 하는 성과를 거두었다. 사실 일본 정부는 농업 부문에 가해질 부정적 영향을 고려하여 미국 오바마 정부가 추진하던 환태평양경제동반자협정(TPP)에 대해 소극적으로 임해왔는데, 2013년 아베 정부는 미일동맹을 경제적 측면에서도 강화하기 위한 차원에서 TPP 협상 참가로 방침을 변경했다. 아베 정부는 역사인식 문제에 관해서도 미국의 암묵적인 요청에 화답하는 자세를 보였다. 즉 제2차 세계대전 종전 70주년을 맞아, 2015년 8월 14일에 공표한 담화를 통해 중일전쟁이나 태평양전쟁에서의 일본의 행위에 의해 희생이 된 여타 국가 주민들의 희생에 대해 언급하면서, 전후 일본이 미국, 영국, 중국 등의 관용에 의해 평화적 국

---

9) 일본은 2013년에 미 전략사령부와 우주상황인식협정을 체결하였고, 2015년 미일가이드라인 개정 시에 우주안보협력 관련규정을 포함하여, 미일간 우주 감시시스템을 공동구축하기로 합의한 바 있다. 福島康仁, "日本における宇宙安全保障"(현대일본학회 학술회의 발표 자료, 2016.12.17).

10) 岸田外務大臣。中谷防衛大臣。ケリー国務長官 カーター国防長官, 「変化する安全保障環境のためのより力強い同盟」(2015.4.27): Minister for Foreign Affairs Kishida, Minister of Defense Nakatani, Secretary of State Kerry, Secretary of Defense Carter, *Joint Statement of the Security Consultative Committee*(2015. 4.27).

가로서 국제사회에 복귀할 수 있었던 것에 대한 감사를 표명한 것이다.[11] 이러한 역사인식에 대한 전향적 입장 표명에 이어 2016년 12월에, 아베 총리는 오바마 대통령과 진주만을 함께 방문하여 전쟁 희생자에 대한 애도를 나타내기도 했다. 이와 같이 아베 정부는 국가안보전략서 등에서 "국제협조주의에 입각한 적극적 평화주의"를 안보 및 외교정책 기조로 표명하면서, 집단적 자위권 용인 및 안보법제 제정과 개정을 추진하였고, 미국 오바마 행정부는 이를 적극 평가하면서, 미일 가이드라인 개정 등을 통해 화답하였던 것이다.

3.2. 트럼프 행정부와 아베 정부의 "국제협조주의"

그런 일본에게 있어 2016년 11월, 공화당 후보 트럼프 당선이라는 미국 대통령 선거 결과는 당혹스러운 결과였을 수 있다. 아베 정부는 앞에서 살펴보았듯이 오바마 행정부와 가이드라인 개정, 진주만 방문 등을 통해 전례없이 견고한 미일동맹 체제를 구축하면서, "국제협조주의"의 성과를 거두어왔기 때문이다. 반면 트럼프 후보자는 선거 과정 중에 미일 동맹에 대한 일본의 방위비 분담금 증액, TPP 탈퇴, 일본의 대미 무역 흑자 등을 집중적으로 거론하면서, 미일관계의 구축에 장애물이 될 수 있는 공약을 공표했었다. 이런 배경 하에 아베 총리는 자신이 추구해온 "국제협조주의" 기조 하의 대미 정책이, 트럼프 당선자의 정책 변화로 인해 차질을 받게 될 가능성을 우려했던 듯 하다. 트럼프 후보의 당

---

11) 아베 총리, 전후 70년 담화(2015.8.14)(http://www.sankei.com/politics/print/150814/plt1508140016-c.html).

선 직후 신속하고 기동적인 대미 외교가 전개된 것은 그 때문인 것으로 보인다.

2016년 11월 18일, 아베 총리는 이례적으로 뉴욕의 트럼프타워를 방문하여 트럼프 당선자와 회담을 갖고, 미일 간에 갈등의 소지가 될 수 있는 일본의 대미 방위비 분담금 문제와 대미 무역 흑자 문제, 그리고 TPP 협상 등에 대해 일본의 입장을 설명했던 것으로 보여진다. 이같은 당선자와의 이례적 회담은 아베 정부의 외교이념이기도 한 "국제협조주의에 기반한 적극적 평화주의"를 미국 정권 변화와 무관하게 지속하려고 했던 아베 총리의 열의를 상징적으로 보여주는 것이었다.

이같은 아베 총리의 정책 설명 노력이 트럼프 당선자에게 어느 정도 영향을 주었는가하는 점은 미지수이다. 그러나 트럼프 행정부가 독일이나 호주 등 여타 동맹국가들에 비해, 일본과의 동맹관계를 상대적으로 중시하는 입장을 보이고 있는 것은 사실이다. 한국 등 여타 동맹국가들에 대한 신행정부의 대사 임명이 지체되고 있는 가운데, 2017년 1월, 트럼프 대통령은 투자회사 경영자인 윌리엄 해거티를 차기 주일 미 대사에 임명했다. 그리고 2월에는 틸러슨 국무 및 매티스 국방장관을 연쇄적으로 일본과 한국 등에 파견하여 기존 안보공약 준수를 천명케 했다.

메르켈 독일 총리와 턴불 호주 총리 등 주요 서방 국가의 정상들이 트럼프 미국 대통령과 그다지 우호적인 관계를 형성하지 못한 가운데 아베 총리는 이례적으로 트럼프 대통령과 우호적인 관계를 맺는데 성과를 거두고 있다. 2017년 2월 10일, 트럼프 대통령은 아베 총리를 백악관과 플로리다의 별장에 초대하여, 이례적으로 환대를 베풀면서, 센카쿠가 미일동맹의 적용범위임을 재확인하고, 일본에 대한 핵우산 및 확장억제 제공을 밝히고, 갈등의 소지가 될 수 있는 무역문제 등을 협의하기 위한 양국 경제대화 신설에 합의했다. 그리고 때마침 불거진 북한 핵 및 미사일 개발 문제에 대해 양국이 공동대응한다는 입장도 표명했다. 양 정상은 2017년 5월 26일, 시칠리아에서 개최된 주요 국가 정상회의에서도 양자 회담을 갖고 북한 문제에 대해 대화보다는 압박 강화를 추진해 간다는 방침을 확인하였고, 미일동맹의 능력 향상 방침도 재확인했다.

양 정상 간의 긴밀한 합의에 따라 양국 외교 및 국방 관계 장관이 참석하는 2+2 회담에서도 북한 등의 위협 요인에 대응하는 미일동맹 차원의 억제 능력 강화에 대한 구체적인 조치들이 합의되었다. 2017년 8월 17일 열린 2+2 회담에서는 남중국해에서 중국 주도로 진행되는 도서의 군사화와 현상 변경 시도에 반대한다는 입장이 표명되었고, 북한에 대해서도 공동으로 지속적 압력을 가한다는 점에 합의했다.[12] 또한 일본이 미사일 방어체제 강화의 일환으로 요청한 육상배치 이지스 어쇼어 도입에 대해서도 협의가 이루어졌다.[13]

이같은 정치지도자들 간의 긴밀한 협의를 바탕으로 일본 자위대와 미군 간에 긴밀한 연합군사훈련도 이루어졌다. 2017년 7월 10일, 미국과 인도가 연례적으로 인도양에서 실시하는 말라바르 해상훈련에 일본 해

---

12) 『朝日新聞』, 2017.8.18. 이 회의는 트럼프 행정부 등장 이후 최초로 개최된 미일간 2+2회의로서, 미국측에서는 틸러슨 국무, 매티스 국방 등이, 일본 측에서는 고노 다로 외상, 오노데라 방위상이 참가했다.

13) 일본은 루마니아, 폴란드에 이어 3번째로 미국의 이지스 어쇼어 시스템을 도입하게 되었다. 이지스 어쇼어는 2023년까지 도입되어 일본 내 2개소에 배치 예정이다. 『朝日新聞』, 2017.9.24.

상자위대가 정식 참가하였고, 이는 미 태평양사령부 해리 해리스 사령관 등으로부터 높이 평가받았다.[14] 항공자위대는 2017년 8월, 미군 요코다 기지에서 지상배치형 PAC-3 미사일을 운용한 최초의 미사일방어 공동훈련을 실시하였고, 같은 해 7월 24일, 양국 정부 관계자들은 사이버 대화를 갖고, 양국 정부 간의 사이버 안보협력에 대한 협력방안을 논의했다(『朝日新聞』 2017.7.13). 2017년 후반기, 북한의 6차 핵실험 및 미사일 발사로 한반도에 위기 양상이 전개되자 경계강화를 위해 미국 함정들이 동해 상에 전개되었고, 이에 대해 일본 자위대는 미일간 군수상호지원협정(ACSA)에 따라 미국 함정들에 대한 활발한 연료 보급활동을 실시했다.[15] 또한 미일 양국 정부는 그동안 일본 정부의 현안 문제로 제기되어온 한반도 유사시 주한 일본인 철수 방침에 대해서도 협의를 개시하여, 이 경우 미국측의 협력 하에 미군의 수송기와 함정으로 주한 일본인을 철수하는 방향으로 논의를 모으고 있는 것으로 알려졌다(『朝日新聞』 2017.11.9).

아베 정부는 트럼프 행정부가 새롭게 표방한 인도-태평양 전략에 대해서도 적극 참가하는 모습을 보였다. 트럼프 행정부는 출범 이후 국무성 정책기획국장 브라이언 후크(Brian Hook)와 아시아국장 매튜 포틴저(Matthew Pottinger) 등을 중심으로 미국, 일본, 인도, 호주가 중심이 되

---

14) 일본 해상자위대는 말라바르 해상훈련에 2007년 처음 참가하였고, 2014년 이후 매년 참가하고 있다. 『朝日新聞』, 2017.7.11.

15) 같은 시기 일본 해상자위대의 헬기탑재 호위함 이즈모가 남중국해 항행 시에는 역으로 미군 함정들로부터 연료 공급을 받기도 했다. 『朝日新聞』, 2018. 4.4.

어 해양국가 연대를 강화하고 이를 통해 부상하는 중국을 견제한다는 "인도-태평양전략"을 발전시켰다(*New York Times: International Edition* 2017.11.4). 사실 미국의 인도-태평양 전략은 2016년 8월, 케냐에서 아베 총리가 케냐에서 표명한 "인도-태평양 전략"의 영향을 받은 것이기도 했다. 이러한 경위를 갖는 트럼프 행정부의 인도-태평양 전략에 대해 아베 총리는 적극적으로 동조하고 참가하는 모습을 보였다. 2017년 11월 6일, 정상회담에서 미일 양국 지도자는 인도 및 호주와 협력하여, 아태지역에서 항행의 자유, 법의 지배, 공정하고 호혜적인 무역의 질서를 만들어야 한다는 "인도-태평양 전략"을 공동으로 표명했다. 이후에도 2018년 1월 22일, 아베 총리는 중참 양원의 시정방침 연설을 통해 자유롭고 열린 인도-태평양 전략을 추진하겠다는 방침을 공언하였고, 2018년 5월 29일, 양국의 국방장관도 "인도-태평양 전략"의 기치 하에 양국간 동맹의 억지력 강화에 노력할 것을 재천명했다(『朝日新聞』 2018.1.23, 2018.6.4).

즉 트럼프 대통령 당선 이후에도 아베 정부는 미국을 일본의 안보 외교 정책의 기축으로 설정하면서, 정상 간의 우호적인 분위기를 조성하고, 이를 바탕으로 미일동맹을 강화하면서 일본이 상정할 수 있는 다양한 안보위협들, 즉 북한의 군사도발, 남중국해에서의 중국과의 분쟁 발생, 사이버 위협 등에 대해 양국간 군사협력 방안을 강구하고 있는 것이다. 가이드라인 개정을 통해 미일동맹 간 군사적 협력의 지리적 범위를 확대시켰고, 인도-태평양 전략의 공동 표명을 통해 동맹 네트워크도 확대 및 강화하고 있는 것이다.

물론 향후 미일관계에 여전히 갈등 요인이 잠복해 있는 것은 사실이다. 예컨대 대미 무역적자나 방위비 분담금 문제 등은 언제든지 재연될 수 있다. 그러나 독일이나 호주 등에 비해 일본이 불확실성에 가득찬 트럼프 행정부와의 초기 관계를 갈등을 회피하면서, 비교적 잘 유지했던 점은 아베 정부가 지속적으로 추진해온 "국제협조주의" 외교의 성과였다고 할 만 하다.

4. "전략적 자율성"의 가시화

4.1. "전략적 자율성"으로서의 국내 역량 강화

미국의 새로운 트럼프 행정부와 "국제협조주의" 기조 하의 외교를 전개하면서도, 일본 내부에서는 유럽 국가들과 마찬가지로 "전략적 자율성"을 추구하려는 움직임도 존재한다. 즉 불확실한 안보정세에 대응하기 위한 일본 자신의 능력을 배양함과 동시에 대외정책 면에서도 미국 일변도가 아닌, 보다 다원적인 외교관계를 구축하여 리스크에 대비하려는 정책방향도 보여지고 있는 것이다.[16]

2013년 12월에 책정된 국가안보전략서는 일본이 추구해야 할 방위력의 기준으로서 "통합기동방위력"의 개념을 새롭게 제시한 바 있다. 이로써 일본은 종전에 표명하던 "기반적 방위력(basic defense force)"이나

---

16) 토마스 프리드먼은 트럼프 행정부의 TPP 탈퇴 등에 따라 아시아 정치지도자들이 미국보다는 중국의 건설적 역할에 기대하고 있다고 지적했다. Thomas L. Friedman, "Trump vexes allies; China wins", *New York Times: International Edition*, 2017.6.29.

2010년 이후 표방하던 "동적 방위력" 개념에서 변화를 추구하고 있다. "통합기동방위력"이 구체적으로 무엇을 의미하는지는 같은 시기 공표된 「방위계획대강」에서 제시된 육해공 자위대의 전력구조를 분석하면 대체로 윤곽을 파악할 수 있다. 「방위계획대강」에서는 육상자위대의 경우, 우리의 군단급 사령부에 해당하는 기존 5개 방면대를 통합지휘할 수 있는 통일사령부의 신설을 과제로 제시하였고, 도서작전에 대비한 수륙양용작전 능력의 신설도 명기하고 있다. 이에 더해 미사일 방어체제나 경계감시와 정보기능 강화를 목표로서 제시하고 있다. 이러한 전력증강 계획을 종합할 때, 통합기동방위력이란 기존 육해공 자위대의 전력을 결합하여 보다 강력한 전력을 발휘할 수 있도록 하고, 미사일 방어체제나 수륙양용능력의 개발을 통해 북한의 핵 및 미사일 전력 증강이나 중국의 센카쿠 열도 영유권 도발 가능성에 대한 대응태세를 강화하는 것을 의미한다고 볼 수 있다.

이같은 통합기동방위력의 구축에 더해 2014년 7월에 각의 결정한 집단적 자위권의 용인, 또한 2015년 9월까지 성립된 11개 안보법제를 통해 아베 정부는 자위대의 전력이 국내외 안보상황에 능동적으로 대처할 수 있도록 하는 태세를 갖추었다. 나아가 일본 자민당 정부는 종전에 GDP 1% 이내에 제한되어 있던 국방예산을 1.2% 수준까지 증액하려 하거나,[17] 이같은 예산을 바탕으로 지상배치 이지스 어쇼어 미사일 방어

---

17) 2017년 3월 2일, 아베 총리는 참원 예산위원회 답변을 통해 방위비를 GDP의 1% 이내에 제한하려는 생각은 없다고 답변했다. 아베 정부가 GDP 1%를 돌파하여 방위비를 편성한다면 이는 1980년대 후반 나카소네 정권 시기에 이어 30년 만의 사례가 된다. 『朝日新聞』, 2017.3.3.

체제도입, 전투기에서 원거리 목표물을 타격하는 장거리 순항미사일 도입 등의 정책을 추진하고 있다.[18] 이러한 정책들은 대미의존에서 벗어나 일본의 안보능력을 강화함으로써 "전략적 자율성"을 확대하려는 국내 차원의 노력들로 볼 수 있다.

4.2. "전략적 자율성"으로서의 외교반경 확대

국내 차원의 안보능력 강화를 토대로 아베 정부는 미국 이외의 우방국가, 즉 영국, 프랑스, 독일, 호주 등의 국가들과 안보 및 외교협력을 확대하는 전방위 외교도 병행하였다. 특히 이러한 양상은 트럼프 행정부 출범 이후 두드러지고 있다. 아베 총리는 영국의 메이 총리와 2017년 8월, 정상회담을 갖고 안보협력에 관한 양국 공동선언을 발표했다. 그리고 같은 해 12월 13일부터 열린 양국간 2+2 회담에서는 자위대와 영국군과의 군사협력 강화, 전투기에 탑재하는 차세대 미사일 공동연구 등의 기술협력 강화 등을 합의했다.[19] 일본은 프랑스와의 군사협력도 강화하고 있다. 2018년 1월 개최된 양국간 2+2 회담에서는 남중국해에서 항행의 자유를 보장할 것을 촉구하고, 양국간 ACSA를 체결할 것에 합의했다. 또한 양국간 해상자위대 및 해군 간의 공동훈련을 추진하고, 기뢰

---

18) 순항미사일 도입 등의 정책은 일본 언론에서 적 기지 공격능력 보유로 연결되어 종전의 전수방위 원칙을 벗어날 우려가 있다는 지적도 제기되고 있다. 『朝日新聞』, 2017.12.13. 사설.

19) 『朝日新聞』, 2017.12.15. 이에 따라 양국 간에는 항공자위대와 영국 공군, 해상자위대와 영국 해군, 육상자위대와 영국 육군간의 연합훈련이 실시되었거나, 실시될 예정으로 있다. 영국은 이미 2015년 국가안보전략서에서 일본을 파트너 국가에서 동맹으로 격상시킨 바 있다.

탐지기술을 공동연구한다는 합의에도 도달했다(『朝日新聞』2018.1.25). 2018년 7월 14일, 프랑스에서 열린 프랑스대혁명 기념행사에는 양국간 수교 160주년을 기념하여 육상자위대가 파견되어 군사퍼레이드에 참가 하기도 했다. 2017년 7월, 일본은 독일과도 방위장비품 기술이전협정을 체결하여, 양국간 군사기술의 상호 교류 길을 열어놓게 되었다(『朝日新聞』2017.7.19).

이같이 일본이 영국, 프랑스, 독일 등 유럽 주요 국가들과 안보협력의 범위를 확대하고 있는 것은, 대미 동맹이라는 공통성을 바탕으로한 동맹네트워크 확대라는 관점에서 볼 수도 있다. 그러나 트럼프 행정부 등장 이후 유럽 국가들 및 일본에서 나타나고 있는 "전략적 자율성" 논의를 고려할 때, 이같은 일본-유럽 국가들간 안보협력 강화는 트럼프 행정부의 미국 우선주의에 우려를 느끼면서 "전략적 협력 확대를 모색하고 있는 양 지역 대미 동맹국들의 이해관계가 일치한 결과라고도 보여진다.

2018년 7월 18일, 아사히(朝日)신문 사설은 트럼프 대통령이 나토 정상회의 참가차 유럽을 순방하는 중에 유럽연합 소속 국가들을 적으로 부르고, 오히려 러시아에 대해서는 친밀감을 보인 사실을 상기시키면서, 일본으로서는 유럽 국가들과 더불어 "국제협조에 기반한 국제질서"를 지켜야 한다고 강조했다(『朝日新聞』2018.7.18). 아사히 신문의 이같은 사설이 게재되기 직전인 7월 6일, 트럼프 행정부는 중국산 수입품에 대해 고율관세를 부과하는 결정을 내리면서, 여타 국가들에 대해서도 관세 장벽을 구축하려는 움직임을 보였다. 그 직후인 7월 17일, 아베 총리는 유럽연합의

지도자들과 경제제휴협정(Economic Partnership Agreement: EPA)을 체결하면서, 양측간의 관세를 대폭 삭감하는데 합의한 바 있다. 이같은 아베 정부의 경제외교는 트럼프 행정부에 의한 보호무역주의 강화 경향에 대응하여 일본과 유럽 국가들이 자유무역질서를 확대하려는 의도로 해석되었다. 이같은 경제질서의 맥락을 고려하면, 일본이 영국, 프랑스, 독일과 안보협력을 확대하는 것은, 단순히 대미동맹국 간의 네트워크 확대가 아니라, "전략적 자율성"의 발현이라는 측면이 강한 것이라고 볼 수 있다.

아베 정부는 아태지역 국가들과의 안보협력도 확대했다. 2017년 1월에는 인도네시아 조코 대통령과 정상회담을 갖고, 해양국가로서 상호협력을 증진하기로 합의했다. 이어 베트남의 후쿠 총리와도 정상회담을 갖고, 해상순시선 6척 건조비 등을 지원하기로 했다(『朝日新聞』 2017.1.16, 2017.1.17). 아베 총리는 2017년 1월 14일, 오스트레일리아의 턴불 총리와 회담을 갖고 양국간 ACSA를 새롭게 체결했다(『朝日新聞』 2017.1.15, 2017.1.19). 2017년 2월에는 타일랜드에서 실시된 다국적 군사훈련에 육상자위대 장갑기동차 전력을 파견하여 미국 및 타일랜드 등과 더불어 국제평화공동대처 훈련을 실시하기도 했다.

아베 정부는 아태지역 뿐만 아니라 인도양 및 아프리카 지역까지 안보협력의 범위를 확대했다. 아베 총리는 2016년 8월 27일, 케냐의 나이로비에서 개최된 일본-아프리카 정상회의에서 "인도-태평양 전략"을 표명했다. 이 구상은 아시아와 아프리카에 걸쳐 자유롭고 개방된 질서를 구축하자는 것이다. 일본 정부는 이 구상을 2017년 5월 24일, 인도에서 개최된 아프리카개발은행 연차총회에서 인도와의 협의를 거쳐 다시 "아시아-아프리카 성장회랑"이라는 구상으로 발전시켰다. 즉 동아시아와 아프리카 일대의 발전을 위해 일본과 인도가 주축이 되어 인프라 투자 등을 지원하자는 구상이었다. 일본이 주도하고 인도가 지원하는 "아시아-아프리카 성장회랑" 구상은 중국 시진핑 정부가 추진하는 "일대일로"에 대한 대항적인 지역질서 구상으로 여겨진다(『朝日新聞』 2017.5.25).

인도-태평양 전략을 표명하면서, 아베 정부는 인도와의 안보협력도 확대했다. 2017년 9월 5일, 일본 오노데라 방위상은 인도 샤이트리 방위상과 회담을 갖고, 양국 간에 육해공 공동훈련을 확대하기로 합의하고, 육상무인차량 등의 기술을 공동연구하기로 합의했다. 미국과 인도 간에 정례적으로 추진되고 있던 말라바르 해상훈련에 2017년 7월, 일본 해상자위대가 참가한 것도 그 일환으로 볼 수 있다.

아베 정부는 대외정책에 있어서도 일본의 국가이익이 걸려있는 사안에 대해서는 미국과 유엔의 기존 방침에 구애받지 않는 독자적인 행보를 보이기도 했다. 예컨대 오바마 행정부 시기에 우크라이나 문제 등으로 인해 대러시아 제재가 취해지던 시기에도 일본 정부는 푸틴 대통령과 수차례 정상회담을 지속하면서, 양국간 남쿠릴열도 반환 문제나 시베리아 자원 개발 문제 등 현안을 논의해 왔다. 트럼프 행정부 출범 이후에도 2017년 3월 22일, 일본은 러시아와 외교 및 국방장관이 참가하는 2+2 회담을 개최하여, 북한의 핵 및 미사일 개발에 대한 공동대응 문제를 협의했다(『朝日新聞』 2017.3.21). 4월 27일에는 아베 총리가 러시아를 방문하여 푸틴 대통령과 정상회담을 갖고, 에너지 협력이나 대북 문제 협력 방안을 논의하기도 했다. 이같은 일본-러시아 관계 유지는 대미 의존적 외교에서 벗어나 일본의 국가이익을 위한 "전략적 자율성"의 반영이라고 볼 수 있다.

일본 안보정책이나 외교정책이 대내적 역량을 구축하고 자율적인 외교 공간을 확보하려는 "전략적 자율성"의 요소가 포함되어 있다는 관찰은 일본의 대중국 외교에서도 관찰될 수 있다. 일본의 대중 정책도 표면적으로는 센카쿠 등지에서 군사적 대립을 노정하고 있는 듯이 보이지만, 일본 내에서는 중국과의 전략적 협력을 병행해야 한다는 논의도 존재한다. 동경대학 다카하라 아키오(高原明生) 교수는 동아시아의 평화와 안전보장을 위해, 일본이 대미 의존을 통해 대중 불신과 군비경쟁에만 빠져서는 안 된다고 경계한다. 그는 힘의 균형을 유지하기 위한 억제력은 가져야 하지만, 동시에 비군사 분야에서의 협력을 통해 상호의존 관계를 강화하고, 문화교류에 의해 규범을 공유하려는 노력을 대중관계에서도 기울여야 한다고 제언한다.[20] 아사히신문도 2016년 1월 11일의 사설을 통해, 일본으로서 중국내의 국제협력파와 교류를 촉진하고, 경제와 안전보장 면에서 중국을 국제사회에 편입하는 노력을 기울여야 한다고 제언한 바 있다(『朝日新聞』 2016.1.11).

대중 강경파의 이미지를 갖고 있던 아베 총리 자신도 중국과의 전략적 협력 관계 구축이 일본의 외교에 불가결하다고 판단하고 있었던 것 같다. 2018년 1월 22일, 중참 양원의 시정방침연설에서 그는 일본과 중국

---

20) 高原明生 교수 칼럼 참조. 『朝日新聞』, 2015.7.31. 다카하라 교수는 2017년 4월 29일, 제주도에서 열린 세미나에서도 필자의 질문에 대해 같은 취지로 답변해 주었다.

양국이 지역의 평화와 안정에 큰 책임을 가진 국가라고 평가하면서, 양국간 안정적 우호관계를 발전시켜 나갈 것이라고 확인한 바 있다. 이같은 방침에 따라 그는 2017년 7월 8일, 함부르크에서 가진 시진핑 주석과의 정상회담에서는 중국이 추진하는 일대일로 구상에 일본이 협력할 것이라는 입장을 전향적으로 밝혔다(『朝日新聞』 2017.7.9).

　일본과 중국 양국은 안전보장 분야에서도 신뢰구축의 노력을 경주하고 있다. 2017년 6월 4일, 싱가포르 샹그리라 안보대화에서 접촉한 양국 대표단은 해상과 공중에서의 연락메카니즘(핫라인) 구축에 대한 양국 실무 협의 재개에 대해 논의하였고, 같은 해 12월 5일, 상하이에서 양국 실무부서들이 다시 회합을 갖고 양국간 해상 및 항공에서의 우발적 충돌을 방지하기 위한 일본 자위대와 중국 인민해방군 간의 핫라인 구축 문제에 대해 다시 협의했다(『朝日新聞』 2017.12.7). 2018년 5월 9일, 아베 총리는 한중일 정상회의의 동경 개최에 따라 방일한 리커창(李克强) 총리와 양자회담을 갖고, 자위대와 중국 인민해방군간의 우발적 충돌방지를 위한 해공연락 메카니즘 구축에 합의했다. 이에 따라 양국은 6월 8일부터 핫라인을 구축하고, 양측 선박 및 항공기가 접근할 경우 규정 주파수로 통신이 가능하도록 했다(『朝日新聞』 2018.6.8). 이같은 일본-중국 간의 경제 및 안보분야 협력도, 대미 의존에서 벗어난 일본 외교의 "전략적 자율성"이 표현된 사례라고 볼 수 있을 것이다.

　일본의 "전략적 자율성" 관점은 2018년 6월 12일, 북미 정상회담 이후에도 나타나고 있다. 일본 언론들은 북미 정상회담 이후 미국 트럼프 대통령이 일방적으로 한미 연합훈련 실시를 유예한 것이 아시아 지역에 대한 미국 동맹 정책의 약화를 의미할 수 있다고 우려하는 입장을 표명했다. 북한의 비핵화에 대한 확증이 없는 상태에서 대북 억제 수단으로 기능해온 연합훈련이 유예되는 것은 억제력의 저하를 의미하는 것이고, 일본의 안보에도 불리한 상황을 초래할 수 있다는 의견이 제기되고 있다. 이같은 불확실성에 대비하여 한일간 안보협력의 강화 필요성도 제기되고 있다.[21]

5. 한국에 대한 일본 외교의 시사점

이같이 일본의 대미 외교, 아시아 외교, 그리고 글로벌 외교는 미국 등 국제사회 주도국가와 협력을 견지하는 "국제협조주의"의 경향을 띠면서도, 동시에 자신의 역량을 키우면서, 국익을 위해 독자적인 외교영역과 방식도 추구하는 "전략적 자율성"의 측면을 갖고 있다고 보여진다. 아베 정부가 불확실성에 가득 찬 트럼프 행정부와 초기 단계에서의 교감에 성공하면서도, 트럼프 행정부와 달리 유럽 지역이나 아프리카 지역, 남태평양과 아시아 지역 등 글로벌 차원에서 존재감을 과시했던 이면에는 이같은 "국제협조주의"와 "전략적 자율성" 사이의 외교공간을 잘 활용하고 있었던 때문이 아닌가 생각된다.

한반도를 둘러싼 안보환경은 난관들이 중첩되어 있는 양상을 보이

---

21) 『朝日新聞』, 2018.6.14. Motoko Rich, "New anxieties for Asian allies", *New York Times International Edition*(2018.6.15).

고 있다. 북한은 핵 및 미사일 능력 고도화를 추진하면서 한국의 안보에 불확실성을 안겨주고 있다. 2018년 4월과 6월의 남북 및 북미 정상회담 이후 한반도 비핵화 및 평화체제 수립의 가능성이 열려지긴 했지만, 여전히 북한의 진정성에 대한 불확실성이 남아 있다. 한국과 동맹관계에 있는 미국은 트럼프 행정부 이후 대외정책에서 불확실성을 보였다.

그런 가운데 "국제협조주의"의 개념 하에 미국의 정권 여하에 관계없이 동맹국인 미국과 긴밀한 협력관계를 구축하는 아베 정부의 외교는 한국 정부로서도 참고할 가치가 충분히 있다. 북한 국가전략의 불확실성 및 중국의 영향력 강화에 대응하여 한국 정부도 한미동맹의 전략적 활용 가능성을 확대해야 한다. 그러면서도 동시에 일본 정부가 "전략적 자율성"의 개념에 따라 자국의 국가이익을 위하여 동맹국 미국이 설정한 방향이 아니더라도 독자적인 외교공간을 확보하여 안보역량 강화를 추구하려는 정책은, 한국 정부의 정책에도 시사점을 주고 있다. 국제사회의 대북 압박에 동참하면서도 우리로서는 남북 대화를 통한 분쟁의 방지 및 한반도 평화구축도 중요한 정책목표가 되고 있다. 이런 관점에서 우리의 "전략적 자율성"을 극대화하는 방안을 찾아야 한다.[22]

다만 일본의 경우 국제협조주의와 전략적 자율성 영역이 배타적이지 않다는 점을 주목할 필요가 있다. 전략적 자율성의 측면에서 기획된 정책이라고 할지라도 동맹국 미국과의 충분한 이해와 협력이 필요하다.

---

22) 배명복, "트럼프 사전에 친구는 없다" 『중앙일보』(2018.7.17) 배명복 기자는 트럼프 행정부가 한미동맹을 동요시킬 가능성에 대비하여 한국도 국방역량을 강화하고, 외교적 반경도 확대해야 한다고 제언한 바 있다.

그 균형을 잘 잡을 필요가 있다. 국제정세의 불확실성, 그리고 동맹국 미국의 일방주의 가능성이라는 공동의 여건에 직면하여 "국제협조주의"와 "전략적 자율성"의 병행을 추구하는 일본의 안보 및 외교정책은, 그런 점에서 한국의 안보정책과 외교정책에 참고할 만한 시사점을 준다고 할 수 있다.

현대일본생활세계총서 **17**

아베 시대 일본의 정치와 외교

V 중국을 둘러싼 한일관계*
한국, 한반도에서 본 일본의 대중 인식, 정책

기미야 다다시

1. 한일관계에서 중국 요인의 등장

최근 한일관계가 보여주는 다이너미즘은 중국 요인을 고려하지 않고서는 분석하기 어려운 부분이 점차 늘어나고 있다. 물론 이는 다음의 사실들을 부인하는 것이 아니다. 즉 한일관계에서는 한일 사이에 독자적으로 존재하는 역사문제가 엄연히 존재하고 있다. 특히 한국의 입장에서는, 영토문제 등 다른 문제들도 역사문제로 간주하는 것이 현실이기 때문에 한일관계에서 양자관계의 비중이 대단히 크다는 것을 부인할 수 없다. 또한 한일관계는 한국과 일본의 상대적 힘의 수평화 그리고 시장민주주의라는 체제의 균질화라는 구조변화에 크게 영향을 받고 있어서 동질적인 행위자 사이의 양자관계적 측면이 크다는 것도 사실이다.

---

* 이 글은『일본연구논총』47권(현대일본학회, 2018.6)에 게재된 논문을 이 책의 편집 방침에 맞춰 대폭 수정 보완한 것이다.

그럼에도 최근의 한일관계에서 제3의 요인으로서 중국 요인은 매우 큰 비중을 차지하기 시작했다.

필자는 중국 연구자가 아니라 한반도 연구자다. 그런데 왜 일본의 대중(對中)정책을 연구하려고 했는가? 이것은 이 글의 제목 또는 부제에서 나타나는 바와 같이 한국 또는 한반도의 시각에서 일본의 대중정책을 재검토하자는 것이다. 일본에서 중국 연구자의 중일관계 연구는 이미 많은 선행연구들이 있다(田中明彦 1991; 毛里和子 2006; 国分良成他 2013; 高原明生·服部龍二 2012; 服部健治·丸川知雄 2012; 園田茂人 2012; 園田茂人 2014). 따라서 일본의 대중정책은 중국 연구자가 아닌 필자가 나설 필요가 없는 영역이며, 필자에게 그러한 자격도 없다고 생각된다. 그럼에도 이에 대한 연구에 도전하는 것은, 한국이나 한반도의 시각에 입각해 일본의 대중정책을 재검토함으로써, 기존의 선행연구에 한계가 있었다는 것을 지적하고 이를 보완 극복하는 일이 되기 때문이다.

이에 필자는 일본의 한국 연구자로서 일본의 대중정책을 연구하는데에는 분명히 한계가 있다는 것을 인정하면서도, 오히려 그렇기 때문에 일본의 대중정책에 대한 기존의 연구들이 담아내지 못했던 영역에 이를 수 있다는 생각을 하게 되었고, 이를 실천에 옮기게 되었다. 즉 일본의 대중정책을 일본의 대한반도 정책과의 관련 속에서, 나아가 한국의 대중정책과 비교를 통해서 분석해 보고자 하는 것이다.

2. 선행연구에 대한 검토

2.1. 일본의 중국 연구

일본에서 전통적으로 중일관계에 관한 관심은 높았으며 질 좋은 연구들도 많다. 그런데 그러한 연구들의 대부분은 일본과 중국이라는 양국 간 관계에 집중하거나 제3의 요인 중에서도 미국 요인을 고려한 연구들이 거의 대부분이었으며 북한 요인이나 한국 요인을 고려하는 연구들은 찾아보기가 어렵다. 중국과 일본은 일본의 시각에서 보면 대국(大國)간 관계이며 그러한 대국간 관계에서 아무리 중요한 요인이었다고 하더라도 한국요인이나 한반도 요인을 본격적으로 고려대상으로 삼는 연구는 드물었다. 예컨대 19세기 말의 청일전쟁에 관한 연구나 20세기 초의 러일전쟁에 관한 연구도 실제로는 한반도가 중요한 무대가 되었으며 한국과의 관계가 중요한 의미를 가지고 있었음에도 불구하고 일본의 중국 연구 가운데 한반도 요인을 진지하게 고려하는 본격적인 연구는, 2014년 나카이 요시후미(中居良史)의 연구가 나올 때까지 없었다(中居良史 2014). 물론 근대 중일관계사 영역에서는 당연히 한반도 정세를 고려한 연구들도 있었다. 고전적 연구로 나카쓰카 아키라의 연구(中塚明 1969)가 있다. 또한 최근에 나온 연구로 중국과 한국의 외교문서를 참조한 연구로 오카모토 다카시의 일련의 연구를 참조 바란다(岡本隆司 2004; 2008). 최근에는 젊은 연구자들이 한국외교사의 시각에서 19세기말의 중일관계를 재해석하는 연구를 내놓고 있다(酒井裕美 2016; 森万佑子 2017). 다만 이들 연구는 역사연구라고 할 만한 것들이어서 국제관계(international relations)의 방법론으로 한중일관계를 논하고 있는 것은 아니라고 할 수 있다.

일본의 중국 연구자들에 의한 중일관계 연구에서 왜 한반도가 자리매김을 하지 못했는가. 여기에는 몇 가지 이유가 있다. 먼저 기술적 문제로 언어 문제가 있다. 일본의 중국 연구자들은 중국어는 당연히 구사할 줄 알았지만 한국어까지 구사할 줄 아는 연구자들은 드물었다.[1] 일본의 지역연구는 현지어 구사능력을 중시하는 풍토가 있어서, 두 가지 언어를 동시에 구사하면서 중국과 한국을 동시에 시야에 넣은 연구를 하는 것은 쉽지 않았다.

둘째로는, 위의 이유와도 관계가 있는 것이지만, 일본에서는 연구자들의 경계, 또는 영역 의식이 강하다는 점도 이유로 들 수 있다. 즉 일본에는 다른 나라에 비해 상대적으로 활발한 한국 연구의 축적이 있어왔으며 중국 연구자들이 한국 연구의 영역으로 진출하기를 망설이는 경우가 많았다는 점이다. 미국에서는 에즈라 보겔(Ezra Vogel 1979; 1993; 2011)이나 차머스 존슨(Charlmers Johnson 1962; 1982)과 같이 한중일 3국을 연구대상으로 삼는 동아시아 연구자들이 적지 않았다. 그러나 일본에서는 중국 연구, 한국 연구, 일본 연구의 경계를 넘어 동아시아 국가들을 동시에 연구 대상으로 삼는 연구자가 거의 없었다. 아마도 일본의 중국 연구, 한국 연구는 각각의 분야에서 쉽게 넘을 수 없는 연구 축적이 있기 때문에 서로 경계를 넘나드는 이동이나 교류가 활발히 일어나기

---

1) 그러한 측면에서 예외적인 것이 오카모토 다카시(岡本隆司)다.

어려웠던 것으로 이해된다.

셋째로, 자료의 문제를 들 수 있다. 제2차 세계대전 후 즉 중화인민공화국 시기를 연구대상으로 삼는 중국 연구자들이 전후 중일관계에서 가장 중요한 연구 대상으로 삼은 것은 1972년 중일수교 협상인데, 이와 관련해서 조차 중국의 외교문서는 그다지 공개되지 않았기 때문에 주로 이 문제는 일본외교사 전문가들이 다룰 주제로 간주되어 왔다. 이와 관련해서는 이노우에 마사야(井上正也 2010), 핫토리 류지(服部龍二 2011), 간다 유타카(神田豊隆 2012) 등의 연구들이 있지만, 이들 연구에서 한국, 또는 한반도 문제는 주된 논의로 다루어지지 않는다. 중국의 대한반도 정책과 관련한 자료의 한계를 넘지 못했다고 할 수 있다.

마지막으로, 중일 양자관계에 대한 관심이 한중관계에 대한 관심을 압도하고 있었다는 문제를 들 수 있다. 중국 연구자로서 중일관계에 관심을 가지고 있는 연구자들은 역사문제, 안보문제, 영토문제 등 중국과 일본 사이에 있는 문제에 초점을 맞추는 경우가 거의 대부분이었다. 그만큼 중일간 양자관계에 대해 연구해야 될 문제들이 많아서 중일관계에서 차지하는 한반도 문제의 비중이 상대적으로 크지 않았다. 이 때문인지 일본의 중국 연구자들은 한반도 문제에 대해 그다지 관심을 기울이지 못했다. 물론 일본에서 중국의 외교에 관한 연구는 활발하게 전개되고 있으나 미중, 중소, 중일관계 등 강대국을 상대로 한 중국의 외교에 관한 연구가 거의 대부분이었다. 또한 대국 이외 주변 국가들과의 외교에 관한 연구도 없지 않으나 일본의 중국 연구자들에게 한반도는 특수한 사례로 여겨졌기 때문인지, 마스오 지사코(益尾知佐子 2010) 아오야마루미(青山瑠妙 2013)의 연구에서 부분적으로 언급되고 있는 것을 예외로, 그다지 핵심적 사례로서 다루어지지 않았다. 중국 연구자들의 입장에서는 북중관계나 한중관계에 관한 연구는 한반도 전문가들이 해야 될 문제라고 생각해 왔던 것 같다.

2.2. 일본의 한반도 연구와 한국의 일본 연구, 중국 연구

그렇다면 일본의 한국 연구자 또는 한반도 연구자들은 중국 요인을 왜 고려하기가 어려운가. 이것도 언어상의 문제가 이유로 거론될 수 있으나, 그 뿐은 아닌 것으로 생각된다. 일본의 한국 연구자들은 냉전기의 역사적 사실로서 한국전쟁에 중국인민지원군이 참전했다는 사실과 그로 인해 중국 요인이 한반도 문제에 깊숙이 관여되어 있다는 점을 잘 인식하고 있다. 그런데 중국은 일본과 1972년 수교한 반면 한국과는 1992년에야 수교했으며 1990년대에 이르기까지 한중간에는 비록 경제적 관계가 어느정도 있었다고는 해도 공식적 외교관계는 없었다. 따라서 한국외교에서 중국 요인을 연구하는 시기적 대상은 탈냉전기 1990년대 이후에 한정되기 쉬웠다. 또한 자료의 문제도 있어서, 한국의 외교문서 공개는 30년 원칙에 따라 현재로서는 1980년대 말까지의 외교문서만 공개되어 있을 뿐, 1992년의 한중수교에 관한 일차사료로서 외교문서는 아직까지 공개되지 않은 상황이다. 그러한 한계로 인해 이 시기 연구는 당사자들의 회고록(이상옥 2002; 최호중 2004)에 의존하는 연구가 대부분이었다(金淑賢 2010).

따라서 일본에서의 한중관계에 관한 연구는 현상분석 수준 정도의 연구는 있으나 한일관계 속에서의 중국요인을 본격적인 학문 주제로 다루지는 못했다. 물론 일본에서 한반도 문제 연구자들이 북중관계를 연구하는 경우(平岩俊司 2010)도 있었으나 이것은 어디까지나 북한과 중국과의 양국관계에 한정된 것이었고, 한반도 전체를 대상으로 하는 연구는 드물다. 이와 같이 일본의 한반도 연구자들이 중국요인을 본격적으로 다루기에는 여러 한계가 있었다는 것을 인정해야 할 것이다. 그런데 이것은 한국의 일본 연구자들에게도 해당되는 것이며, 한국의 중국 연구자들 또한 자기 전문적 영역을 넘어서는 한중일 사이에 있는 영역, 또는 한미중일 사이에 있는 영역에 관해서는, 설사 관심이 있었다고 해도 본격적으로 연구주제로 삼지는 못했던 것이 현실이었다. 한국에서 이 주제는 북한연구자의 몫이었다(이종석 2000).

2.3. 한반도의 시각에서 보는 중일관계 연구의 필요성

이상은 연구를 공급하는 측면의 문제지만 거꾸로 연구를 활용하는 수요의 측면에서는 점차 그러한 연구의 필요성이 높아지고 있는 것이 현실이다. 2017년까지 동북아의 긴장을 고조시켰던 북핵 위기, 그리고 향후 동북아의 국제질서에 큰 영향을 미칠 수 있는 미중 양국의 경쟁 구도 내지 대립 관계가 그 사이에 있는 한일양국을 매우 어려운 처지에 직면하게 만들고 있다. 이러한 상황에서 한일양국은 대미동맹을 공유하는 관계에 있으나 대중관계에서는 서로 입장을 달리하고 있는 것처럼 보인다. 일본은 점차 대국화되어 가는 중국에 대해 위협을 느끼고 있으며 그러한 위협에 대항하기 위해 자국의 군사력 증강을 도모하는 한편, 미국과의 동맹관계를 강화시키는 방향으로 나아가고 있다. 헌법해석을 변경하여 집단적 자위권을 행사할 수 있도록 한 것은 중국의 군사적 위협과 북핵에 대응하기 위해 미국과의 동맹관계를 강화시킬 필요가 있다는 인식이었다. 이와 더불어 대중관계에서 일본의 입장을 강화시키기 위해 그 사이에 있는 한국이나 한반도는 중요한 지정학적 위치에 있다는 인식이 일본에서도 어느 정도 공유되고 있다. 그러한 의미에서 일본의 대한정책 또는 한반도정책과 일본의 대중정책 사이에는 매우 중요하면서도 복잡하고 여러 가지 제약과 가능성을 함께 포함한 상관관계가 존재한다.

더구나 일본의 대한정책, 한반도정책과 대중정책은 여론에 민감하다. 이를 전제로 하면 일본의 대 한국 또는 대 한반도 여론의 추이와 그에 상응하여 전개되는 일본의 대중 정책을 포착하는 일은, 중국의 대국화에 따른 중일의 힘의 역전 그리고 한일양국의 힘 관계의 상대적 수평화가 가져오는 동북아의 세력 전이(power shift)에 대한 일본의 시각을 드러내는 데 매우 유용한 작업이라 생각한다.

3. 일본의 대중정책과 한반도정책

3.1. 여론과 정책 사이

외교정책을 뒷받침하는 것이 여론이라는 것은 상식이지만 여론과 정책 사이에는 괴리가 있기 마련이며 특히 일본의 대 한국 또는 한반도 여론과 정책, 그리고 대중여론과 대중정책과의 사이에는 일정 시기까지 괴리가 있었다. 아래 〈그림 1〉에서 확인되듯이 중국과 한국에 대한 일본의 여론을 보면 1978년부터 2000년까지는 중국에 대한 친근감이 한국에 대한 친근감을 웃돌고 있었다는 것을 알 수 있다. 그런데 그 이후에는 일본 국민의 한중 여론이 역전됨으로써 한국에 대한 호감도나 한일관계가 양호하다는 인식이 중국에 대한 호감도나 중일관계가 양호하다는 현상 인식을 웃돌기 시작했다. 그런데 대략 2009년을 정점으로 이와 같은 수치는 급격히 떨어지고 말았으며 현재는 한국에 대한 호감도나 한일관계가 양호하다는 인식이 중국에 대한 그것과 비교할 때, 절정기보다 크게 떨어져서 매우 낮은 수준에 머물고 있다.

〈그림 1〉 중국과 한국에 대한 일본 국민의 친근감과 관계 인식의 추이[2]

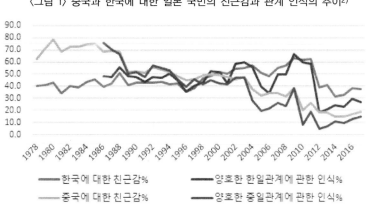

2) 内閣府, 外交に関する世論調査, https://survey.gov-online.go.jp/index-gai.html

3.2. 냉전기 일본의 대한인식과 대한정책: 깊은 정치경제 관계와 얕은 시민사회 간 관계

1980년대 후반까지 한국을 바라보는 일본국민들의 시각은 그다지 호의적인 것은 아니었다. 상대적으로 70년대까지만 해도 한국보다 북한에 대해 호감을 가지는 일본 국민들이 더 많았다. NHK방송 여론조사소의 조사(NHK放送世論調査所編 1975, 184-185)에 따르면 1970년대까지 일본에서 한국에 대해서는 좋아한다는 사람들보다 싫어한다는 사람들이 계속해서 많았다. 예컨대 싫어한다는 사람들이 1960년 조사에 따르면 41%이었다. 그 후 65년 국교정상화 때는 24%까지 내려왔으나 특히 72년 한국의 유신체제 성립 후 한국을 싫어하는 사람들이 늘어났으며 75년 조사에 따르면 북한을 싫어하는 사람들 24%에 비해 한국을 싫어하는 사람들은 26%이었으며 소련을 싫어하는 사람들과 똑같은 수준까지 올라갔다. 1960년대 북한에 관한 수치가 이용가능하지 않았기 때문에 이 시기 일본 국민의 대 한국 여론과 대 북한 여론을 비교하기는 어려움이 따르지만 적어도 70년대, 특히 한국에서 유신체제가 강력히 존재할 때 한국에 대한 일본의 여론은 "한국은 독재국가"라는 나쁜 이미지가 강했으며 그에 비하면 북한은 그다지 나쁘지 않다는 것이었다. 이러한 상황에서, 어디까지나 상대적인 것이기는 하지만, 일본에서는 대 북한 이미지가 대 한국 이미지를 앞서 있었다고 봐도 타당할 것이다.[3]

---

3) 이와 같은 수치는 일본의 시사통신사가 정기적으로 실시했던 시사여론조사에 따른 것이다.

그럼에도 1965년 한일수교 이후 일본의 대한반도정책은 일본의 안전보장을 확보하기 위해 남북대치 상황 하에 있는 한국의 경제발전에 일본이 적극 협력함으로써 한국의 정치적 안정을 확보함과 동시에 북한과의 체제경쟁에서 한국의 우위를 확실히 하는 것을 중시했다. 즉, 여론 차원에서는 한국에 대한 호감도가 그다지 높지 않았음에도 불구하고 정부 간 관계에서는 긴밀한 협력이 이뤄져 왔던 것이다.

3.3. 수교 전 일본의 대중인식과 대중정책: 적대적 중일 정치 관계 속의 적대적이지 않는 대 중국 여론

거꾸로 중국을 바라보는 일본국민들의 시각은 냉전 시기 수교 이전에도 그다지 나쁘지 않았다. 사회주의에 대한 호의적 인식과 중국에 대한 침략의 역사에 대한 죄의식 등 여러 가지 이유들을 들 수 있겠으나, 여론 차원의 대중인식은 나쁘지 않았을 뿐 아니라 오히려 높은 호감도를 보여주었다. 1978년 이후의 일본의 대중여론 동향에 관해서는 〈그림 1〉을 참조 바란다. 그 이전 시기 일본의 대중여론은 중국을 싫어하는 사람들이 1960년대에 30%에서 40% 사이에 존재하고 있었는데, 이는 같은 공산주의 국가인 소련의 경우가 40% 이상이었던 데 비하면 상대적으로 낮은 것이었다. 그러나 60년대 말 문화대혁명 시기 중국을 싫어하는 사람들은 40%대로 올라갔다가 1972년의 중일수교를 계기로 한 자리 수치로 급감했다. 그만큼 일본의 대중여론은 상당히 개선되었다(NHK放送世論調査所編 1975, 184-185).

그럼에도 정부 차원에서는 1972년까지 일본은 타이완에 있는 중화민국을 유일하게 정통성이 있고 중국 전체를 대표하는 정부로 간주했으며, 중국대륙에 있으면서 공산당이 통치하는 중화인민공화국과는 국교를 맺지 않았다. 이와 같이 여론 차원에서는 나쁘지 않은 대 중국관이 존재하고 있었음에도 불구하고 정부 차원에서는 일본 정부는 중국을 적대시하고 있었던 것이다.

물론 일본의 중화인민공화국 적대시 정책은 동맹국 미국의 의향을 의식한 것이었고, 일본으로서는 가능하면 중국과의 경제적 관계를 발전시켜 일본의 경제발전에 유리하도록 이용하려고 노력했다. 실제로 50년대부터 정경분리 원칙에 따라 일본은 중국과의 무역관계를 꾸준히 구축해 나갔으며 60년대부터는 타이베이의 중화민국과 베이징의 중화인민공화국을 동시에 상대하여 수교하려는 '두 개의 중국' 정책을 모색하기도 했다. 그러나 이와 같은 정책은 어디까지나 중화인민공화국을 인정하지 않으려고 하는 미국의 반대와 '두 개의 중국'을 절대로 인정하지 않으려는 중화인민공화국의 거부로 인해 실현되지 못했다(平川幸子 2012).

3.4. 탈냉전기 대한인식과 대한정책: 수평화되는 한일관계와 일본의 대한 인식

냉전 시기, 권위주의 정권 하 한국에 대한 일본 국민의 호감도는 그다지 높지 않았으며, 안정적이지 못했으나 한국의 경제발전과 민주화에 따른 남북 체제경쟁에서의 승리로 인해 상대적으로 높아졌다. 나아가 그때까지 정치(안보)와 경제면에 한정되어 있었던 한일관계가 사회 문화 차원에서 활발한 교류가 진행되면서 한일관계는 두터운 층을 가지는 관계로 거듭나게 되었다(木宮正史 2015). 특히 한류 열풍이 2000년대 초부터 폭발적으로 전개되었고, 최근에 다시 젊은 세대가 이에 가세하면서 그러한 관계변화는 뚜렷한 현상이 되었다.

이와 같이 냉전기 한일관계는 정부 간 관계나 경제 관계가 두터운 반면 시민사회 간 관계가 상대적으로 빈약한 것이었으나, 냉전종식에 따라 한일 시민사회 간에 활발한 교류가 일어나고 한국의 경제발전과 민주화에 따라 한일 간에 대등하고 균질적인 입장에서 두텁고 다층적인 관계가 구축되면서 정부간 한일관계의 실태와 시민사회간 교류 양상의 격차는 크게 줄어들었다고 볼 수 있다. 다만 이는 한일관계가 안정적으로 양호한 것을 의미하는 것이지 한국에 대한 일본 국민의 호감도가 안정적으로 높다는 것을 의미하는 것은 아니다. 오히려 한국에 대한 일본 국민 여론의 호감도는 한일관계의 추세에 비례하여 변동하기 쉬워졌다고 봐야 할 것이다.

양국 정부의 상대국에 대한 정책의 측면에서도 변화가 나타났다. 양국의 정책 우선 순위에서 다른 어떠한 정책 보다 중시되어 왔던 냉전 전략으로서의 한일협력 필요성이 감소함에 따라, 한일관계는 협력하면서도 갈등하는 관계로 바뀌었다. 이와 같이 일본의 대한정책 면에서는 협력보다는 갈등이 전면화되는 상황도 있어서 한일관계가 항상 양호했다고 보기는 어렵지만, 탈냉전 시기 한일관계의 실태와 한국에 대한 일본 국민의 호감도는 과거에 비해 상대적으로 정비례 관계로 변화되었다고 할 수 있다.

3.5. 수교 이후의 대중 인식과 대중 정책

그렇다면 중일 정부 간 관계와 일본인의 대중 호감도와의 관계는 어떻게 변했는가? 1972년 중일수교 이후 70년대와 80년대에는 중일 정부간 관계는 공동성명을 통해 국교를 정상화하고 평화조약을 체결했으며, 엔 차관 공여 등으로 중국의 '근대화, 현대화'에 일본이 적극적으로 협력한다는 방침 아래 비교적 양호하게 전개했다. 안보 면에서도 80년대 초 일본에서는 '소련 위협론'이 한때 크게 유행했는데 소련에 대항하기 위해서라도 중국과의 협력이 더 중요하다는 인식이 공유되었다. 또한 일본의 대중 여론도 그 이전 시기부터 상대적으로 높았던 호감도가 여전히 유지되었다. 따라서 1970년대 이래 중일관계는 정부 간 관계가 양호했으며, 일본 국민들의 대중 호감도도 비교적 높아서, 정부 간 관계와 국민 여론 사이에 큰 괴리가 보이지 않았다.

그런데 냉전이 종식되고 1990년대에 들어서면서 중국의 대국화가 기정사실로 받아들여짐에 따라 일본의 대중관계 인식에 변화가 나타나기 시작했다, 특히 2010년에 GDP에 따른 국가 경제력에서 중국이 일본을 능가하여 미국에 이은 세계 제2위의 경제대국이 됨으로써, 일본은 한편으로는 중국의 대국화에 따른 이익, 예컨대 중국과의 교류를 통한 경제적 이익을 획득하면서도 다른 한편 미일동맹을 강화시켜 중국의 대국화를 견제한다는 방침을 선택하게 되었다.

　물론 일본에서도 미국 일변도가 아니라 중국에 보다 더 적극적으로 접근해야 한다는 주장과 움직임이 없었던 것은 아니다. 2009년 성립되었던 민주당 하토야마 정부가 제시했던 '동아시아공동체 구상'이 이와 같은 시도였다(鳩山由紀夫 外 2015). 그러나 그러한 시도는 '센카쿠 열도'(중국명 댜오위다오) 영유권 문제를 둘러싸고 중국이 공세적 정책을 취하면서 난관에 봉착했다. 이후 일본에서는 대미관계와 대중관계의 균형을 잡으려는 정책보다 중국을 견제하기 위해 미일동맹관계를 강화시키는 정책이 선호되기 시작했다고 봐야 할 것이다(川島真 2015). 이는 일본 정부와 국민이 중국과의 과거를 깨끗이 청산했다는 자신감을 갖지 못하는 상황에서 중국의 힘이 일본을 능가하고 있다는 사실로 인해 중국을 극도로 무서워하는 심리를 일본 사회가 공유했던 배경 때문이라고 할 수 있다.

　또한 시민사회 차원에서도 1989년의 천안문 사건을 계기로 중국에 대해 체제가치관을 달리하는 국가라는 인식이 강하게 정착되면서 대중 이미지도 점차 나빠지는 현상이 일어났다. 그리고 일본과 중국의 위상이 일본 우위로부터 중국 우위로 바뀌고, 이러한 세력전이와 맞물리면서 중일간에 역사문제와 영토문제를 둘러싼 대립과 갈등이 심각해짐으로써 일본에서는 중국이 힘의 우위를 이용해 현상을 변경하려고 한다는 위기의식을 강하게 가지게 되었다. 이에 따라 일본의 시민사회 차원에서 대중 이미지는 점차 악화되었다.

　이와 같이 한국과의 관계에서도 중국과의 관계에서도 냉전기의 특징이었던 여론과 정책과의 괴리, 다시 말하면 시민사회에서의 상대국에 대한 여론과 정부간 관계의 실체와의 괴리는 탈냉전기에 들어서서 줄어들었다고 볼 수 있다. 이것은 냉전기에는 전후 일본을 거의 대부분 통치해 온 담당자가 보수 자민당이었다는 데 반해 이러한 보수 세력을 견제할 만한 혁신세력이 사회당이나 공산당을 중심으로 만만치 않는 존재감을 가지고 있었던 것과도 상관이 있다고 생각된다. 그런데 탈냉전과 함께, 즉 국제적 냉전체제가 끝남으로써 일본 국내 냉전체제도 동시에 끝나게 된 것이 이러한 변화의 배경이 되었다. 따라서 대중정책이나 대한정책과 관련해 정부의 정책에 대안을 제시하고 견제할 수 있는 정치세력이 매우 약해졌다는 점에 주목할 필요가 있다. 아래 〈표 1〉이 이러한 다이너미즘을 보여 준다.

〈표 1〉 연대별 한국 및 중국에 대한 여론과 양자관계의 실체의 추이

	1950년대	1960년대	1970년대	1980년대	1990년대	2000년대	2010년대
한일관계	갈등	협력	협력 속의 갈등	협력	협력과 갈등	협력으로부터 갈등으로	갈등으로부터 협력으로?
일본의 대한 여론	나쁨	나쁨	나쁨	나쁨→좋음	좋음	좋음	나쁨
일본의 대중 여론	나쁨 좋음	나쁨 좋음	좋음	좋음→나쁨	나쁨→좋음	나쁨	나쁨
중일관계	대립	대립	협력	협력	협력	협력	대립

필자 작성.

3.6. 한일관계와 중일관계

냉전 시기, 특히 동북아의 냉전이 확고하게 정착되었을 때는 1965년까지 한일 양국 간에 국교가 없었던 시기까지 포함해 한국과 일본은 똑같

이 반공 자유주의 진영에 속했으며 중국은 공산주의 진영에 속했기 때문에 3자 관계는 상대적으로 단순했었다. 즉 [(한국·일본) 대 중국]이라는 도식이었다. 물론 한일수교 전, 특히 이승만 정부 때 한일관계는 이승만 라인(평화선) '침범' 어선에 대한 선원 억류 문제에서 나타났던 바와 같이, 매우 적대적이었던 것도 사실이었으며 [(한국·일본) 대 중국]이라는 단순한 도식에 따라 볼 수 없는 부분이 있었다는 점을 유의해야 한다.

그런데 1970년대에 들어 미중화해와 중일수교에 따라 중국을 둘러싼 국제관계가 크게 변했다. 그뿐 아니라 동북아 국제관계에서 중국이 지니는 비중이 커지게 되었다. 나아가 한국과 중국이 1992년에 수교함에 따라 냉전 시기 동북아 국제질서의 기본 구도인 [(한국 · 일본) 대 중국]이라는 도식은 크게 변화했다. 그렇다고 해서 이 구도가 [(한국 · 중국) 대 일본] 또는 [(일본 · 중국) 대 한국]이라는 구도로 급변했다고는 볼 수 없으며 쟁점에 따라 그러한 도식이 달라지는 것이 현실이다. 예컨대 한국과 중국은 일본의 지배를 당하거나 침략을 받았다는 경험을 공유하기 때문에 일본을 둘러싼 역사인식 문제에 관해서는 [(한국 · 중국) 대 일본]이라는 도식이 성립되기 쉽지만, 냉전 시기부터 계속해서 미국과의 동맹관계를 공유하는 한국과 일본은 미중관계의 추이나 북한을 둘러싼 상황에 따라 안보적 이익을 공유하고 있어서 [(한국 · 일본) 대 중국]이라는 전통적 도식이 여전히 유효하기도 하다. 이와 같이 탈냉전기의 한중일 3국 관계는 쟁점에 따라 그 관계가 달리지는 복잡한 양상을 띠게 되었다.

이와 같은 인식은 일본뿐 아니라 한국과 중국도 공유하고 있다고 생각된다. 한국은 사안에 따라서는 중국에 접근하는 측면이 있는가 하면 한미일의 틀 속에서 일본과 대중인식을 공유하는 경우도 있다. 중국도 물론 일본을 견제하기 위해 한중관계를 중시하는 경우도 있는가 하면 똑같은 대국으로서 일본과의 '대국간 관계'를 우선함으로써 한중관계를 등한시하는 경우도 있다.

이와 같이 현재 한중일 관계는 고정적으로 자리 잡고 있다기보다는 서로의 정책선택에 따라서 또는 역외 세력인 미국의 정책 선택에 따라서 유동적으로 전개될 가능성이 크다. 이는 역설적으로 한중, 중일, 한일의 양자 간 관계에서 이루어지는 정책 선택이 다른 양자관계에 얼마나 중요한지를 드러내 보여주고 있다고 할 수 있다. 최근 일본에서는 특히 역사문제에 관해 일본에 비판적인 중국과 한국을 하나로 묶어서 대한정책과 대중정책을 구별하지 않고 강경책을 선택해야 한다는 극단적인 주장까지 나오고 있다. 그러나 이와 같은 [(한국·중국) 대 일본]이라는 도식은 한중일 관계의 여러 조합 가운데 일부분에 불과한 것이며, 일본이 취하는 대한정책과 대중정책과의 상호관련성에 대해서는 보다 더 세밀한 분석이 필요하다.

4. 한국의 대중정책과 일본의 대중정책의 비교

4.1. 한국의 대중정책의 전개와 현주소

1970년대의 한중일 관계는 중일관계가 국교정상화를 이루면서 급속히 개선되는 이면에 한중관계는 미수교 상태에 머물러 있어서 중일관계와 한중관계가 불균형하게 전개되는 특징을 보였다. 중국과 일본은 1972년 미중화해를 계기로 국교정상화를 이룬 이후 경제적 관계를 중심으로 급속도로 관계개선이 전개되었다. 이에 비해 한국과 중국과의 관계는 적어도 가시적으로는 거의 전무한 상태였다. 그렇다고 해도 한국과 중국이 적대적 관계에만 있었다고는 볼 수 없다. 한국의 박정희 정부는 70년대에 들어, 특히 실질적으로 '두 개의 한국' 정책을 제시했던 1973년의 6·23선언 이후, 중국과의 관계개선에 대해 알려졌던 것보다 적극적이었다. 박정희 대통령은 한반도에 대한 일본의 관여를 경계하는 중국에 대해 접근하려는 시도를 보인 적이 있었다. 한국은 한반도 정세에 대해 제2차 세계대전 이전과 같은 일본의 관여를 허용하지 않을 것이며, 한국이 중국에 대해 적대적이지 않다는 것을 미국을 통해 중국 측에 전달하려고 움직이기도 했다. 다만 중국으로 하여금 북한과의 관계를 희생해서라도 한국과의 관계개선에 나오게 만들기 위해서는 한국과의 관계개선에 대해 더 큰 매력을 느끼게 만들 필요가 있었지만, 70년대의 한국은 중국에 대해 이러한 외교를 수행할 정도로 나가지는 못했던 것이다(木宮正史 2011, 4-16).

한편 1960년대 이후 이어지는 중소대립의 와중에서 중국은 북한이 소련에 더 가까이 접근하지 않게 하기 위해 북한과의 관계를 적당히 관리할 필요가 있었다. 만일 중국이 한국과의 관계개선을 적극적으로 시도하면 북한이 소련에 더 한층 접근함으로써 중국의 입장을 어렵게 만들 수 있었을 것이다.

이와 같은 것은 중국뿐만 소련도 마찬가지였다. 실제로 한국은 중국뿐만 아니라 소련과의 관계개선도 본격적으로 시도했다. 한국은 처음에는 특히 경제적 관계를 중심으로 동유럽 공산권 국가들과 관계개선을 시도했었다. 특히 소련과의 관계가 상대적으로 멀어 독자적 외교를 시도하고 있었던 유고슬라비아나 루마니아와 같은 국가들과 관계개선을 시도했다. 그런데 이와 같은 국가들은 오히려 다른 동유럽 국가들에 비해 북한과의 관계가 더 친밀했기 때문에 한국 입장에서는 관계 개선을 이루기는 더 어려웠다. 결국 관계개선이 보다 쉽다고 전망되었던 다른 동유럽 국가들과의 관계개선에 착수했는데 이들 국가들은 소련의 눈치를 봐야 했기 때문에 한국 입장에서는 아무래도 소련과의 관계개선을 본격적으로 고려할 필요가 있었다. 그런데 소련도 중국과 마찬가지로 중소대립 속에서 북한으로 하여금 중국에 더 가까이 접근하지 못하도록 만들기 위해 북소관계를 적당히 관리할 필요가 있었다. 따라서 소련이 북한과의 관계를 희생해서라도 한국과의 관계개선에 매진할 동기는 너무나 약했다.

이와 같이 한국은 1970년대 중국, 소련 등 사회주의 국가와 관계개선을 시도했으나 중소대립과 같은 사회주의 진영 내부의 균열 때문에 역설적으로 북한의 존재감이 높아졌으며 따라서 한국의 대 공산권 외교는 기대했던 성과를 거두지 못했다. 그뿐 아니라 한국으로서는 적어도 70년대에는 중국의 존재 자체가 한국 외교에 걸림돌을 제공하는 측면도 있었다. 1970년 중국의 저우언라이(周恩來) 총리가 '저우언라이 4원칙'[4]

---

4) '저우언라이 4원칙'은 1970년 4월 19일 일중각서무역 협상을 위해 방중한 마쓰무라 겐조(松村謙三)에 대해 중국이 제시한 네 가지 원칙으로서, 중국은

을 천명함에 따라 중국과 경제 관계를 가지려는 기업에 대해 대만이나 한국과 같은 반공국가들과의 관계를 단절하도록 요구하고 있었기 때문 이다.

그러나 1980년대에 들어 한국이 북방외교를 전개하면서 대 공산권 외교가 성과를 거두기 시작함에 따라 한국과 동유럽 국가들과의 관계, 한소관계, 그리고 한중관계가 경제관계나 체육 교류 등 비정치적 분야 를 중심으로 활발하게 전개되기 시작했다. 더 나아가 냉전종식 직후 북 한의 반대에도 불구하고 90년에는 한소수교가, 이어서 1992년에는 드디 어 한중수교가 이루어짐에 따라 경제관계뿐 아니라 정치적 관계도 한국 과 중국과의 관계가 시작되었다. 처음에는 이와 같은 한중관계는 중국 과의 경제관계에 대한 한국의 막연한 기대가 앞서는 것이었으나, 점차 한중관계는 실체가 뒤따르는 관계로 발전되었다. 이후, 한국 무역이나 한국 경제에서 중국이 차지하는 비중은 점차 높아져서 2017년 말 현재 대중 무역량은 대일 무역량과 대미 무역량의 합계 보다 많았으며 전체 의 4분의 1을 넘는 수준에 이르렀다.[5]

다음의 조건에 해당하는 기업들과는 거래하지 않겠다는 입장을 밝혔다. 1. 중화민국 내지 한국을 원조하는 기업. 2. 중화민국 내지 한국에 투자하는 기업. 3. 미국의 베트남전쟁 정책을 원조하는 목적으로 무기와 탄약 등의 군사물 자를 공급하는 기업. 4. 미국기업의 하청기업 내지 합변기업 등이다. 이에 따라 당시 한국으로의 진출을 계획했던 도요타 자동차는 중국과의 관계를 우 선함으로써 한국으로의 진출을 단념했다. '저우언라이 4원칙'이 한일관계에 미친 영향에 관해서는 다음의 책을 참조 바란다. Chang, Dal-Joong, *Economic Control and Political Authoritarianism: The Role of Japanese Corporations in Korean Politics, 1965-1979*, Sogang University Press, 1985.
5) 한국의 대중무역에 관해서는 한국 정부 통계청의 국제수지통계에 따른 것이다. 다음의 웹 사이트를 참조 바란다. http://kosis.kr/statisticsList/statisticsListIndex.

일본도 대 중국 무역의 비중이 전체의 약 4분의 1을 차지하고 있어서 한국과 비슷한 상황이지만, 한국은 중국에 대한 수출에 의존하는데 비해 일본은 수출의존도 보다 수입의존도가 더 높다는 차이가 있다.6) 다시 말하면 한국에게 중국은 경제발전을 위한 원동력을 제공해주는 시장이라는 측면에서 결정적인 의미를 지니는 무역 상대국인 반면 일본에게 중국은 식량이나 원자재를 제공해 주는 국가라는 점에서 상대적으로 대체가능한 측면을 가지고 있다. 수치로 볼 때 한일양국에서 중국이 차지하는 양적 비중은 비슷하지만 그 질적 내용을 보면 한국의 대중 의존도가 더 높은 상황이다.

한편 1990년대 이후에는 동북아에서 북핵 위기가 심각한 문제로 대두되었다. 한국과의 체제경쟁에서 패배에 몰린 북한이 체제의 생존을 걸고 핵무기 보유에 집착했으며 나아가서는 미국을 사정거리 안에 두는 대륙간 탄도 미사일 보유를 통해 핵 억지력을 가지는 것을 지상목표로 삼은 것이다. 따라서 한반도를 둘러싼 국제관계는 냉전기와는 다르면서도 안정적으로 탈냉전 질서를 구축해 나가기도 어려운 상황에 직면하게 되었다. 이와 같이 북핵 위기에 직면해서 그 위협을 가장 크게 느끼는 것은 한국과 일본이다. 북한은 자신의 핵과 미사일 개발이 미국에 대한 억지력으로 추진되는 것이며 따라서 핵문제는 북미간의 문제라고 주장하고 있으나, 한국과 일본에는 미군기지가 주둔해 있는 상황에서 이들 기

---

do?menuId=M_01_01&vwcd=MT_ZTITLE&parmTabId=M_01_01#SelectStatsBoxDiv
6) 일본의 무역통계에 관해서는 일본정부 재무성 무역통계를 참조 바란다.
http://www.customs.go.jp/toukei/suii/html/data/y3.pdf

지가 북한 핵의 직접적 대상이 될 수 있기 때문에 이러한 북한의 주장을 말 그대로 받아들이기가 어렵다.

이러한 상황에서 북한의 핵개발을 막아내기 위해서 가장 중요한 역할을 담당할 것으로 기대되는 것이 중국이다. 중국은 북한 무역의 9할 이상을 차지하는 압도적 무역상대국이라는 점에서[7] 한국과 일본은 중국이 북한에 발휘할 수 있는 영향력에 기대하게 되었다. 그러한 측면에서는 북핵 위기에 대한 위협인식이나 대응에 관해서는 기본적으로는 한국과 일본이 공통의 이해를 가지고 있으며 중국에 대해 북핵 위기 해소를 위해 적극적인 역할을 수행해 줄 것을 요구한다는 점에서도 공통의 이해를 가지고 있다. 그러한 측면에서는 북핵 위기로 인해 한국과 일본이 대 중국 외교에서 공조할 수 있을 것이라는 낙관적인 기대도 있었다.

그러나 대중 자세에서 한일 간에 괴리가 있는 게 현실이다. 이것은 중국과의 지정학적 거리차에 기인하는 것이다. 한국은 미국과의 동맹관계를 강화시키면서도 한중관계도 좋은 관계를 유지함으로써 중국의 대북정책을 한국의 의도와 일치하도록 만들려고 노력해 왔다. 이와 같은 전략은 미국정부가 요구하고 중국정부가 경계했던 사드(THAAD: Terminal High Altitude Area Defense) 배치에 대해 박근혜 정부가 초기에 중국의 대북 영향력에 기대하면서 소극적인 자세를 보였던 데에서 잘 나타나고 있다. 한국 정부는 북한의 행동을 바꾸기 위해 가장 영향력을 가지고 있

---

7) 북한의 무역통계에 관해서는 한국 정부 통계청의 북한 통계를 참조 바란다. http://kosis.kr/statisticsList/statisticsListIndex.do?menuId=M_02_02&vwcd=MT_BUKHAN&parmTabId=M_02_02#SelectStatsBoxDiv

는 나라가 미국과 중국이라는 인식을 가지고 있다. 그런데 북한과 미국과의 직접대화는 북한이 가장 바라는 것이지만 이는 한국을 소외시킬 수도 있기 때문에 한국으로서는 신중해야 했다. 그에 비하면 미국 대신에 중국이 영향력을 행사하면서 북중대화를 통해 북핵 문제가 풀린다면 한국으로서는 크게 문제가 될 것이 없기 때문에 북미대화보다는 바람직하다는 인식을 가지고 있었다(Park 2011).

한국은 1990년대 이후 체제경쟁에서의 승리를 바탕으로 한국 주도의 통일 가능성을 구상하고 있었다. 그런데 북한은 이에 대항하기 위해서 핵미사일 개발을 본격화시킴으로써 한반도에서의 질서 구도를 통일의 주도권을 둘러싼 남북관계로부터 핵미사일 문제를 둘러싼 북미관계로 바꾸는 데 성공했다(Wit, Poneman and Gallucci 2005). 그로 인해 한국은 주도권을 뺏기는 결과가 되었다. 이러한 상황에서 한국은 북한에 대해 직접적 영향력을 가지고 있다고 생각되는 중국과 양호한 관계를 구축함으로써 이를 바탕으로 북한으로부터 주도권을 탈환하려고 했다. 대중관계는 이와 같이 대북정책과의 관련 속에서 매우 중요한 양자관계의 위치를 차지하고 있었다.

이러한 계산 하에 박근혜 정부는 출범 초기부터 대중외교에 주력하면서, 드디어는 2015년 9월 항일전쟁 승리 70주년 열병식에 박근혜 대통령이 직접 참석하는 데까지 나아갔다. 이 열병식에는 미일 양국을 포함한 서방국가들이 정상급 지도자를 보내지 않았던 만큼 박근혜 대통령의 참석은 세계적으로 큰 주목을 받았다. 박근혜 정부는 냉각되어 있었던 한일관계를 고려하면서 정체되어 있던 한중일 정상회담이 열리도록 중

국을 설득하겠다는 명분을 내세워, 박근혜 대통령의 참석에 부정적이던 오바마 정부를 설득했다고 한다.[8]

그러나 박근혜 정부는 그러한 중국 중시 정책을 지속하지 못했다. 무엇보다도 북한의 핵 미사일 개발 움직임에 대한 중국의 미온적 태도에 대해 한국이 실망한 것을 이유로 들 수 있다. 한국은 2016년 1월 북한이 제4차 핵실험을 감행하는 결과를 두고 더 이상 중국의 대북 영향력에 기대하기 어렵다고 판단한 것 같다. 이후 박근혜 정부는 THAAD 배치를 받아들여 한미동맹을 강화시켜 대북압박을 강화시키는 것이 필요하다고 인식하게 되었다. 이후 박근혜 대통령이 탄핵당하고 대통령 선거가 실시되는 과정에서 문재인 후보는 THAAD 배치를 비판했으나 대통령이 되어서는 한미동맹의 중요성을 강조하면서 THAAD 배치를 기정사실로서 받아들이게 되었다. 이와 같은 한국 정부의 선택이 중국을 자극하여 중국은 한국에 대해 실질적 경제 제재를 가하게 되었다. 그 결과 한국 정부는 미중관계가 경쟁관계로 전개되는 가운데 대단히 어려운 처지에 직면하게 되었다.

4.2. 일본의 대중정책과 '한국의 중국경사론'

일본의 대중정책에 전개에 관해서는 앞에서 논했기 때문에 여기서

---

8) 이 문제뿐만 아니라 한국은 중국 주도로 창설되었던 아시아 인프라투자은행 (AIIB: Asian Infrastructure Investment Bank)에 미국이나 일본이 불참하는 가운데 창설멤버로 참가했는데, 이 사실에서도 중국에 대한 배려가 한미관계나 한일관계보다 우선시되고 있었다는 것이 확인된다.

는 중일관계의 현주소만 언급하기로 한다. 일본 아베 정부의 대중 인식과 정책은 한국 정부의 그것과는 거리가 멀었다. 중국을 위협보다 기회로 삼고 있는 한국과는 달리 아베 내각의 일본은 중국과의 사이에 영토문제가 있는 가운데 중국이 일본을 자극하는 자세를 취하고 있다고 인식하고 그러한 중국을 견제하기 위해서라도 미국과의 동맹관계를 굳건히 구축해 나가는 것을 최우선하는 전략을 구상하고 있었다. 나아가 중장기적인 추세로 볼 때, 2000년대까지 아시아에서 유일한 선진자본주의 민주주의 국가로서 독보적 지위를 유지해 온 일본이 중국의 대국화에 따라 전통적인 지위를 뺏기고 있다는 초조감이 일본 국내에서 점차 강해지고 있었다. 나아가 그러한 중국을 일본이 1세기 전에 몇십 년에 걸쳐 침략한 역사가 있고 그러한 역사가 완전히 청산되었다는 자신감을 갖지 못하는 상태에서, 일본으로서는 중국의 대두가 불안할 수밖에 없었을 것이다.

따라서 미중관계가 극단적으로 악화되는 것은 일본으로서도 주변의 안보 환경이 나빠진다는 의미에서 곤란한 것이지만, 어느 정도까지는 미중관계가 긴장되는 것이 일본에게 유리하다고 보고 있는 것 같다. 미중관계가 긴장될 때 미국은 미일동맹을 중시할 것이며, 그 안에서 일본이 수행하는 역할도 커질 것이라고 보기 때문이다. 같은 의미에서 일본은 북핵문제에 관해 미중 양국이 적극적으로 협력해서 미중관계가 양호해지는 것은 그다지 바람직하지 않다고 보는 것 같다.

물론 일본도 북핵 문제는 심각하고 이것을 해결하기 위해서는 중국의 협력이 필요하다고 본다. 다만 일본은 이것이 미중협력 관계를 통해 이루어지는 것이 아니라 미국의 요구를 중국이 마지못해 받아들이는 모습으로 이루어지는 것이 바람직하다고 생각한다. 다시 말하면 아무리 북핵 문제가 중요하다고 해도 그것을 해결하기 위해 미중이 협력하는 모양이 만들어지는 것은 일본으로서는 바람직하지 않다고 보는 것이다. 또한 북핵문제는 일본 특히 아베 정부가 선거 때마다 위기를 강조하는 것으로 선거결과를 유리하게 만들 수 있는 주제였으며, 집단적 자위권 행사를 용인하는 헌법해석 변경을 가능하게 해 주었다. 그러한 측면에서 북핵 문제는 아베 정부에게 위기이면서도 정치적으로 이용 가치가 있는 중요한 기회였다.

이와 같이 구조적으로 복잡한 문제를 한중일 관계가 안고 있기 때문에 한중일은 2대 1의 3자 구도 속에서 1이 되어 고립되는 것을 회피하려는 행동을 선택한다. 그런데 이것이 어렵다고 판단되면, 특히 일본의 경우는 한국과 중국을 하나로 묶어서 대응하는 것도 진지하게 고려한다. 박근혜 정부 초기 한국 정부가 중국의 대북영향력 행사에 기대를 걸고 한중관계를 긴밀화하고 있던 2013년부터 2015년까지, 특히 2015년 9월 중국의 항일전쟁승리 70주년 기념 군사 열병식에 북한이나 러시아 말고 구 서방의 정상으로서 유일하게 박근혜 대통령이 참석했을 때, 이러한 모습이 확인되었다.

이 시기 일본에서는 '한국의 중국 경사론'이라는 한국 비판이 크게 제기되었다. 나아가 일본은 미국에게 이와 같은 도식을 심어주려고 노력했다. 이를 전후해서 한국은 일본과의 역사문제에 관해 미국이 한국의 편을 들도록 로비활동을 열심히 시도하고 있었는데(Calder 2014), 한국경사론을 내 건 대미 설득은 이에 대한 대응 또는 '보복'의 측면도 있었을 것이다. 한국은 중일 사이의 줄다리기를 염두에 두면서 어느 한쪽 편에 서는데 대해 신중했으나, 한국 입장에서는 대중관계를 대일관계보다 우선할 수밖에 없는 상황이 있었기 때문에, 일본에서 보면 한국이 '중국에 경사하고 있다'고 보일 수밖에 없었던 것이다. 심지어 일본은 한국의 '중국 경사'를 미국에 호소함으로써 한국의 정권교체에 따른 한미일 협력의 한계를 미국에게 심어주려고 시도했던 것으로 보인다(중앙일보 2015.11.4).

한편 일본이 주장하는 '한국의 중국 경사'는 동북아 질서의 기본 구도가 결국에는 [(미·일) 대 (한·중)]이라는 도식이 될 수밖에 없다고 보는 일본이 이를 저지하기 위해 구사하는 전략의 측면을 갖고 있다고도 생각된다. 일본으로서는 불안정한 중일관계를 고려하면 한국이 중국에 접근하는 것이 결코 바람직하지 않을 것이다. 그런 면에서 일본이 일부러 한국을 중국 편에 몰아가지는 않을 것이라는 전망도 가능하다. 다만 그럼에도 불구하고 한국을 일본이 바라는 방향으로 이끌어내지 못했을 때, 또는 한국을 일본 편에 끌어들이기 위해 한국에 양보해야 할 상한선이 일본의 인내 한도를 넘을 때, 일본 정부나 일본의 시민사회는 "원래 한국은 중국에 경사하는 존재"라고 보며 한국을 포기하고, [(한국·중국) 대 일본]이라는 2대 1의 도식을 수용하고 자기합리화를 시도할 수도 있다.

어쨌거나 일본의 입장에서 대한정책과 대중정책은 냉전 전성기에는 양립이 불가능한 관계였으나 70년대 데탕트기에 들어서서 양립 가능한 관계로 변하기 시작했으며, 탈냉전기에는 양호한 한일관계와 양호한

중일관계가 양립되어야 할 문제로 인식되기 시작했다. 그런데 2000년대에 들어 중국의 대국화로 인해 그러한 중국의 대국화를 어떻게 인식하느냐, 즉 기회로 삼느냐 또는 위협으로 받아들이느냐 하는 괴리가 한일 양국 사이에서 보이기 시작했다. 한일양국 사이에는 북핵 문제 해결을 위해 미중관계가 협력하는 것이 바람직하다는 공통의 인식이 존재함에도, 미중관계 속에 자기들의 위상을 어떻게 확보할 것인지 고민하는 가운데 중국에 대한 한일의 입장과 정책이 서로 다르게 나타나고 있다고 할 수 있다.

4.3. 미중관계 속의 일본의 대중정책

이와 같이 보면 한일관계 속에서 중국요인이 차지하는 비중은 점점 더 커질 수밖에 없다. 이는 중국 요인 그 자체보다 미중관계라는 측면이 강조되는 현실에 따른 것이다. 이러한 상황에서 일본이 중국의 대국화를 주어진 조건으로 받아들이면 일본 단독으로 중국과 경쟁하는 것은 거의 불가능한 상황이다. 물론 일본은 중국과 양호한 관계를 유지함으로써 미일관계와 중일관계를 양립시킬 가능성도 없는 것은 아니다. 그렇지만 중국의 입장에서 보면 역사문제가 엄연히 존재하고 일본은 이를 부담으로 느끼는 상황에서, 특히 중국이 중일전쟁으로 인한 피해에 대한 보상이나 배상을 얻어내지 못했다고 여기는 현실에서, 이미 이에 대해서 크게 부담을 느끼는 일본은 '센카쿠 열도'(중국명 댜오위다오) 문제라는 영토문제를 안고 있어서 긴장하지 않을 수 없다. 따라서 동북아 국제관계 속에서 주도권을 중국에게 뺏기지 않을까 우려를 가지고 있는 일본으로서는 미중관계가 긴장을 유지하는 것을 전제로 미국과의 동맹관계를 강화시킴으로써 미국과 협력해 중국의 대국화에 대응하려고 하는 것이다.

다만 일본으로서는 [(미·일) 대 중국]이라는 도식을 고정화시키지 않고 중일관계를 관리하고 발전시키는 전략도 선택 가능하다고 생각된다. 그러나 이를 위해서는 중국의 행동이 중요한 조건이 될 수 있을 것이다. 중국이 일본과의 사이에 존재하는 여러 문제들에 관해 현재 중일 양국의 힘의 관계를 반영해 조금 더 대국다운 관대한 자세를 보여준다면 일본도 중국과의 관계를 필요 이상으로 악화시키지 않고 중국을 동북아 평화와 번영의 파트너로 간주하는 전략도 취할 수 있을 것으로 생각된다.

그러나 실제로는 중국은 대국다운 관대한 자세를 보여주기 보다는 중일 양국의 힘의 역전이라는 새로운 현실을 활용하여 일본에 대해 힘의 우위를 과시하는 모습을 보여주려는 것 같다. 이에 대한 일본 시민사회의 대응은 상황을 더욱 악화시키고 있다. 일본 시민사회에서 확산되고 깊어지고 있는 역사수정주의가 문제다. 즉 일본에서는 중국에 대한 과거의 침략 행위에 대해 반성하기보다는, 이를 불가피한 선택이었다며 변명하고 합리화하는 태도가 시민사회에 침투하고 있다. 이러한 태도가 다시 중국의 대일 인식을 악화시키고 강경한 대일 정책을 불러오는 악순환을 부르고 있다.

5. 한일관계의 한계와 가능성

그러한 구도 속에서 일본에서 한때는 미국과의 동맹관계를 공유하는 한국과의 사이에서 협력을 강화시킴으로써 [(한·미·일) 대 중국]이라는 구도를 만들려고 시도했다. 군사동맹까지는 아니더라도 한일 안보협력의 강화를 매개로 미일동맹과 한미동맹의 결합을 시도했던 것이다. 그런데 그에 대한 한국 정부나 시민사회의 반응은 그다지 적극적이지 않았다. 한국에서는 미국과의 동맹이 안보의 기축이라는 인식을 일본과 공유할 수는 있었어도 일본과의 직접적인 안보협력에 대해서는 저항이 강했기 때문이다. 그 이유로는 다음과 같은 점들을 생각해 볼 수 있다.

첫째로, 역사적인 요인이다. 한국 국민들의 기억에는 과거 일본이 한반도를 침략하고 식민지로 지배했다는 역사적 사실에 대한 기억이 여전히 강하게 남아 있어서, 한반도 유사에 대응해서 일본이 행동하는 데 대해 거부감이 크다. 19세기 말에서 20세기 초에 이르는 시기, 일본은 자국 안보를 명분으로 하여, 청일전쟁과 러일전쟁을 거치면서 한반도에 대한 지배를 확립했으며, 한국 국내 친일세력 육성을 통해 한반도를 영구적으로 지배하려고 했다. 이에 대한 집단적 기억이 한국 국민들 사이에는 여전히 강하게 남아 있으며, 그로 인해 한국 국민들은 일본이 언제든 자국의 안보를 명분으로 한반도의 운명에 개입할 수 있다는 강한 선입견을 갖고 있다. 한때 한반도 유사 시 한국에 체류하는 일본 국민들을 피난시키기 위해 일본 자위대가 출동하는 비전투원 대피활동(NEO: Noncombatant Evacuation Operation) 문제가 논의된 적이 있는데, 이에 대해 한국 정부가 이에 비판적인 국내여론을 의식한 나머지, 일본 자위대의 한반도 상륙을 부담스럽게 생각하며, 소극적으로 대응했었다는 것은 이와 같은 한국 국내 분위기를 잘 나타내고 있다. 필자가 보기에 이는 지나친 해석이라고 생각되지만, 이러한 대응의 배경으로 제2차 세계대전 이전 시기 일본이 중국에 체류하는 일본 국민들을 보호한다는 명목으로 관동군이 만주사변과 중일전쟁을 일으키는 것을 정당화했던 사실이 소환되기도 했다.

물론 냉전 시기 한국이 일본의 경제협력을 이용해서 경제발전을 이룩했고, 그 결과 북한과의 체제경쟁에서 승리했다는 것이 역사적인 사실이긴 하지만, 위의 인식에 서면, 일본의 경제협력 또한 일본의 안보를 위해 한국에 개입한 것에 불과한 것이었다. 한편 일본의 역할, 즉 일본의 한반도에 대한 개입은 경제협력에 한정된 것이었음에도, 한국 정부는 한국 경제가 일본 경제에 종속될 수 있다는 점을 두려워했으며, 한국의 무역 상대가 일본에 한정되지 않도록 무역 다각화 조치를 취하는 등 개입하곤 했었다. 한국으로서는 냉전기 북한과의 체제경쟁 승리를 위해 일본의 힘을 이용하는 것이 필수적이었으나, 그렇다고는 해도 일본에 일방적으로 의존하는 것 또한 북한의 위협만큼 위험하다고 보았던 것이다. 이와 같이 한국은 '항일'과 '용일'이라는 일견 모순된 전략을 병용해 왔다고 할 수 있다. 그 때문에 한국이 일본과 협력하는 경우에는 늘 부담을 갖지 않을 수 없었으며, 더더구나 직접적인 안보협력을 시도하는 일은 그만큼 더 부담스러운 일이었다.

둘째, 중국 요인을 들 수 있다. 한국으로서는 탈냉전기, 특히 중국이 대국으로 등장한 이후, 한중 경제관계를 고려하지 않을 수 없었으며, 한국의 대북정책이나 한반도 통일에 대한 한국의 입장에 대해 중국의 이해와 호의적 반응을 끌어내기 위해서라도 중국과의 양호한 관계를 유지해야 한다고 보았다. 따라서 중국이 거북해하는 정책을 선택하는 데 신중했다. 동북아 국제정치에서 중국이 가장 우려하는 것은 중국을 표적으로 삼는 한미일 포위망의 형성이었다. 한국으로서는 이를 역이용하는 외교를 전개할 수도 있었다. 즉 중국이 한국의 요구를 받아들지 않는 경우 한국이 대중국 포위망의 전선이 될 수도 있다는 카드를 내비침으로서 중국의 관심을 사고 배려를 이끌어낼 수 있었다.

그러나 한국과 중국의 비대칭적 힘의 관계를 고려할 때 그러한 정책은 한국으로서는 위험부담이 만만치 않다. 따라서 위의 카드를 한국이 마음대로 선택하는 것은 위험했다. 중국은 한국의 전 무역량의 4분의 1을 차지하고 있으며 또한 중국은 북한의 전 무역량의 90 퍼센트를 차지하고 있는 데에서 알 수 있듯이 남북한을 아울러 한반도에 대해 대단한 영향력을 가지고 있다. 따라서 한국은 북핵 문제 등을 둘러싸고 중국의 입장이 한국과 똑같다고 보지는 않지만, 한중관계를 양호하게 관리하고 유지하는 것이 한반도 정세를 한국이 주도하는 데 도움이 되고, 나아가 한국 외교의 폭을 넓히는 데 기여할 것으로 판단하는 것 같다.

특히 한국 주도의 한반도 통일 가능성과 관련해서 만일 북한에서 돌발사태가 생김으로써 한국이 주도할 공간이 커질 경우, 중국 변수는 매우 중요하다. 분단의 현상유지냐, 한국 주도의 통일이냐의 선택이 중국에 달려 있기 때문이다. 중국이 혼란에 빠진 북한 정국에 직접 개입해서 분단의 현상을 유지하는 방향으로 나아갈지, 한국에게 북한을 관리하는 책임을 맡겨서 한국 주도의 통일을 용인할지, 중국이 관건을 잡고 있다. 다시 말하면 중국은 한국 주도의 한반도 통일 가능성에 대해 그 가부를 쥐고 있으며, 그것이 아무리 지나친 해석이라고 해도 중국이 거부권을 행사할 수 있다는 것은 거의 상식에 속한다. 따라서 한국에서는 보수와 진보의 정치적 입장의 차이를 넘어 대중관계가 매우 중시되고 있다. 이러한 상황에서 한중관계를 압도하는 한일협력의 가능성은 그리 크지 않다고 할 수 있다.

셋째로, 한미일 안보협력의 속성과 관련한 문제가 있다. 한국이 한일 안보협력에 소극적인 이유는 한일협력을 매개로 성립되는 한미일의 중국 포위망 속에서 한국은 미국 및 일본과 대등한 입장에서 안보협력의 주체가 되기보다는 미국, 일본, 그리고 한국이라는 순서로 의무와 권리가 배분되는 위계적 협력관계 속에 놓일 가능성이 높기 때문이다. 냉전기 한국은 일본에게 한국에 대한 책임을 분담시키려 시도하는 미국에 저항하며, 그러한 [미·일·한]의 위계적 안보 구도가 형성되는 것을 막으려고 했다. 한국의 입장에서 [한·미·일] 사이에 명백한 국력의 차이가 존재하는 가운데 3자간에 안보협력 체제를 만든다는 것은, 미국이 한국을 일본에게 위임하는 체제를 용인하는 것으로 인식되었다. 즉 한국의 입장에서 미일동맹은 20세기 초 미국과 일본이 한반도와 필리핀의 지배권을 상호 용인한 가쓰라-태프트(桂-Taft) 협정의 부활이 되지 않아야 하며, 한일관계를 매개로 한국이 그 하위질서로 편입되는 데 대해 의구심을 갖고 있었다. 한편 일본에게 [한·미·일]이 실질적으로 [미·일]에 불과했던 것과 마찬가지로 한국에게 [한·미·일]은 실질적으로 [한·미]에 불과했다. 그 사이에 [한·일]이 개재될 경우, [한·미]가 상대적으로 약화될 가능성이 있었다. 한미동맹이 안보의 기축을 차지하는 한국에게 이는 안보태세의 약화로 이어질 가능성이 있는 것으로 보였다. 한국 입장에서 이는 회피되어야 했다.

이상과 같은 이유로 한국이 한일 안보협력의 강화를 통해 중국을 상대로 한 한미일 동맹관계를 구축한다는 것은 쉽지 않은 선택지였다고 할 수 있다. 그러한 상황에서 일본의 아베 정부 입장에서는 미일동맹의 강화에 기댈 수밖에 없었으며, 미일동맹이 강화되기 위해서는 일본의 전략적 가치가 제고되어야 했다. 따라서 미중관계가 어느 정도 긴장되는 것이 내심 바람직했다고 할 수 있다. 그렇기 때문에, 한국이 미일동맹 쪽이 아니라 중국의 존재를 의식하며 애매한 태도를 보이는 데 대해 의구심을 나타내며 비판적으로 대응하게 되었던 것이다. 그렇다고는 해도 한국을 완전히 중국 편으로 몰아가는 것도 바람직하지 않기 때문에 일본은 한국을 비판하면서도 한국을 포기하지는 못할 것으로 생각된다.

일본이 이러한 자세를 선택할 수밖에 없는 것은, 일본에게 중국 문제만큼이나 북핵 문제가 중요하기 때문이다. 북핵 문제는 미일동맹 강화에 대한 일본 국민의 지지를 동원할 수 있는 문제다. 나아가 북핵 문제를 둘러싼 미중 양국의 대응이 다르다는 점에서 북핵 문제는 중국에 대한 대응으로써 미일동맹을 강화시키기 위한 좋은 조건을 마련해주고 있는 것이다. 그럼에도 북핵 문제를 해결하기 위해 중국의 협력이 필요하다는 것은 일본 입장에서 보아도 당연하며, 일본은 미국과 중국의 협력을 동시에 이끌어내야 한다는 점에서 한국과 공통의 이익을 가지고 있다. 일본 입장에서도 북핵 위기를 국내 정치에 동원하려는 것이 아니라, 평화적으로 해결하는 것을 진지한 목표로 설정할 경우에는 한일 양국의 협력이 필요하다.

문제는 양호한 미중관계를 위한 일본의 외교력이다. 북핵 문제를 풀기 위해 중국의 협력을 끌어낼 수 있는 일본의 외교력이 필요한데, 이를 위해서는 상대적으로 양호한 미중관계가 전제가 되어야 한다. 반면, 미일동맹의 강화를 위해서는 적당히 긴장된 미중관계가 필요하다. 결국 일본의 대 중국 외교는, 북핵 위기 해결을 위해서는 적극화해야 할 필요가 있는 데 반해, 미일관계의 발전과 강화를 위해서는 양호한 미중관계 발전을 견제해야 하는 모순을 안고 있다.

중국에 대한 일본의 복잡한 입장은 한일관계에도 영향을 미친다. 일본이 중국에 대해 일정한 협상력을 유지하려면, 양호한 한일관계를 유지하는 것이 필요하다. 이러한 상관관계가 있기 때문에, 만일 일본이 한국을 포기할 수밖에 없다고 판단하고 실제로 한일관계를 더 이상 관리하지 않게 되면, 한일관계를 지렛대로 삼은 대중 접근이 어려워지기 때문에 중일관계도 관리하기 어려워지는 난관에 마주치게 되는 것이다.

그런데, 한일 사이에는 북핵 위기 앞에서 공통의 이익이 있다는 점에서 양국은 결국 협력할 수밖에 없다. 그럼에도 한일 양국이 중국에 대한 태도 불일치로 갈등할 경우, 북핵 위기를 해결하는 과정에서, 중국에 의한 한일 분단 가능성을 키워 중국의 존재감을 높일 뿐, 일본에게는 이익이 되지 않을 수 있다. 다른 한편 북핵 위기를 해결하기 위해 한미일이 공조하게 되면, 중국은 이로부터 위기감을 느낄 수 있기 때문에, 중국이 한국과 일본을 구분해서 협력의 파트너를 고를 여유가 없다는 것이 사실이다. 그래서 중국을 둘러싼 한일의 입장 차이를 너무 과장할 필요는 없으며, 한중관계와 중일관계가 접근할 가능성도 있다는 점을 강조하고자 한다.

6. 중국의 대국화와 한일관계의 전망

한국과 일본은 냉전기부터 현재까지 미국과의 동맹관계를 공유해 왔으며, 한국은 북한과의 체제경쟁에서 승리하기 위해, 일본은 자국의 안보를 확실히 하기 위해 서로 협력해 왔다. 그리고 이것은 대단한 성과를 거두었다. 한일 양국의 협력은 동북아 평화와 번영의 상당한 부분을 이루어냈다고 볼 수 있다. 그런 가운데 중국이 대국으로 등장했다.

중국의 대국화는 한국과 일본에 각기 다른 의미를 지니고 있었다. 그 결과 강대국 중국을 둘러싼 한국과 일본의 정책은 얼핏 보기에 서로 다른 전략을 구상하는 것처럼 보인다. 일본의 대중정책은, 비록 봉쇄(containment)전략이라고까지 부를 수는 없다고 해도 적어도 균형잡기(balancing)전략을 선택하고 있는 것으로 보인다. 이에 대해서는 일본 국내에서 대충 합의가 형성되어 있는 것 같다. 이러한 결과가 중국의 강경한 대일정책에 기인한다는 것은 부인할 수 없을 것이다. 한편 한국은 편승(bandwagon)전략과 울타리(hedging)전략을 병용하는 것처럼 보인다.

이대로 가면 중국을 둘러싼 한일 관계에는 접점이 없어 보인다. 대 중국 외교에 더해 대미 동맹 관계에서도 한국과 일본은 미국에 바라는 것이 서로 다른 것 같다.

한국의 입장에서 볼 때, 한미동맹은 북한에 대한 억지력으로서 존재 의미가 여전히 강고하다. 한중관계와 관련해서는 한국은 중장기적으로 중국의 군사대국화에 대비할 필요성이 커지고 있기는 하지만, 이러한 노력을 가시적으로 추진하는 것은 가능한 한 신중해야 한다. 한편 일본은 미일동맹이 일본 방위라는 원래의 역할을 넘어 아시아태평양에서 안정자의 역할을 담당하는 것으로 그 위상이 변화하는 현실을 받아들이고 있다. 그런데 일본이 보기에 아시아태평양 지역의 안정에 대한 최대의 도전자가 중국이기 때문에, 미일동맹이 견제하는 대상으로 중국을 포함해야 한다고 생각하고 있다. 일본이 주도하고 미국이 합세하는 '인도태평양' 전략은 이 지역에서 중국에 대한 포위망을 구축하는 것이나 다름없는데, 이에 대해서는 미일 양국의 인식이 공유되고 있으며, 이를 중국도 받아들이고 있는 것 같다.

그렇다면 한국과 일본은 중국 요인에 대한 상이한 해석이 계기가 되어 서로 다른 방향으로 나갈 수밖에 없는 것인가? 만일 그렇다면 미중 양국에 대한 한국과 일본의 영향력은 극히 제한될 수밖에 없을 것이다. 따라서 현재의 한국의 전략이나 일본의 전략과는 다른 제3의 길이 없는가 진지하게 찾아 볼 필요가 있다. 한국과 일본은 지금 당장 직면하는 북핵 위기에 대해 단기적인 수준에서라도 일단 협력함으로써 미중 양국에 대한 영향력을 극대화시킬 필요가 있다. 남북대화가 급진전되는 것은 환영할 수 있는 것이지만 남북대화 만으로는 북핵 위기를 해결할 수 없을 것이다. 북미대화를 진전시키기 위해서라도 북핵 위기에 관해 상대적으로 이익을 공유하는 한일 양국이 이 문제에 관하여 소통을 잘 하는 것이 필요하다.

현대일본생활세계총서 **17**

아베 시대 일본의 정치와 외교

제3부

아베 시대의
시민사회와 운동

VI 경제희

아베 정권 시기의 일본 여론과 외교·안보정책
일본 시민사회의 우경화 담론에 대한 실증 분석

VII 진필수

'올 오키나와' 반기지운동의 과정과 성격
반전평화주의에서 자결권 운동으로

현대일본생활세계총서 **17**

아베 시대 일본의 정치와 외교

아베 정권 시기의 일본 여론과 외교·안보정책*
일본 시민사회의 우경화 담론에 대한 실증 분석

경제희

1. 여론조사의 의미

본 연구의 목적은 일본 시민을 대상으로 한 여론 분석을 통해 일본 시민의 외교·안보에 관한 의식 추이를 파악하고 이러한 일본 시민의 외교·안보 의식과 아베 정권의 외교·안보정책 간의 관계를 고찰하는데 있다. 구체적으로 과연 아베 정권이 추진하는 외교·안보정책이 일본 시민의 지지를 바탕으로 진행되는 것인지, 일본 시민들의 외교·안보의식과는 거리가 있는 것인지에 대해 검토하는 것이 본 연구의 주된 연구 목적이다.

일본은 우리와 지정학적으로 비교적 가까운 위치에 자리하고 있기

---

* 이 글은 『일본비평』 10권 2호(서울대학교 일본연구소, 2018.8)에 게재된 논문을 이 책의 편집 방침에 맞춰 수정 보완한 것이다.

때문에 정치학적으로도 자세하고 다양한 분석이 진행될 것 같지만 이러한 예상과 달리 일본에 대한 논의는 그 분석 단위를 나누어 진행하기보다 일본이라는 대상을 먼 관점에서 전체적으로, 하나의 대상으로 논의하는 경우가 많다. 그 결과 일본에 대한 논의가 비교적 다양하지 못한 방향으로 모아지는 경향이 있고 한편에서는 이에 대한 우려의 목소리도 언급되고 있다(박철희 2011; 국민대 일본학연구소 2016).

특히 최근 여러 연구에서 진행되어 온 아베 정권 하의 일본 우경화에 대한 논의에서 이러한 경향이 보인다. 관련 연구들은 주로 아베 총리를 비롯한 정치인들의 우경적인 언행을 중심으로 일본의 우경화를 주장하고 그 근거로 일본인의 정치의식 및 역사의식 등을 들어 설명하는 경우가 많다(김용복 2013; 이지원 2014). 하지만 이를 주장하기 위해서는 과연 같은 문제에 대한 일본 정치인의 의식과 일반 시민의 의식이 대부분 일치한다고 말할 수 있는지에 대한 논의가 필요해 보인다. 또한 일부 시민의 활동을 들어 일본의 우경화를 설명하는 경우도 있다. 일본 시민 가운데에서도 헤이트 스피치나 재특회(在特會) 참여 등과 같이 우경화의 범주에 포함되는 활동을 전개하는 시민이 존재하는 것이 사실이고 그러한 행동이 일본 사회에 일정 정도 영향을 미치는 것으로 보인다. 하지만 이들의 행동이 과연 어느 정도 전반적인 의식에 반영되는지, 이러한 행동으로 인해 전반적인 일본 시민 의식에 변화가 나타나는지 등에 대해 확인할 필요가 있다. 더욱이 여론조사 결과를 바탕으로 일본의 우경화를 설명하는 경우도 있는데 이들 대부분이 제시하는 여론조사 결과는 영토 및 역사문제와 관련된 질문에 대한 응답 비율이다. 영토 및 역사문제에 대한 인식은 관념(ideation)의 영역으로 직접적인 행동으로 구체화시키는 행위(behavior) 영역에 속한 안보 인식과는 구분해서 논의할 필요가 있다. 우경화로 표현되는 영토 및 역사문제에 대한 일본 시민들의 의식이 행동에 대한 요구로 이어질 수도 있겠지만 과연 현실 정치에서 일본 시민의 외교·안보에 대한 인식이 영토 및 역사문제와 같이 이른바 우경화로 표현될 정도의 수준인지, 영토 및 역사문제에 대한 인식과는 차이를 나타내고 있는지 등에 대한 구체적인 분석이 필요해 보인다. 나아가 기존 연구에서 여론조사를 활용하여 설명하는 경우, 여러 여론조사 가운데 해당 연구의 주장을 가장 잘 설명할 수 있는 여론조사 결과를 선택하여 설명하는 경우가 많다. 여론조사는 조사 환경에 따라 조사 결과가 달라질 수 있기 때문에 같은 질문에 대한 여러 여론조사 결과에 대한 비교도 검토해 볼 필요가 있다.

〈표 1〉 본 연구의 분석 대상

	정치인	시민
역사·영토 관련 의식	A	B
외교·안보 관련 의식	C	D

본 연구는 이와 같은 문제의식을 바탕으로 일본의 외교·안보에 대한 일본 시민의 의식에 관해 구체적으로 분석하고자 한다. 먼저 일본의 외교·안보 의식 관련 논의의 대상을 〈표 1〉과 같이 정치인과 유권자로도 대변되는 시민으로 구분하고 또한 그 개념 및 내용이 다른 역사·영토 관련 의식과 구분하여 A, B, C, D의 영역 가운데 일본 시민의 외교·안

보 의식에 해당하는 D영역에 초점을 맞추어 논의를 전개한다.

또한 본 연구의 분석은 여론조사 결과를 바탕으로 진행한다. 국공립기관과 민간기관이 조사한 외교·안보 관련 의식을 비교하여 여론조사 실시 방법에 의한 차이를 포함하여 여론조사 결과의 추이를 통해 일본 시민의 외교·안보 의식과 아베 정권의 외교·안보정책 간의 관계를 논의하기로 한다.

구체적인 연구대상 시기는 우경화에 대한 논의가 집중되고 있는 아베 정권이 본격적으로 시작된 제2차 아베 내각이 출범한 시기(2012년 12월 26일)부터 5년간(2017년 12월) 이다. 이 시기에 조사된 여론조사 결과를 바탕으로 일본 시민의 외교·안보 인식의 추이를 고찰하고 그 결과가 아베 내각의 외교·안보정책과 방향성이 동일한지 등에 대한 여부를 확인하고자 한다. 먼저 다음 2절에서는 여론과 외교·안보정책에 대한 이론적 배경을 살펴보고 이후 3절에서 여론조사 결과를 중심으로 실증적 논의를 전개한다. 마지막 4절에서는 3절의 분석 결과를 바탕으로 과연 일본 시민의 외교·안보 인식이 아베 정권의 외교·안보정책의 실질적인 배경이 되고 있는지 등에 대해 고찰하기로 한다.

2. 여론과 외교·안보정책: 이론과 선행연구 검토

2.1. 외교·안보정책에 미치는 여론의 영향

여론이 외교·안보정책에 미치는 영향력에 대해서는 여러 국가 대상의 연구가 다양하게 진행되어 왔다. 대표적 민주국가인 미국은 물론 공산국가인 중국에서도 여론의 영향이 외교정책에 유의미한 영향을 미치는 것으로 나타났다. 하지만 모든 여론이 늘 일정한 경향을 보이는 것은 아니고, 모든 여론이 균등하게 외교·안보정책에 영향을 미치는 것도 아니며, 여론을 형성하는 주체 세력 등에 따라 여론의 내용에도 다양한 차이가 있는 것으로 지적되고 있다(Cohen 1973; 전웅 2001; 김성한·정한울 2005; 천난 2013; 송태은 2017). 이는 여론이 내포하는 의미를 하나로 한정할 수 없다는 것을 뜻한다.

여론의 주체층은 크게 엘리트층(the elite public), 관심 대중(the attentive public), 일반적인 대중(the mass public)으로 구분할 수 있는데 각 주체층에 따라 그 규모, 신뢰도, 전파력 등의 차이를 나타낸다(Rosati 1993). 과거에는 일반적인 대중이 무지하다고 판단하여 그에 따른 여론을 경시하는 경향도 있었으나 최근에는 선거 결과에 일반 대중 중심의 여론이 미치는 영향이 크기 때문에 정치가가 여론을 무시한 채 일방적인 행보를 추진하는 것은 쉽지 않아 보인다.

본 연구에서는 일본의 여론 가운데 일반적 대중 중심의 외교·안보 관련 여론을 살펴보고 과연 그러한 일본 시민의 여론이 아베 정권의 외교·안보정책과 일정 정도 일관성을 갖는지에 대해 확인하기로 한다.

2.2. 일본의 외교·안보 관련 여론조사

여러 매체에서 조사·발표하고 있는 이른바 과학적 연구로 지칭되기도 하는 현대적 스타일의 여론조사가 일본에 도입된 것은 전후(戰後) GHQ

에 의해서라고 한다(川島 1995). 일본의 민간기관에서 최초로 실시한 여론조사는 1945년 10월 마이니치신문(毎日新聞)이 조사한 것으로 지사선거 방법에 관한 여론조사(「知事公選の方法について」)였다. 이후 진행된 것은 1946년 아사히신문(朝日新聞)의 지지정당조사(「支持政党調査」)에 관한 여론조사로 거론된다(西原 1992). 이후 여러 민간기관에서 정치, 사회, 문화 등 다양한 분야에 대한 방대한 양의 여론조사가 이어지고 있다.

국공립기관에서도 다채로운 여론조사를 실시하고 있다. 국내에서도 일본인의 한국인에 대한 친근감에 대한 척도로 자주 인용되고 있는 내각부의 '외교에 관한 여론조사'는 1976년부터 현재까지 매년 1회 정도로 진행되고 있다. 시기에 따라 질문 항목이 달라지는데 아시아에 대한 질문이 단독으로 등장한 것은 1977년부터다. 하지만 매해 아시아를 대상으로 한 질문이 단독으로 다루어지는 것은 아니다. 공립기관 중 하나인 NHK 여론조사의 역사는 내각부보다 길다. NHK의 여론조사는 1925년부터 시작되어 매해 정기 조사와 비정기 조사를 실시하고 있는데 외교·안보 관련 외에도 다양한 분야의 조사를 진행하고 있다.[1]

학계에서 여론조사를 바탕으로 한 실증분석이 본격적으로 시작된 것은 1960년대부터다. 외교 관련 여론조사만을 분석하기보다 일본인의 정치의식을 다루는 가운데 외교·안보 관련 이슈가 다루어지는 경우가 대부분이다. 1961년부터 1963년까지 교토부에서 조사된 패널(panel)조사를 비롯하여 그 이후에도 다양한 조사 및 연구가 진행되고 있다(三宅

---

1) NHK 여론조사의 연혁에 관한 내용은 https://www.nhk.or.jp/bunken/yoron/nhk/history.html(검색일: 2018.1.15) 참조.

一郎 外 1965; 白鳥令 1973; 朝日新聞社世論調査室編 1976; 見田宗介 1979; 堀江湛 外 1980; 小林良彰 外編 1984; 三宅一郎 1983, 1985; NHK世論調査部編 1985; 堀江湛・梅村光弘編 1986).

특히 국내에서는 유권자의 이데올로기에 의해 지지 후보 및 정당을 가르는 경우가 많지만 최근 일본에서는 이데올로기가 투표 향방을 가르지 못하는 경우가 대부분이다(田中愛治 1995; 蒲島郁夫・竹中佳彦 1996, 2012; 平野浩 2004; 白崎護 2015). 하지만 그러한 원인에 대해 명확한 답을 찾지 못하고 있다. 가령 젊은 층의 사회화 과정에서 이데올로기에 대한 정보를 획득하지 못하고 특히 1960년대 후반 이후 출생자일수록 공산당을 진보적이 아니라 보수적으로 인식하는 경우가 있다는 등의 연구 결과가 발표되기도 했지만 이데올로기의 영향력 저하에 대한 근본적인 원인은 여전히 미지수이다(遠藤晶久・ジョウ 2014; 竹中佳彦 2014b). 이를 과거의 외교・안보 의식과 연관지어 보면 이데올로기로 인해 비교적 명확히 구분되는 의식이 경제의식, 사회의식, 정치의식 가운데 정치의식이라 할 수 있고 그 가운데에서도 특히 외교・안보 의식과 관련성이 높았기 때문에 외교・안보 관련 의식과 투표향방의 관계 역시 약화되었다고 유추해 볼 수 있다.

한편, 일본의 이데올로기와 관련된 최근의 연구는 해외에서 제기되고 있는 '일본의 보수화 또는 우경화'가 과연 사실인가에 대해 실증적인 확인을 시도하는 연구도 다수 진행되고 있다. 결과적으로 일본 정치인은 우경화되고 있지만 일본 유권자에 대해서는 우경화를 증명할 수 없다는 것이 대부분의 연구 결과이다. 가령 정당을 대상으로 검증한 연구는 정당 공약의 국제 비교를 통해 일본 정당의 변화를 살펴보았는데 결과적으로

우경화되었다기보다 중앙으로 이동했다고 주장한다. 중의원선거제도의 소선거구비례대표병립제로의 변화로 인해 여러 정당이 보다 많은 유권자의 지지를 얻기 위해 이데올로기 좌표에서 정당 공약이 오히려 중앙으로 이동했다는 주장이다. 하지만 정당의 공약만으로는 정당의 우경화를 단정할 수 없다는 한계도 인정하고 있다(谷口尚子·ウィンクラー 2015). 한편으로 선거 출마 후보자 및 국회의원 등 정치가를 대상으로 한 다수의 실증연구 결과에서는 정치가의 우경화가 증명되고 있지만 유권자를 대상으로 한 연구에서는 유권자의 우경화를 증명할 수 없다는 주장이 대부분이다(澁谷壮紀 外 2015; 谷口将紀 2015; 竹中佳彦 外 2015).[2]

이상의 연구들은 선거를 중심으로 한 연구가 대부분으로 시기 및 그 내용이 대체로 선거와 관계된 내용이다. 본 연구에서는 선거 외 기간을 포함하여 최근 5년간의 아베 정권 시기를 중심으로 유권자로도 표현되는 일본 시민의 외교·안보 의식과 아베 정권의 외교·안보정책 간의 관계를 살펴보고자 한다.

3. 일본의 시민여론과 외교·안보정책

국내에서도 일본의 정치인과 시민을 구분하여 시민에 초점을 맞추고 이데올로기 및 집단적 자위권, 헌법개정 등과 관련된 의식에 따라 자

---

2) 일본인의 이데올로기와 투표행태의 관계에 대한 보다 자세한 내용은 경제희(2017) 참조.

민당 지지 여부에 차이가 있는지에 대해 분석한 연구가 발표된 바 있다 (경제희 2017). 하지만 해당 연구 역시 선거에서의 이데올로기 및 외교 · 안보 인식과 정당지지 간의 관계를 조사한 연구로 평상시의 여론과 아베 내각 지지와의 관계를 밝히지 못한다. 본 연구에서는 아베 정권 시기에 실시된 중의원 선거(2014년, 2017년) 및 참의원 선거(2013년, 2016년) 시기를 포함하여 제2차 아베 내각이 출범한 2012년 12월 26일부터 2017년 말까지 약 5년간의 여론조사 결과 분석을 통해 일본 시민의 외교 · 안보 관련 인식과 아베 내각 지지 간의 관계에 대해 논의하고자 한다. 과연 아베 정권의 외교 · 안보정책의 행보가 전반적인 시민의 의사를 반영하여 실시되고 있는 것인지에 대한 여부를 살펴보기로 한다.

또한 여론조사는 조사방법, 조사시기, 질문 유형 등에 따라 그 결과에 차이가 발생할 수 있다. 본 연구에서는 이러한 차이를 포함하여 여론조사 결과에 대해 세밀히 알아보기 위해 해당 기간의 국공립기관과 민간기관이 실시한 여론조사 결과를 바탕으로 논의를 진행한다.

3.1. 기관별 여론조사

다른 국가들도 마찬가지이지만 일본 내에도 수많은 여론조사가 진행되고 있다. 일본의 주요 매체를 중심으로 하는 각 기관 역시 다양한 여론조사를 실시하고 있는데 일본의 여러 주요 여론조사 기관의 경우, 다른 기관과 협력하여 여론조사를 실시하거나 다른 기관의 여론조사 결과를 이용하여 발표하는 사례가 드물다. 결과적으로 각 여론조사 기관에 따라 그 조사 및 질문 방식에 다소의 차이가 있고 이에 따라 조사 결과에도 차이가 나타난다.

국공립기관 중 외교·안보 관련 여론조사를 실시하는 대표적 기관
으로는 내각부(內閣部)와 NHK(Nippon Hoso Kyokai)로 잘 알려진 일본
방송협회(日本放送協会)를 들 수 있다.[3] 민간기관 가운데에서도 수많은
기관이 정기적으로 여론조사를 실시하고 있지만 그 가운데 국내에도 잘
알려진 FNN(Fuji News Network),[4] ANN(All-Nippon News Network),[5] 아
사히신문과 요미우리신문의 예를 들어 여론조사 횟수를 정리하면 〈표
2〉와 같다.

〈표 2〉 여론조사 기관별 외교·안보 관련 여론조사(2012년 12월 26일~2017년 12월 31일)[6]

국공립기관		민간기관			
정부기관	방송사	방송사		신문사	
내각부	NHK	FNN	ANN	아사히신문	요미우리신문
5회	8회	62회	61회	98회	77회
연 1회, 정기적	연 1~2회, 정기·비정기적	월 약 1회, 정기·비정기적		월 약1~2회, 정기·비정기적	

---

3) 일본 외무성(外務省)에서도 외교·안보 관련 여론조사를 실시하고 있다. 외무
  성이 실시하는 여론조사는 상대적으로 그 주기가 일정하지 않고 내각부 조사
  와 내용이 겹치는 경우가 있어 본 연구에서는 내각부 여론조사를 중심으로 논
  의한다. 내각부의 외교·안보관련 여론조사는 1976년부터 매년 정기적으로
  실시되고 있어 상대적으로 좀더 체계적으로 확립되어 있다고 볼 수 있다.
4) '후지텔레비전' 방송국을 중심으로 하는 뉴스네트워크이다.
5) '테레비아사히' 방송국을 중심으로 하는 뉴스네트워크이다.
6) 〈표 2〉의 여론조사 횟수는 전국을 대상으로 한 외교·안보관련 여론조사에
  한한 횟수이다. 오키나와 및 오사카 등 상황에 따라 특정 지역에서만 실시한
  외교·안보 관련 여론조사 및 다른 분야와 관련된 여론조사까지 포함하면
  그 횟수는 훨씬 더 많다.

국공립기관인 내각부와 NHK는 연간 1~2회의 정기적인 여론조사를 실시하는 반면,[7] 민간기관은 월 약 1회의 정기적인 여론조사와 함께 필요에 따라 비정기적인 여론조사를 추가·실시하는 방식을 취하는 경우가 많다. 제2차 아베 내각이 출범한 이후 약 5년간의 여론조사 횟수를 비교해 보면 민간기관 내에서도 여론조사 기관에 따라 횟수에 차이가 있고 방송사보다도 신문사에서 더 많은 여론조사를 실시하고 있음을 알 수 있다. 방송사는 5년간 약 60회 정도의 여론조사를 실시한 반면 아사히신문은 약 100회 가까이, 요미우리신문은 약 80회 가까이 외교·안보문제와 관련하여 여론조사를 실시한 것으로 나타났다.

본 연구에서는 이 가운데 국공립기관인 내각부와 NHK의 여론조사 결과와 민간기관 가운데 NHK와 같은 맥락의 방송사에 해당하는 FNN의 여론조사 결과를 중심으로 일본 시민의 외교·안보 관련 의식에 관해 논의하고자 한다.

〈표 3〉은 일본의 내각부, NHK, FNN이 실시하고 있는 여론조사 방식을 정리한 것이다. 비록 세 기관의 여론조사에 불과하지만 조사 방식에서도 차이가 나타난다. 내각부의 경우, 조사원이 개별적으로 응답 대상을 면접조사하는 방식을 택하고 있고 FNN은 모두 전화조사로 여론을 파악하고 있다. NHK는 조사에 따라 면접조사를 실시하기도 하고 전화조사를 실시하기도 한다. 내각부는 매회 3,000명을 대상으로, FNN은 1,000명을 대상으로 조사하고 있지만 NHK의 조사는 대상 인원 역시 조

---

7) NHK도 비정기적 조사를 실시하기는 하지만 그 횟수가 민간기관에 비해 현저히 적다.

	내각부	NHK	FNN
조사 방식	조사원에 의한 개인별 면접조사	조사에 따라 다름. 면접조사 · 전화조사	전화조사
조사 대상 인원	3,000명 일본국적자 (회수 인원에 따라 응답률 변동) 최근 5년간 60% 정도의 응답률	조사에 따라 조사 대상 인원 다름. (회수 인원에 따라 응답률 변동) 일본국적자로 한정하는 경우와 한정하지 않는 경우 혼재	1,000명 (회수 인원에 따라 응답률 변동) 일본국적자로 한정한다는 명기 없음
조사 대상 연령	선거권자 연령과 동일	선거권자 연령과 동일	선거권자 연령과 동일
조사 기간	약 10일	조사에 따라 다름. 3일~약 2주	2일
질문 항목 수 (주요 항목)	6개	조사에 따라 다름	조사에 따라 다름
질문 항목 수 (하부 항목)	조사에 따라 다름	조사에 따라 다름	조사에 따라 다름
선택항	4척도	조사에 따라 다름 (2척도 · 4척도 · 5척도)	2척도

사에 따라 다르게 책정하고 있다. 실질적인 응답자 수는 회수율에 따라 다를 수밖에 없는데 내각부의 경우 최근 5년간 약 60%의 회수율을 기록하여 평균 1,800명 정도의 시민이 조사에 응했다고 볼 수 있다. 이에 반해 FNN의 경우, 천명을 넘지 못하는 범위에서 여론조사가 진행되었음을 알 수 있다. 또한 같은 내용, 같은 항목의 여론조사라 하더라도 면접조사의 경우 전화조사보다 긴 조사 시간이 소요되기 때문에 전화조사 또는 면접조사에 따라 조사 기간의 차이가 발생한다. 더욱이 같은 전화조사라도 조사원이 직접 전화하는 경우와 기계방식으로 통화하는 경우에서도

그 결과에 차이가 난다. 주된 질문 항목 수에서는 내각부의 조사 항목수가 비교적 적은 편이다. 하부 항목의 수를 포함하면 질문 항목의 수가 늘어나지만 다른 여론조사와 비교해 상대적으로 주요 조사 항목이 적은 편이다. 또한 조사방식의 한계로 인해 면접조사보다는 전화조사의 경우 그 질문 항목이 적게 책정되는 편이다. 실제로 FNN의 주요 조사 항목이 대부분 NHK의 주요 조사 항목보다 그 수가 적은 편이다. 한편, 각 여론조사의 선택항에서 각각 다른 개별적 내용을 선택하는 항목이 아니라 상대적으로 의사의 강약을 표현하는 선택항에 대해서는 척도를 다양하게 책정할 수 있는데 해당 질문의 척도 구성에 따라 여론조사의 결과도 달라질 수 있다. 가령 특정 정책에 대해 '찬성한다'와 '반대한다'로만 선택항을 마련한다면 2척도로 구성되는 것이고 '전적으로 찬성한다', '찬성하는 편이다', '반대하는 편이다', '전적으로 반대한다'로 구성한다면 4척도로 조사하는 것이다. 내각부 조사는 주로 4척도로 구성된 반면, FNN의 조사는 2척도로 조사하는 경우가 대부분이다. NHK의 조사는 선택항의 척도 구성 역시 조사에 따라 차이가 있는데 조사에 따라 5척도로 구성된 조사도 적지 않다.[8]

전화조사보다는 면접조사가, 조사대상 인원이 적은 경우보다는 많은 경우가 상대적으로 보다 정확한 여론의 향배를 파악할 수 있다고 인식되고 있다. 선택항 척도의 구성은 조사에 따라 장단점이 있다. 같은 내용에 관한 여론조사라도 조사방식에 따라 다양한 차이가 있기 때문에

---

8) 중간에 '어느 쪽도 아니다'를 포함시켜 5척도로 구성하는 경우가 있다.

여론조사를 설명하는 경우에는 어떠한 방식으로 조사되었는가에 대해서도 분명히 언급할 필요가 있다.

〈표 3〉에는 포함하지 않았지만 내각부와 FNN의 조사는 상대적으로 질문의 길이가 짧은 반면 NHK의 조사는 상대적으로 그 길이가 길다. NHK의 여론조사는 상대적으로 심층조사가 많기 때문에 상황을 비교적 길게 설명하고 다양한 선택항 가운데 자신의 의사와 가장 가까운 선택항을 선택하는 방식으로 조사하는 경우가 많다. 이하에서는 이처럼 각기 다른 방식으로 조사된 내용을 중심으로 여론조사 결과 추이에 대해 논의하기로 한다.

3.2. 일본의 외교 · 안보 관련 여론의 추이

일본 내각부, NHK, FNN이 각각 5년간 조사한 내용은 방대하다. 세 기관의 조사 중 내각부의 여론조사가 상대적으로 그 빈도 및 여론조사의 항목수가 적긴 하지만 5년간의 양을 종합하면 상당한 내용이 들어 있다.

일본 내각부가 제2차 아베 내각 이후 진행한 외교 · 안보 관련 여론조사의 주요 항목은 6개이고 대부분의 주요 항목 내용은 대동소이하다. 5년간 5회 조사에 모두 포함된 주요 항목은 일본과 제외국 간의 관계, UN에서의 일본의 역할, 대외경제, 일본이 담당해야만 하는 역할에 대한 항목이다. 이 외에 개발도상국에 대한 개발협력은 2013년부터 2017년까지 4회 연속 주요 조사항목으로 포함되어 있고 해외에서 위험에 처한 일본인 보호에 대한 항목이 3번 포함되었다. 이 외에 타국과의 문화교류에 대한 주요 항목이 2회, ODA에 관한 내용이 1회 조사되었다. 하부 항목수 및 내용은 주요 항목 구성에 따라 차이가 있다. 한편, 같은 5년간 NHK가 조사한 외교·안보 관련 항목은 모두 헌법과 평화관, 그리고 오키나와와 관련된 내용에 집중되어 있다. 여론조사의 항목이 다소 많은 편이지만 각각의 조사가 헌법, 평화관, 오키나와 등 각각의 주제별로 구분되어 있고 각 주제에 대해 심층적으로 여론조사를 실시하고 있다. 마지막으로 FNN의 여론조사는 거의 매회 다양한 여러 질문들이 복합적으로 구성되어 있다.

본 연구에서는 다양한 여론조사 항목 가운데 일본 시민의 외교·안보 의식을 반영하는 주요 항목을 중심으로 논의를 전개한다. 먼저 미국, 중국, 한국을 중심으로 하는 국가 간 관계를 살펴보고 다음으로 안전보장 및 헌법에 대한 의식에 관해, 마지막으로 헌법개정·자위대·집단적 자위권과 관계된 의식의 추이를 파악하기로 한다. 국가 간 관계 가운데 특히 미일관계 분야에서는 미일동맹과 관련된 내용도 포함하여 논의한다.

3.2.1. 국가 간 관계[9][10][11]

국가 간 관계에 관한 조사에서는 각 조사 기관의 조사항목 가운데

---

9) 각 표의 선택항에 '어느 쪽도 아니다', '기타', '잘 모름', '무응답' 등의 비율은 기재하지 않았기 때문에 모든 표의 합은 대부분 100이 되지 않는다.
10) 각 표에 표기된 시기는 여론조사가 실시된 시기이다. 발표된 시기와 짧게는 며칠, 길게는 몇 달 간의 차이가 있다.
11) 여론 조사가 4척도로 조사된 경우도 2척도로 구분하여 기재하였다. 가령 '매우 중요하다', '중요한 편이다', '중요하지 않은 편이다', '전혀 중요하지 않다'로 조사된 경우 '중요'와 '비(非)중요'로 구분하여 표기하였다.

공통항목을 찾기 어려워 기관별로 항목을 구분하여 논의한다.

(1) 미일관계 · 미일동맹

잘 알려진 바와 같이 일본 시민들은 미국과 높은 친근감(80%전후) 을 느끼고 있고 미일관계도 비교적 양호하다고 판단하고 있다(대부분 80%대)(〈표 4〉). 특히 아시아에서의 미일관계의 중요성을 매우 높게 생 각하고 있는 것으로 나타났다(95% 이상). 이와 함께 미일안전보장에는 미일동맹이 필요하고(약 84%) 미일동맹의 현상유지 및 강화를 희망하 는 비율이 75% 이상으로 조사되었다. 하지만 아시아협조와 미일동맹 중 우선 순위를 선택하는 항목에서는 현재보다 미일동맹 강화보다 아시아 협조를 강화해야 한다는 의견이 2배 이상 높게 나타나 미일동맹을 중요 하게 생각하지만 일방적인 미국과의 협조보다는 아시아와의 협조에 대 한 필요성도 인식하고 있는 것으로 파악된다. 또한 미국의 군사적 행동 에는 지지하지 않는 비율이 71%로 미일동맹 등 미국과의 관계를 중요하 게 생각하지만 군사적 행동에 함께 참여하고 싶은 일본 시민은 비교적 많지 않은 것으로 보인다.

2012년 12월 중의원 선거를 통해 민주당에서 자민당으로 정권교체 가 이뤄진 이후 자민당이 정권을 잡음으로써 미국과의 관계가 좋아질 것으로 전망하는 의견이 약 84%로 나타났다. 미국과의 관계를 매우 중요 시하는 일본인의 입장에서 미국과의 관계를 잘 유지하는 정당은 일본인 에게 중요한 의미를 갖는 것으로 생각된다.

<표 4> 일본인의 미일관계 및 미일동맹 관련 의식

단위(%)	미국과의 친근감		미일관계		아시아에서의 미일관계 중요성		미일동맹의 아시아 평화 및 안정에의 영향		일본의 안전보장에 대한 미일동맹 필요성		자민당 정권교체와 미일관계		미일동맹 강화방침		미일동맹의 향배		아시아 협조와 미일동맹			미국의 군사행동 지지	
	내각부						FNN						NHK							FNN	
	친근	비친근	양호	비양호	중요	비중요	그렇다	그렇지 않다	필요	불필요	+	-	평가	비평가	강화 및 현상 유지	약화 및 폐기	현재보다 아시아 협조	현상 유지	현재보다 미일 동맹	지지	비지지
2013년 2월											84.4	5.3	76.5	13.4							
2013년 8월															75.8	13.5	42.2	25.9	19.1		
2013년 9월																				22.1	71.0
2013년 10월	83.0	15.8	83.9	14.0																	
2014년 4월 (미일정상 회담 후)							72.8	15.9													
2014년 7월															76.2	13.6	43.9	32.8	12.8		
2014년 10월	80.5	15.3	79.6	13.4																	
2015년 5월 (미일정상 회담 후)													67.2	25.6							
2015년 9월									84.3	9.7											
2016년 1월	84.4	13.6	87.9	9.2	95.9	2.1															
2016년 11월	84.1	13.3	87.1	9.8	95.0	2.5															
2017년 10월	78.5	19.1	84.4	12.5	95.1	2.2															

(2) 중일관계

다음으로 중국과의 관계에 대해 <표 5>에 정리하였다. 먼저 일본인이 인식하는 중국에 대한 친근감은 20%를 넘지 못하고 있다. 중일관계 역시 양호하다는 응답이 10%대에 머무는 수준이지만 제2차 아베 내각이 출범한 이후 중국과의 관계가 양호하다는 응답 비율이 꾸준히 증가해왔다는 점이 흥미롭다. 2013년 10월에는 6%대에 그쳤던 중일관계가 양호하다는 응답이 2017년 10월에는 14.9%로 여전히 낮기는 하지만 그 비율이 2배 넘게 증가했다는 점은 의미가 있다고 보여진다. 더욱이 '센카쿠 열도' 문제 등으로 인한 중국과의 군사적 충돌에 대한 염려 및 중국의 군

단위(%)	내각부						FNN						FNN/NHK		NHK			
	중국과의 친근감		중일관계		아시아에서의 중일관계 중요성		중국 신뢰		중일정상회담 후 관계개선		군사적 충돌 염려		군사력에의한 안전보장 위협		중국 군사적 활동 활성화에 대한 일본의 대처 자세			
	친근	비친근	양호	비양호	중요	비중요	신뢰	비신뢰	개선될것	개선안될것	염려됨	염려안됨	위협느낌	위협못느낌	중일양국관계심화	미국군사적억제	일본방위력강화	아시아타국과의협력강화
2013년 2월											82.4	13.5						
2013년 8월															21.3	6.6	13.8	47.2
2013년 10월	18.1	80.7	6.7	91.0														
2014년 2월							8.6	81.0										
2014년 7월															23.1	5.2	9.5	50.0
2014년 10월	14.7	83.0	5.3	84.5														
2014년 11월 (중일정상회담 후)									22.4	73.1								
2016년 1월	14.7	83.2	9.5	85.7	73.4	22.5					74.9	21.9	78.9	16.9				
2016년 11월	16.8	80.6	12.5	82.9	72.9	22.3												
2017년 3월													88.0	10.5				
2017년 10월	18.8	78.4	14.9	79.7	76.8	18.7												

사력으로 인한 일본의 안전보장에 위협을 느끼는 비율이 70~80%를 기록하고 있음에도 불구하고 중일관계가 양호하다는 비율이 증가하고 중일관계의 중요성에 대한 긍정적 비율 역시 높아지고 있다(70% 이상). 더욱이 중국의 군사적 활동 활성화에 대한 일본의 대처 방식을 물은 질문에 대해서는 미국의 군사적 억제(약 7% 미만) 및 일본 방위력 강화(약 10%~14%)에 의한 대처보다 아시아 타국과의 협력을 강화하거나(약 47~50%) 중일관계를 심화(약 21~23%)하는 것이 바람직하다는 응답이 월등히 높았다.

우경화 행보를 보이고 있는 아베 정권 하에서 일본인들은 중국에 대한 위협을 분명히 느끼고 있고 중일관계가 쉽게 개선될 것으로 기대하지는 않지만 중국의 위협에 대한 해결 방식으로 군사적 대응을 선호하는 일본인의 비율은 낮아 보인다.

(3) 한일관계

〈표 6〉은 한일관계에 대한 일본인의 의식을 정리한 것이다. 일본인이 느끼는 한국에 대한 친근감은 중국보다는 높지만 미국보다는 낮다. 주로 30%대의 일본인이 한국에 대해 친근하게 느끼고 있는 것으로 조사되고 있으나 한일관계가 양호하다는 비율은 그보다 낮아 20%대 비율로 양호하다는 응답이 주를 이룬다. 또한 미국·중국보다는 낮지만 약 69% 정도로 한일관계의 중요성을 인식하고 있다.

〈표 6〉 일본인의 한일관계 관련 의식

단위(%)	내각부						FNN						NHK	
	한국과의 친근감		한일관계 (FNN)		아시아에서의 한일관계 중요성		한국 신뢰		한일정상회담 후 관계개선		관계 개선 전망		독도문제로 인한 안전보장 위협	
	친근	비친근	양호	비양호	중요	비중요	신뢰	비신뢰	개선될것	개선안될것	개선될것	개선안될것	위협느낌	위협못느낌
2013년 10월	40.7	58.1	21.2	76.0										
2013년 11월							16.8	69.3						
2014년 2월							29.9	56.1						
2014년 3월 (한일정상 회담 후)									19.1	73.7				
2014년 10월	31.5	66.4	12.1	78.2										
2015년 6월			16.7	79.2							34.1	59.1		
2016년 1월	33.0	64.7	22.6	73.1	69.8	26.0								
2016년 11월	38.1	59.0	29.2	65.4	69.0	26.5								
2017년 3월													87.8	9.7
2017년 10월	37.6	59.7	26.8	67.7	69.1	26.4								

독도문제로 인한 군사적 충돌 등이 발생할 수 있는 안전보장에 대해 위협을 느끼는 비율이 약 90% 가까이 높게 나타나고 한일관계 개선이 쉽

게 해결될 것으로 기대하지 않는 비율이 약 74%로 높게 조사되었다. 하지만 중국을 대상으로 한 여론조사처럼 한국의 군사적 활동의 활성화에 대한 일본의 대응 방식에 관한 여론조사 항목은 발견되지 않아 실질적으로 한일 간의 군사적 충돌까지 염려하는 경우는 희박한 것으로 유추된다.

3.2.2. 안전보장·평화

일본의 안전보장 및 평화에 관한 여론조사는 기관별로 다양하게 진행되어 왔다. 먼저 내각부의 경우, 안전보장 및 평화에 대한 직접적인 생각을 묻지 않지만 UN평화유지 활동 및 안보리 상임이사국 활동 등을 통해 우회적으로 일본인이 생각하는 평화 공헌 등에 관한 생각을 질문하고 있다(〈표 7〉). UN평화유지 활동에 대해서는 현재보다 적극적으로 참가하거나 현상 유지를 바라는 일본인의 비율이 활동 참가에 반대하거나 보다 소극적으로 활동해야 한다고 생각하는 비율보다 훨씬 높다(대부분 80%대:10%대). 안보리의 상임이사국으로 활동하는 부분에 대해서도 반대보다는 찬성하는 비율이 높은데 찬성하는 이유로는 세계평화에 직간접적으로 공헌해야 한다는 의견이 많았고 반대 이유로는 군사활동에 참가해야 하거나 일본의 헌법을 개정해야 한다는 점을 우려하는 비율이 상대적으로 높았다. 이는 평화에 공헌하는 것은 긍정적으로 보지만 현실적으로 군사적 활동을 전개하거나 헌법을 개정하는 부분에 대해서는 부정적인 측면을 나타내는 것으로 보인다.

〈표 7〉 일본인의 안전보장 및 평화 관련 의식(1)

단위(%)	내각부								FNN			
	UN평화유지 활동 참가		안보리의 상임이사국 활동		상임이사국 찬성 이유		상임이사국 반대 이유		적극적 평화주의		적극적 평화주의에 기반한 무기수출 3원칙 완화	
	보다 적극적 참가 및 현상 유지	보다 소극적 참가 및 참가 반대	찬성	반대	세계평화 구축에 적극적 참가	비핵보유국·평화주의 이념으로 하는 일본이 세계평화에 공헌	UN의 군사활동에 적극적으로 참가해야함	안보리 상임이사국이 되기 위해서는 헌법개정 필요	지지	비 지지	찬성	반대
2013년 10월	83.7	12.3	82.2	7.8	27.5	25.3	34.5	7.6				
2014년 1월									82.7	12.0	28.3	59.4
2014년 2월									74.5	19.4		
2014년 3월									75.4	18.0		
2014년 10월	81.0	13.2	75.7	9.4	27.5	23.7	30.0	5.3				
2016년 1월	81.0	13.5	77.0	10.6	28.2	24.1	39.3	8.9				
2016년 11월	73.5	21.9	75.9	10.4	28.4	23.4	35.3	6.4				
2017년 10월	80.1	15.3	77.5	8.4	27.4	27.1	27.8	9.9				

이와 비슷한 결과가 적극적 평화주의에 관해서도 나타나고 있다 (〈표 7〉). 적극적 평화주의에 대해서는 70~80%대의 높은 비율로 찬성하고 있으나 이에 기반한 '무기수출 3원칙' 완화에 관해서는 반대(약 59%) 의견이 찬성(약 28%) 의견의 2배를 넘는다.

현재 유지하고 있는 일본의 안전보장 체제로 일본의 평화가 유지될 것인가에 대해서는 지속될 것이라고 보는 견해와 지속되지 않을 것이라고 보는 견해보다 어느 쪽도 아님, 즉 잘 예측하지 못하는 의견이 반 이상이었다(〈표 8〉). 이러한 가운데 세계 정세상 일본이 전쟁이나 분쟁에 휩쓸리거나 타국으로부터 침략을 받을 수 있는 위험에 대해서는 70% 전후의 높은 응답자가 위험을 느끼고 있으나 만일 우발적으로 전투에 휩쓸리게 될 경우 즉각 반격해야 한다는 의견은 13%에 불과하였다. 철저히 방어해야 한다는 의견이 45%로 가장 높았고 무력 없이 대응해야 한다는 의견도 약 31%로 만일 전쟁 등이 발생한다 해도 직접적으로 무력을 사용하는 반격에는 부정적인 것으로 나타났다. 더욱이 일본이 평화 수호를 위해서는 무력에 의존하지 않는 외교(53.4%) 및 민간 레벨의 경제적·문화적 교류(26%)가 중요하다고 보는 견해가 무력 배경의 억지력(9.4%)이 필요하다는 견해보다 월등히 높았다.

〈표 8〉 일본인의 안전보장 및 평화 관련 의식(2)

단위(%)	현재의 안전보장체제로 미래에도 일본의 평화 유지		세계정세 상 일본이 전쟁 및 분쟁에 휩쓸리거나 타국에 의해 침략 받을 위험성		우발적으로 전투에 휩쓸릴 경우 일본의 대처			일본 평화 수호 위해 가장 중요한 것			일본의 평화 수호 위해 일본의 입장을 어필하는 중요 방법				전후 안전보장 및 외교에 대한 일본인 의식 변화		최근 안전보장 및 외교에 대한 일본인 의식이 보수화 된다는 생각		
	지속	비지속	위험	비위험	즉각 반격	철저히 방어	무력 사용 없이 대응	무력 배경의 억지력	무력에 의존하지 않는 외교	민간 레벨의 경제적·문화적 교류	전쟁 포기를 원한다고 세계에 주장	방위력 강화	평화 유지 활동으로 세계에 공헌	경제 등 교류로 세계 각국과 관계 강화	변화	무 변화	보수화 되어 걱정	보수 경향은 있지만 문제 없음	보수화되지 않았음
2013년 8월	20.5	22.5	68.8	26.7	13.0	45.0	31.2								64.7	24.8	25.9	38.0	23.6
2014년 7월			72.9	20.9				9.4	53.4	26.0	27.0	12.5	21.1	26.8					

한편, 최근 일본의 우경화에 대한 논의, 즉 안전보장 및 외교에 대한 일본인의 의식이 변화하고 특히 보수화되고 있다는 생각에 대해서는 약 65% 가까이 변화하고 있고 약 60% 넘게 보수화 경향을 인정하고 있지만 그러한 보수화 경향에 우려를 느끼는 비율은 약 26%로 전체적으로 일본 시민들이 일본인 스스로에 대해 느끼는 보수화 경향에 대한 염려는 상대적으로 크지 않은 것으로 보인다.

3.2.3. 헌법개정 · 자위대 · 집단적 자위권

내각부의 외교에 관한 여론조사에서는 헌법개정 · 자위대 · 집단적 자위권에 관한 항목이 다뤄지지 않았다. 따라서 헌법개정 · 자위대 · 집단적 자위권과 관련된 여론조사는 NHK와 FNN의 여론조사에 한해 논의한다. 헌법개정 · 자위대 · 집단적 자위권 관련 의식에 대해서는 양 기관의 여론조사가 겹치는 항목이 많다. 조사기관의 출처는 각 표 왼쪽에 'N' 또는 'F'로 표기하였다. N은 NHK이고 F는 FNN이다. FNN의 모든 조사는 전화조사인 반면 NHK는 조사에 따라 전화조사와 면접조사가 혼재되어 있어 면접조사인 경우에만 'N면'으로 표기한다.

먼저 헌법개정에 대해 NHK는 그 필요성에 대해 물은 반면, FNN은 찬반 의견에 대해 질문하였다. NHK와 FNN의 조사 결과에서 방향성은 유사하지만 비율에서 다소의 차이가 나타나는데 이는 필요성과 찬반을 물은 질문 항목 및 조사방식의 영향으로 보인다.

〈표 9〉 일본인의 헌법개정 · 자위대 · 집단적 자위권 관련 의식(1)

	단위(%)	헌법개정 (N)필요성 · (F)찬반		개정 필요 이유						개정 불필요 이유						
		필요 (찬성)	불필요 (반대)	미국의 강압에 의한 헌법	프라이버시 권리 및 환경권 등 새로운 권리 명기	국가자위권 및 자위대 존재 명기	국제사회에서의 역할을 위해	시대변화에 대응	일본을 둘러싼 안전보장환경 변화에 대응	현재 헌법이 좋은 헌법	현 헌법에 다소 문제는 있으나 개정할 정도는 아님	이미 국민 가운데 정착	헌법의 해석 및 운용의 폭을 정하지 않으면 됨	전쟁포기를 규정하는 헌법9조 수호	아시아 각국 등 국제관계에서 손해	기본적 인권이 지켜지고 있어서
F	2013년 4월	61.3	26.4													
N	2013년 4월	41.6	16.0	8.6			15.0	75.4		7.3	35.5			52.5		
F	2013년 5월	56.3	31.5													
F	2013년 6월	52.2	38.1													
F	2013년 7월	52.2	34.8													
F	2013년 8월	49.3	37.9													
F	2013년 9월	52.4	36.4													
F	2014년 1월	44.3	42.2													
F	2014년 2월	49.5	36.8													
F	2014년 3월	38.8	47.0													
N	2014년 4월	28.4	26.2	7.0			15.0	75.3		6.9	30.8			60.1		
F	2015년 4월	40.8	47.8													
N	2015년 5월	27.7	24.6	6.1			11.7	79.8		9.2	19.9			67.3		
F	2015년 7월	37.6	54.1													
F	2016년 3월	41.3	47.3													
F	2016년 4월	45.5	45.5													
N	2016년 4월	27.3	30.5	8.4	8.4	20.4			54.6			11.0	9.7	69.6		
F	2016년 6월	43.3	45.5													
F	2016년 7월	42.3	41.7													
F	2016년 11월	55.7	37.2													
N면	2017년 3월	42.5	34.4	11.7	15.6	14.7			53.5			22.7		51.3	2.8	20.9
F	2017년 4월	52.9	39.5													
F	2017년 5월	49.8	44.0													
F	2017년 6월	55.4	37.5													
F	2017년 12월	53.6	39.6													

　〈표 9〉는 헌법개정에 관한 여론조사의 결과를 정리한 표이다. 제2
차 아베 내각이 출범한 직후 헌법개정에 대해 찬성 의견이 60%를 넘어
높게 나타났으나 그 비율이 점차 낮아져 2015년 7월에는 약 38%로 감소

하였다. NHK의 조사 결과는 이보다 더 낮아 2016년 4월이 헌법개정이 필요하다는 의견이 약 24%에 불과하였다. 하지만 최근으로 올수록 다시 상승하는 경향을 보여 약 50%대(FNN), 약 40%대(NHK)의 헌법개정 찬성·필요의 의견을 나타내고 있다. 하지만 흥미로운 점은 헌법개정에 대한 찬성 및 필요성이 비교적 낮은 비율로 나타난 2014년에는 4월 '무기수출 3원칙' 완화에 대한 각의 결정이 있었고, 7월에는 집단적 자위권 행사를 용인하는 각의 결정이 진행되었으며, 12월에는 참의원 선거에서 자민당이 승리하여 3분의 2 이상을 차지하게 된 시기였다. 상대적으로 제2차 아베 내각 시기 가운데 다른 시기보다 헌법개정과 관련된 아베 정권의 외교·안보정책이 구체화된 시기에 헌법개정에 대한 의견이 그와 다른 방향으로 나타났다는 점은 정부의 의견과 일본 시민의 의견에 차이가 있을 수 있다는 가능성을 보인다. 이 점에 대해서는 내각지지와의 관계에서 좀더 구체적으로 살펴보기로 한다.

한편, 헌법개정이 필요한 이유에 대해서는 선택 항목에 따라 시점별 다소의 차이가 있기는 하지만 헌법 제정 이후 약 70년이 지난 시대 변화에 대응하기 위해 필요하다는 의견이 75% 이상으로, 안전보장 환경 변화에 대응해야 한다는 의견이 50% 이상으로 조사되었다. 또한 개정이 불필요하다는 의견에는 전쟁 포기를 규정하는 헌법9조를 지키기 위해서라는 의견이 가장 많았다.

<표 10> 일본인의 헌법개정 · 자위대 · 집단적 자위권 관련 의식(2)

	단위(%)	전쟁포기를 규정한 헌법9조 역할 평가		헌법9조 개정 (N)필요성 (F)찬반		개정 필요 이유					개정 불필요 이유				헌법개정 절차를 규정한 헌법96조의 전의원 2/3 이상 찬성에서 과반수 찬성 완화		헌법개정을 바라는 의원(정당)이 2/3 이상 점유	
		평가	비평가	필요 (찬성)	불필요 (반대)	자위력 보유를 헌법에 명기	UN중심의 군사활동을 가능하게 하기 위해	UN의 평화유지 활동 등에 좀더 적극적으로 공헌	해외에서의 무력행사가 가능하도록	자위대도 포함한 군사력 포기 명기	해외에서의 무력행사 저지 위해	아시아 각국 등 국제관계에서 손해	평화헌법으로서 가장 중요한 조문	개정 안해도 헌법해석으로 변경 대응 가능	찬성	반대	바람직	바람직지 않음
F	2013년 1월														35.3	49.8		
F	2013년 2월														44.6	44.4		
F	2013년 4월														42.1	44.7	54.8	31.3
N	2013년 4월	76.3	17.1	33.1	29.9	46.9	31.6		8.6	7.1	8.5	6.8	66.0	15.9	25.6	23.8		
F	2013년 5월														32.3	52.0	54.6	32.8
F	2013년 6월																53.9	36.2
F	2013년 7월(1)														32.7	53.7	45.0	39.9
F	2013년 7월(2)																49.9	36.1
F	2013년 8월														30.6	57.2		
N	2014년 4월	74.8	15.2	23.1	38.4	40.8	34.9		7.8	8.4	10.7	5.5	67.6	13.5	18.1	30.4		
N	2014년 7월	76.5	16.0															
N	2015년 5월			22.1	38.4	43.7	24.8		8.2	14.9	13.3	6.0	64.8	13.3				
F	2015년 7월			33.5	59.5													
F	2016년 1월														32.7	58.3		
F	2016년 2월														40.9	49.8		
F	2016년 4월														48.0	41.6		
N	2016년 4월	75.8	16.2	22.1	39.8	55.1	22.6		5.4	10.1	12.4	3.5	65.0	15.0				
F	2016년 5월														44.0	45.9		
F	2016년 6월														40.3	48.4		
F	2016년 7월														43.8	47.1		
N면	2017년 3월	82.0	13.4	25.4	57.2	56.5		23.7	7.3	8.0	22.4	5.1	58.4	11.3				

　헌법 중에서도 특히 헌법9조에 관한 자세한 여론조사가 실시되고 있다(<표 10>). 먼저 전쟁 포기를 규정한 헌법9조의 역할에 대해서는 70%가 넘는 높은 비율로 긍정적으로 평가되고 있는 것으로 나타났다. 헌

법9조 개정에 대한 찬반 및 필요성에 대해서는 조사에 따라 차이가 있으나 전반적으로 20%대의 찬성에 머무르는 정도이고 높은 경우에도 30%대 정도이다. 반대 및 불필요하다는 의견 역시 조사에 따라 차이가 있으나 최근으로 올수록 반대 의견이 많아져 2015년 7월과 2017년 3월에는 60% 가까이 반대하는 것으로 기록되었다.

헌법9조의 개정이 필요한 이유로는 전반적으로 자위력 및 자위대 등의 군사력 보유의 헌법 명기 등이 주요 이유가 되었고 반대로 불필요한 이유로는 무력저지 및 평화헌법을 지키기 위해서라는 의견이 높았다. 하지만 한편으로는 헌법9조를 굳이 개정하지 않아도 헌법해석 변경으로 대응 가능하기 때문이라는 의견도 10%를 넘어 단순히 헌법9조 개정에 반대하거나 개정이 필요 없다고 답한다고 해서 모두 무력 행사 등에 반대하는 것은 아니라는 측면도 알 수 있었다.

헌법개정 절차를 규정한 헌법96조에서 정하고 있는 헌법개정에 필요한 의원 수를 전(全)의원 2/3 이상 찬성에서 과반수 찬성로 완화시키는 규정에 대해서는 조사에 따라 차이는 있으나 최근으로 올수록 반대 비율이 높아지는 경향을 보인다. 이와 관련하여 헌법개정을 바라는 의원(정당)이 의회 2/3 이상을 점유하는 것에 대해서도 점차 바람직하게 생각하는 의견보다 바람직하지 않게 생각하는 의견이 늘어나는 경향을 보인다. 전반적으로 볼 때 상대적으로 제2차 아베 내각이 출범한 시기에 비교적 헌법개정과 관련하여 아베 정권이 주장하는 바와 유사한 의견을 피력한 시민의 비율이 높았으나 점차 그 비율이 줄어드는 경향을 보인다. 이에 대한 구체적인 내용은 내각 지지율과의 관계에서 다시 논하기로 한다.

〈표 11〉 일본인의 헌법개정 · 자위대 · 집단적 자위권 관련 의식(3)

단위(%)		집단적 자위권 행사		동맹국 공격 및 일본 안전 위협 시 집단적 자위권 행사				인정 이유				불인정 이유			
		(N)헌법개정 및 헌법해석 변경하여 인정/(F)인정	(N)행사 및 집단적 자위권 자체 불인정/(F)불인정	인정/평가 (2014년 7월 이후 각의결정 이후)	불인정/비평가	전적으로 행사	최소한 행사	일본 방위	동맹국 관계 유지	권리는 있으면서 행사 못하는 것이 이상함	안전보장 관련 국제적 활동에 필요	정부의 헌법해석과 모순	타국의 전쟁에 휩쓸리고 싶지 않음	주변국을 불안하게 할 수 있음	행사 안해도 후방지원활동 등 공헌 가능
N	2013년 4월	47.9	25.9												
F	2013년 8월	45.4	38.2												
F	2014년 1월	43.9	35.7												
F	2014년 2월			47.4	38.1										
F	2014년 3월			42.4	41.5										
F	2014년 4월				25.5	7.3	64.1								
N	2014년 4월	33.1	41.5					29.9	17.2	12.1	38.3	5.3	33.5	15.4	41.6
F	2014년 5월				28.1	10.5	59.4								
F	2014년 6월				33.3	11.1	52.6								
F	2014년 7월			35.3	56.0										

다음으로 집단적 자위권 행사에 관한 여론 추이를 살펴보면 〈표 11〉과 같다. 역시 제2차 아베 내각 초창기에는 집단적 자위권 행사에 대하여 인정해야 한다는 의견이 높았으나 점차 그 비율이 줄어들고 오히려 인정할 수 없다는 의견이 인정해야 한다는 의견을 앞질렀다(2014년 4월). 집단적 자위권 행사에 대한 여론 역시 질문 방식에 따라 그 결과에 차이가 나타나는데 단순히 집단적 자위권 행사를 인정해야 하느냐 여부를 물은 질문보다 동맹국이 공격 받고 그에 따라 일본의 안전도 위협 당할 시에 집단적 자위권 행사를 인정해야 하느냐로 설명하고 질문하는 경우, 전자의 경우보다 인정해야 한다는 비율이 상대적으로 높게 나타났다. 하지만 이 역시 집단적 자위권 행사 용인에 대한 각의 결정이 진행된 이후 조사된 2014년 7월 조사 결과에서는 이전에 비해 인정해야 한다

는 비율이 낮아졌고 인정하지 않는다는 비율이 이전과 비교하여 확연히 높아졌다. 아베 내각의 실질적인 법적 움직임이 진행된 경우 오히려 정부와 반대되는 의견의 비율이 높아지는 것으로 보여진다. 이에 대한 구체적인 확인은 〈표 12〉를 통해 알아본다.

〈표 12〉 일본인의 헌법개정 · 자위대 · 집단적 자위권 관련 의식(4)

	단위(%)	아베 내각의 헌법해석 변경 및 집단적 자위권 용인의 각의결정		집단적 자위권 행사 찬반 (2017년 3월 조사에서는 그 내용을 자세히 설명)		국회에서 안전보장관련 법안 성립 (전/후2015년 9월) 찬/반		집단적 자위권 행사 용인으로 인해 일본의 전쟁 및 분쟁에 휩싸일 위험			앞으로의 자위대 향배			자위대가 수행해야 할 역할		
		평가	비평가	찬성	반대	찬성	반대	증대	감소	변화무	증강	현상유지	축소	자국방어	평화유지활동처럼 무력을 동반하지 않는 공헌	미군 등의 우호국 군대에 무력 행사를 포함한 협조
N	2013년 8월										29.6	54.8	6.3			
N	2014년 7월	37.6	54.0					43.7	11.0	36.6	22.8	60.5	8.1	21.0	58.6	10.4
F	2015년 4월					36.2	49.5									
F	2015년 5월					31.7	57.7									
N	2015년 5월			21.9	29.5											
F	2015년 6월					31.7	58.9									
F	2015년 7월					29.0	63.4									
F	2015년 9월 (안전보장 관련 법안 성립 후)					32.4	59.9									
N	2016년 4월			25.0	27.2											
N면	2017년 3월			61.1	32.7											

〈표 11〉에서 나타났듯이 집단적 자위권 행사 용인에 대한 각의 결정이 정해지기 전에는 비교적 집단적 자위권 행사를 인정해야 한다는 의견이 인정해서는 안 된다는 의견보다 높은 경우가 많았으나 정작 아베 내각에서 집단적 자위권을 용인하는 각의 결정이 진행되자 그 평가에 대해 부정적인 견해가 54%로 높게 나타났다(〈표 12〉). 이후 약간의 차

이이긴 하지만 집단적 자위권 행사에 반대하는 의견이 찬성하는 의견보다 높게 조사되었으나(2015년 5월, 2016년 4월 조사) 2017년 3월에는 다시 찬성 의견이 높게 나타났다.

한편 아베 정권 중에 국회에서 안전보장 관련 법안이 성립되는 또는 된 것에 대해 적게는 50% 가까이, 많게는 약 63%가 반대하는 것으로 조사되었다. 더욱이 집단적 자위권 행사가 인정됨으로써 일본이 전쟁에 휘말릴 위험이 높아졌다는 의견이 약 44%로 감소(11%)하거나 변화가 없을 것(약 37%)으로 판단하는 비율보다 높았다. 또한 자위대가 수행할 역할에 대해서는 자국을 방어(21%)하거나 무력 행사에 협조(약 10%)하기보다는 평화유지 활동처럼 무력을 동반하지 않는 공헌(약 59%)의 역할을 수행하기 바라는 의견이 많았다.

이처럼 집단적 자위권 행사의 경우 의식적으로 인정해야 한다는 의견이 상대적으로 인정해서는 안 된다는 의견보다 우세해도 각의 결정이 진행되거나 법안이 성립된 경우 이에 대한 반대 의견이 높은 경향을 보인다. 자위권 행사 결정이 용인됨으로써 전쟁 위협에 대한 불안감이 높아졌고 향후 자위대의 역할에 대해서도 무력 행사를 바라지 않는 의견이 많은 것을 알 수 있다. 이상의 내용을 바탕으로 다음에서는 내각 지지율과 몇가지 주요 여론의 추이가 어떠한 관계를 나타내고 있는지에 대해 논의하기로 한다.

3.3. 헌법개정 · 자위대 · 집단적 자위권 관련 여론과 내각 지지율

위에서 살펴본 바와 같이 조사 항목 및 조사방식에 따라 다소 여론 조사의 결과에 차이가 발생한다. 따라서 이하에서 다루는 내각 지지율과 여론 간의 관계에서는 한 기관에서 조사한 여론 결과에 한정하여 그 관계를 논의하기로 한다.

〈그림 1〉 아베 내각 지지율(2013년 1월~2017년 12월)(%)

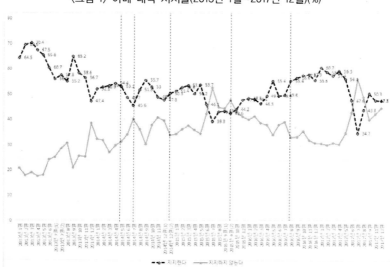

제2차 아베 내각이 출범한 2012년 12월 26일 이후 2017년 12월까지의 아베 내각 지지율은 〈그림 1〉과 같다. FNN은 매월 아베 내각의 지지율을 조사해 오고 있는데 '지지한다', '지지하지 않는다', '어느 쪽도 아니다' 가운데 하나를 선택하는 방식을 취하고 있다. 이 가운데 '지지한다'와 '지지하지

않는다'만 표시한 것이 〈그림 1〉이다. 2012년 출범 이후 아베 내각의 지지율은 2013년 3월 70.4%를 기록하는 등 초창기에 높은 지지율을 얻었으나 점차 감소와 증가를 반복하면서 〈그림 1〉과 같은 추이를 나타내고 있다.

〈그림 1〉 중간에 표시된 세로 점선은 헌법 관련 주요 사항이 발생한 직후 조사를 표시한 선이다. 먼저 2014년 4월에는 '무기수출 3원칙' 완화에 대한 각의 결정이 있었고, 2014년 7월에는 집단적 자위권 행사를 용인하는 각의 결정이 있었으며, 2014년 12월과 2016년 7월은 각각 중의원 선거와 참의원 선거에서 여당이 2/3 이상을 점유하게 된 시기이고, 2015년 9월에는 안전보장 관련법이 성립되었다. 각 해당 달의 내각 지지율과 그 전달과의 차이를 살펴보면 각각 2014년 4월 0.9%p, 2014년 7월 -3.3%p, 2014년 12월 2.5%p, 2015년 9월 -0.9%p, 2016년 7월 0.4%p의 변화가 발생하였다. 헌법 관련 주요 움직임이 발생하여도 내각 지지율에 크게 변화는 없으며 더욱이 상승한 경우와 하강한 경우가 혼재되어 있고 그 폭도 최대 |3.3|%p에서 최소 |0.4|%p로 변화폭도 비교적 크지 않다. 전반적으로 헌법 관련 정부 및 여당의 움직임은 내각 지지율에 큰 영향을 주지 못하는 것으로 보여진다.

그렇다면 구체적인 여론과 내각 지지율의 관계는 어떠한지 알아보기로 한다. 헌법개정 및 헌법9조 개정에 대한 찬반·필요성 조사는 내각 지지율처럼 매달 진행된 것이 아니기 때문에 최대한 조사가 많이 이루어진 기관의 조사결과를 바탕으로 비교한다. 헌법개정 데이터는 FNN의 조사 결과로, 헌법9조 개정 데이터는 NHK의 조사 결과로 그 차이를 논의한다. 〈그림 2〉와 〈그림 3〉은 각각 내각 지지율(꺾은선)과 헌법개정·헌

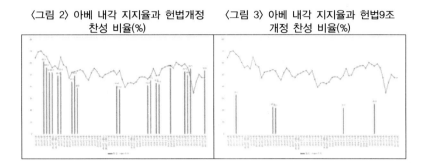

〈그림 2〉 아베 내각 지지율과 헌법개정 찬성 비율(%)

〈그림 3〉 아베 내각 지지율과 헌법9조 개정 찬성 비율(%)

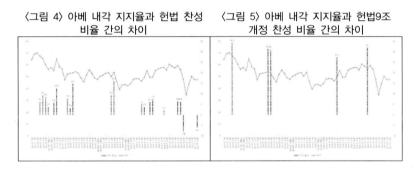

〈그림 4〉 아베 내각 지지율과 헌법 찬성 비율 간의 차이

〈그림 5〉 아베 내각 지지율과 헌법9조 개정 찬성 비율 간의 차이

법9조 개정(막대)에 대한 찬성 비율을 정리한 것이다. 헌법개정과 헌법9조 개정 모두에서 대체로 내각 지지율보다 개정에 찬성하는 비율이 낮은데 헌법개정의 경우에서는 개정 찬성률이 아베 내각의 지지율보다 높은 경우도 있다(2017년 6월, 12월).

양쪽 모두 매월 조사가 진행된 것이 아니기 때문에 〈그림 2〉와 〈그림 3〉만으로는 각각의 찬성률과 내각 지지율이 어느 정도로 차이가 나고 그 변화가 어떠한지 쉽게 파악할 수 없다. 이를 보다 쉽게 나타내기 위해 내각 지지율에서 각각의 개정 찬성률의 차이를 구해 그 결과를 막대 그래프로 표시한 것이 〈그림 4〉와 〈그림 5〉이다. 〈그림 4〉와 〈그림 5〉의

꺾은선그래프는 내각 지지율을 표시한 것이고 왼쪽 축은 내각 지지율의 범위를 나타낸 축으로 〈그림 2〉와 〈그림 3〉의 기준과 동일하다. 한편, 〈그림 4〉와 〈그림 5〉의 오른쪽 축은 내각 지지율에서 각각의 찬성률을 뺀 수치를 의미하는 축으로 그 범위가 -10부터 35까지에 해당된다.[12] 먼저 각각의 막대그래프의 길이가 짧을수록 지지율과의 차이가 적은 것을 의미하고 서로 다른 막대그래프의 길이가 비슷할수록 조사된 달의 내각 지지율과 찬성률 차의 변화가 적다는 것을 의미한다.

먼저 〈그림 4〉의 헌법개정의 경우, -7.8에서 16.1까지 다양한 분포로 그 차이가 나타나는데 각 데이터 차이의 변화가 비교적 심하게 나타난다. 이는 헌법개정과 내각 지지율 간의 변화 움직임이 유사하지 않다는 것을 의미한다. 다시 말해 헌법개정의 찬성률로 내각 지지율을 설명하기 어렵다는 것을 뜻한다. 한편, 〈그림 5〉의 내각 지지율과 헌법9조 개정 찬성률과의 차이는 27.3에서 34.4로 각각의 데이터별 변화의 차이가 비교적 작다. 하지만 막대그래프의 길이가 길다는 것은 내각 지지율과 찬성률의 차이가 크다는 뜻으로 대부분 20%대를 기록한 헌법9조 개정 찬성률이 내각 지지율을 뒷받침한다고 주장하기는 어려워 보인다.

결과적으로 아베 내각 지지율은 헌법 관련 주요 사항이 일어난 시기별 기준에서도, 헌법개정과 헌법9조 개정에 대한 찬성률과의 관계 기준에서도 시민의 외교·안보의식이 아베 내각의 외교·안보정책과 그 뜻을 같이 한다고 보기는 어려워 보인다.

---

12) 헌법개정과 헌법9조 개정이 결과를 비교하기 위해 두 그림의 오른쪽 축의 범위를 동일하게 적용하였다.

4. 여론을 통한 아베 외교의 평가

본 연구의 목적은 여론조사결과를 이용하여 일본 시민의 외교·안보인식을 면밀히 분석하고 과연 아베 정권의 외교안보정책이 일본 시민의 지지에 의해 진행되어 왔는지를 확인하는 데 있다. 이를 위해 국가 간 관계, 안전보장 및 평화, 헌법개정·자위대·집단적 자위권 분야의 여론조사 결과를 분석하였다. 미국에 대해서는 상당히 우호적이고 미일관계를 매우 중요하게 생각하지만 아시아와의 협조를 미일동맹보다 우선시하는 의견이 더 많았다. 중국과 한국에 대해서는 미국보다 친밀감이 낮고 군사적 충돌을 염려하는 여론도 높지만 이에 대한 군사적 대응은 선호하지 않는 시민이 많았다. 더욱이 제2차 아베 내각이 들어선 이후 점차 중국 및 한국에 대한 우호적 인식이 높아지고 있는 것으로 나타났다. 한편, 안전보장과 평화면에서도 평화를 희망하지만 평화를 수호하기 위해 무기 거래 등 군사적 행동에 나서는 것은 피하려는 경향이 강하게 나타났다. 특히 우경화 논란의 중심이 되는 헌법개정·자위대·집단적 자위권 가운데 헌법개정을 원하는 일본 시민과 반대하는 일본 시민의 비율은 50% 내외에서 그 수치가 상호 교차를 반복하는 수준이다. 헌법개정을 찬성하는 의견에는 외부에서 염려하는 자위대 및 자위권의 명시화를 희망하는 의견도 있지만 시대적 변화에 대응하기 위해 헌법개정이 필요하다는 의견이 많았고 헌법개정을 반대하는 의견 가운데에는 전쟁포기를 규정하고 있는 헌법9조를 수호라기 위해서라는 응답이 가장 높았다. 헌법9조 개정에 대한 찬반 및 필요성에 대해서는 대부분 20-30% 정도가 찬성 및 필요하다는 의견을 보였고 헌법 개정 절차(헌법96조)에 관하여 전 의원 2/3 이상 찬성 조항의 과반수 이상 찬성으로 완화하는 내용에 대해서는 40% 이상의 찬성이 나타난 결과도 있었으나 대부분은 30%대 비율이 찬성으로 나타났다. 더욱이 헌법과 관련하여 주요 사항들이 결정되었던 시기에 내각 지지율이 상승하거나 상승폭이 높아지거나 하는 경향을 찾을 수 없었고 해당 시기와 내각 지지율 간의 일정한 패턴이 보이지 않아 자위대 및 자위권을 포함한 헌법개정 관련 의식이 내각 지지율을 뒷받침하는 근거로 설명되기 어려워 보인다. 또한 헌법개정 및 헌법9조 개정과 관련된 여론과 내각 지지율의 관계를 살펴봐도 일본 시민의 관련 의식이 비교적 안정적으로 유지되어 온 아베 내각 지지율의 배경이 될 가능성은 낮아 보인다.

민주주의 국가에서 정책을 상품으로, 유권자를 소비자의 관점에서 판단해 본다면(Downs 1957) 여론을 무시한 채 정책을 추진할 수 없지만 이상의 논의로 볼 때 아베 정권의 외교·안보정책의 행보는 다수의 일본 시민이 원하는 방향과 합치되는 것은 아니라고 판단된다.

그렇다면 외교·안보적 측면에서 일본 시민의 여론이 아베 정권의 정책 방향과 비교적 일치하지 않음에도 불구하고 비교적 안정적인 아베 내각 지지율이 유지된 이유는 어디에 있을까? 이에 대해서도 면밀한 분석이 필요하겠지만 대략적으로 4가지 요인이 비교적 크게 작용한 것으로 생각된다. 먼저 꾸준히 유지되는 아베 총리에 대한 개인적 인기, 외교·안보 관련 정책에 대한 유권자의 낮은 관심 및 기대, 낮은 투표율과 평균 30-40%의 자민당 득표율, 마지막으로 미국과의 관계를 위한 정당

선호 등으로 인해 외교·안보 여론이 정부 정책에 크게 반영되지 않아도
내각 지지율에 큰 영향을 미치지 않는 것으로 보여진다.

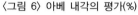
〈그림 6〉 아베 내각의 평가(%)

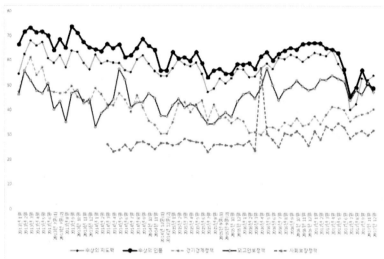

우선 FNN이 조사한 아베 내각 평가를 살펴보면 아베 총리의 개인적
인기가 주요 원동력이 되는 것으로 추정된다. 〈그림 6〉은 FNN이 매월 항
목별로 조사한 아베 내각에 대한 평가 내용이다. 그 중 가장 높은 수치를
나타내고 있는 굵은 실선은 아베 총리의 인품을 평가하는 내용으로 2017
년 하반기에 40%대를 기록하기도 했으나 거의 대부분 50%를 넘는 높은
평가를 유지해 왔다. 그 다음의 평가가 옅은 실선으로 표시한 총리의 지
도력으로 총리의 인품과 지도력이라는 개인적 인기가 높게 유지된 것이
아베 내각 지지율의 안정에 기여한 것으로 보인다. 가장 낮은 수치를 보

인 하단의 2개의 점선은 경기경제정책과 사회보장정책(2014년 2월경부터 시작된 점선)에 대한 평가로 중간 실선의 외교안보정책보다 대체로 낮게 평가되고 있다. 전반적으로 외교·안보정책에 대한 평가도 낮지만 경기경제정책 및 사회보장정책에 대한 평가는 그보다 더 낮음에도 불구하고 아베 내각의 안정된 내각 지지율이 유지된 원인에는 아베 총리의 개인적 인기가 중요한 영향을 미치는 것으로 보인다.

두 번째 원인은 일본 시민이 선거 시에 중요하게 생각하는 기준 및 아베 정권에 기대하는 항목 가운데 외교·안보정책의 중요도 및 기대도가 상대적으로 낮다는 점을 들 수 있다. 〈표 13〉과 〈표 14〉는 FNN이 표시된 달에 조사한 선거 시의 주요 판단 기준 및 아베 정권에 대한 기대 정책을 정리한 것이다. 일본 시민이 상대적으로 중요하게 생각하고 아베 정권에 비교적 높게 기대하는 정책은 경제 및 사회보장 관련 정책으로 외교·안보, 헌법개정, TPP교섭 등에 대한 중요도 및 기대도는 경제 및 사회보장과 비교해 낮게 나타난다.

일본 내 언론이 외교·안보 이슈와 관련하여 다루는 뉴스의 양이 많고 방출하는 빈도도 높아 일본 시민이 외교·안보 이슈에 상당히 관심이 높고 아베 정권 선택 및 지지에 대해 중요한 기준이 될 것 같지만 실제로는 경제 및 사회보장 이슈에 비해 그 관심 및 기대가 낮은 경향이 있다(경제희 2009). 따라서 결과적으로 다양한 여론 중에 외교·안보 관련 여론이 아베 정권의 정책 방향과 차이가 있어도 내각 지지율을 떨어뜨리는 원인으로 작용하지 않는 것으로 보인다.

<표 13> 선거에서 정당 선택 판단 시 가장 중요하게 생각하는 기준(%)

	경기 대책	연금 및 의료 등 사회보장 개혁	재해 복원	원자력발전 등 에너지 정책 개선	양육 및 교육 정책	소비세 인상	지방 분권	외교 ·안보	헌법 개정	TPP 교섭
2013년 6월	32.1	27.1	5.1	5.5	6.5	2.9	0.7	7.6	5.1	1.7
2013년 7월(1)	36.1	22.7	3.2	7.6	6.8	3.8	0.4	6.9	5.4	2.6
2013년 7월(2)	32.0	17.1	-	7.9	-	5.6	-	4.2	8.8	2.8
2014년 11월	33.1	25.5	3	6.4	6.9	2.9	0.8	6.8	3.5	1.2
2014년 12월	31.1	25.7	2.7	6.1	8.7	3	0.9	8.2	3.5	0.8

<표 14> 아베 정권에 가장 기대하는 정책(%)

	경기대책	연금 및 의료 등 사회보장 개혁	재정 재건	재해 복원	원자력발전 등 에너지 정책 개선	외교·안보	납치·핵 등 북한 문제	헌법 개정
2012년 12월	40.3	12.5	10.5	7.5	4.8	3.4	2.2	2.1
2014년 9월	23.2	26.0	4.4	5.4	3.3	11.0	3.7	1.4

다음으로 최근 일본의 중의원 및 참의원 선거의 투표율은 50% 초반 대를 기록하고 있고 자민당 의원의 득표율은 의원에 따라 차이는 있겠지만 대체로 30-40%대의 득표율로 당선되는 경우가 많다. 대략적으로 투표율 50%와 득표율 40%를 곱하면 20%로 자민당 후보가 얻는 유권자의 지지는 전체 유권자 가운데 20% 정도에 해당한다. 실제로는 이보다 낮은 경우도 많기 때문에 전반적인 시민의 여론보다는 자민당의 이른바 콘크리트 지지자로 불리는 강한 지지세력이 바라는 정책 방향에 부합하는 쪽이 선거에서의 당선에 유리하다고 판단할 수도 있다.

마지막으로 <표 4>에서 나타난 바와 같이 일본 시민은 미국과의 관계를 매우 중요하게 생각하기 때문에 미국과 좋은 관계를 유지하는 정당을 선호한다고 보여진다. 과거 민주당 정권 시절의 경험 등을 바탕으로 일본 시민이 최근 일본에 존재하는 정당 가운데 자민당보다 미국과

VI. 아베 정권 시기의 일본 여론과 외교·안보정책 237

의 관계를 더 잘 유지할 수 있는 정당을 기대하기는 어려워 보인다. 이러한 상황에서 비록 그 정책 방향이 시민의 뜻과는 달라도 더 나은 대안이 없는 이상 외교·안보정책으로 인해 아베 내각에 대한 지지가 쉽게 낮아질 것으로 생각되지 않는다.

본 연구는 각 여론조사의 원(raw)데이터가 아닌 결과만을 대상으로 그 추이를 보는데 그치고 있기 때문에 엄격한 의미에서 외교·안보의식과 내각 지지율에 대한 인과관계를 밝히지 못하는 한계를 가지고 있다. 하지만 그럼에도 불구하고 일본의 정치가와 시민을 구분하고 역사 및 영토 이슈와 외교 및 안보 이슈를 엄격히 구분하여 세밀한 분석 단위에서 일본 시민의 관련 의식의 추이를 분석했다는 데 의의가 있다.

여러 여론기관의 조사를 불문하고 역사 및 영토 이슈에 대한 일본 시민의 의식은 우경화로 판단할 정도의 비율을 나타내는 경향이 있다. 하지만 관념적인 의식이 높은 것과 이를 행동에 반영할 수 있도록 그 기반을 갖추는 외교·안보 의식과는 구별되어 논의되어야 한다. 본 연구는 우경화 경향을 부정할 수 없는 정치가와 일본의 시민을 구분하고 외교·안보의식을 역사 및 영토 인식과 별개로 하여 일본 시민의 의식을 살펴보았다. 제2차 아베 내각이 출범한 이후 오히려 일본 시민의 외교·안보의식은 아베 정권의 외교·안보정책의 추진 방향과 다른 방향을 나타내기도 하였다. 여론이란 쉽게 바뀔 수도 있기 때문에 이러한 경향이 앞으로도 꾸준히 유지될 것이라 장담할 수는 없지만 결과적으로 최소한 아베 정권의 외교·안보적 행보가 일본 시민 대부분의 의사를 대변하는 것은 아니라고 이야기 할 수 있다.

'올 오키나와' 반기지운동의 과정과 성격*
반전평화주의에서 자결권 운동으로

진필수

1. '올 오키나와(オール沖縄, All Okinawa)' 운동의 등장

오늘날 '오키나와 문제'라고 불리는 것은 '기지 문제'에 응축되어서 나타나고 있다(Eldridge 2012). 1945년 미군 점령과 함께 생겨난 오키나와의 광대한 미군기지는 점진적으로 축소되어 왔다. 그러나 70년 동안 기지와 함께 살아온 오키나와 주민들의 의사가 미일정부의 기지 정책에 만족스럽게 수용된 적이 없을뿐더러 이들의 정치적 자율성(political autonomy)이 미일정부에 의해 허용된 적도 없다. 1995년 9월 소녀폭행 사건을 계기로 대대적인 미군기지 반환운동이 일어났었고, 이를 수습하기 위해 미일정부가 설치한 '오키나와에 관한 특별행동위원회(SACO,

---

* 이 글은 *Journal of East Asia and International Law,* Vol.9, No.2(YIJUN Institute of International Law, 2016.11)에게 게재된 논문, "The 'All Okinawa' Movement: Political and Legal Implications of the Okinawan Protest against the US Bases"를 번역하여 수정 보완한 것이다.

Special Action Committee on Okinawa)'는 1996년 4월 후텐마(普天間) 기지의 전면 반환을 포함한 11개 미군기지의 정리축소 계획을 발표하였다. 후텐마 기지의 반환은 오키나와 주민들에게 이 운동의 성과를 상징하는 것으로 인식되었으며, 그것의 이설지를 오키나와현 밖으로 하기 위한 기나긴 투쟁이 20년 넘게 지속되고 있다.

2009-10년 후텐마 기지의 현외·국외이설을 추진했던 하토야마 유키오(鳩山由紀夫) 내각의 소동은 미일안보체제 하에서 미국의 군사 전략이 얼마나 강고하게 관철되어 왔고, 일본 정부와 국민의 대미종속적 안보의식이 얼마나 뿌리 깊게 고착되어 왔는가를 실감하게 만든 사건이었다(진필수 2011, 169-226). 하토야마 내각의 현외·국외이설 노력이 하나의 소동으로 끝난 것만은 아니다. 그 불충분한 노력과 실패는 오키나와 미군기지 문제의 핵심 당사자인 오키나와 주민들에게 깊은 실망과 분노를 안겨다 주었고, 새로운 반기지운동으로 나아가게 만드는 자극제가 되었다.

2012년 12월 출범한 제2차 아베 신조(安倍晋三) 내각은 2006년 5월 1일과 2010년 5월 28일, 미일안전보장협의위원회(SCC, US-Japan Security Consultative Committee)에서 두 차례 합의된 후텐마 기지의 헤노코(辺野古) 이설을 이전의 어떤 내각보다 강력하게 추진하고 있다. 아베 내각의 강경책은 출범 당시부터 어느 정도 예상된 것이었고, 당시 오키나와의 초당파적 반기지운동은 자민당의 정치적 힘과 조직에 의해 와해되리라는 예상이 적지 않았다. 아베 내각의 강경책은 예상대로였지만, 오키나와 반기지운동이 위축될 것이라는 예상은 빗나갔다. 그것은 아베 내각

의 강경책에 정면으로 맞설 만큼 강력한 것이 되었고, 요즘 '올 오키나와 (オール沖縄)' 반기지운동이라 불리고 있다.

　지금도 많은 오키나와인들이 잊지 못하는 광경이 하나 있다. 2013 년 11월 25일, 이시바 시게루(石破茂), 당시 자민당 간사장은 오키나와현 에서 선출된 자민당 국회의원 5명과 회담을 가진 후 자민당 본부에서 기자회견을 열었다. 이시바 간사장은 후텐마 기지 이설 문제에 관해 헤노코 이설의 가능성을 배제하지 않기로 합의했다는 발표를 했다.[1] 이 기자 회견은 발표의 내용 이상으로 그 광경 때문에 문제가 되었다. 후텐마 기지의 현외이설을 공약으로 당선되었던 국회의원들은 이시바 간사장 뒤에 앉아서(혹은 앉혀져) 아무 말 없이 고개를 숙이곤 했다. 이시바 간사장의 강경한 언행은 아베 내각이 후텐마 기지의 헤노코 이설을 이행하는 데 얼마나 강력한 의지를 가졌는지를 알리는 데 부족함이 없었다. 반면, 신문이나 방송으로 그 광경을 본 오키나와인들의 굴욕감과 분노가 얼마나 심대한 것이었는지는 이후 많은 자료에서 드러나고 있다(浦島悦子 2015, 200-203; 平井康嗣・野中大樹 2015, 43; 翁長雄志 2015, 185-188). 얼마 후 나카이마 히로카즈(仲井眞弘多) 당시 오키나와현 지사에게 자민당 본부의 압력이 가해졌고, 나카이마 지사는 곧바로 두 손을 들었다. 2013년 12월 27일 나카이마 지사는 아베 총리로부터 오키나와 경제진흥책 예산의 대폭 인상을 약속 받은 대가로 그동안 보류해 놓았던 정부의 헤노코 해안 매립 신청을 승인함으로써, 헤노코 이설 공사의 길을 열어

---

1) 자민당 유튜브 홈페이지 중 이시바 간사장 연설 참조. https://www.youtube.com/ watch?v=C3ms9wIMCrU(검색일: 2016.9.27).

주었다(『琉球新報』2013.12.27).

2014년 오키나와에서는 네 차례의 각종 선거가 치러졌고, 후텐마 기지의 현외이설을 공약으로 내세운 후보들이 모두 승리하였다. 2014년 12월 중의원 선거에서는 이시바 간사장 뒤에 앉아 있던 자민당 국회의원들 중 4명이 출마하여 모두 패배하였다. 무엇보다 2014년 11월 16일 오키나와현 지사 선거에서 '올 오키나와'의 슬로건을 내세운 오나가 다케시(翁長雄志)의 당선은 오키나와 반기지운동이 새로운 국면에 접어들었음을 알려주고 있다. 이 글은 오나가 현정 이후 진행되고 있는 '올 오키나와' 반기지운동의 조직, 목표, 전개 과정을 검토하고자 하는 것이다. 이를 통해 이 글은 오키나와 반기지운동의 새로운 방향성과 그 의미를 논의할 수 있는 토대를 제공하게 될 것이고, 미국정부와 아베 정권이 추진해온 오키나와 미군기지 정책의 문제점을 드러내는 것이 될 것이다.

2. 오나가 지사의 리더십과 '올 오키나와' 운동의 조직

'올 오키나와'를 2014년 11월 이후 오나가 지사와 그 지지세력이 내세운 정치적 슬로건으로 이해하는 것은 불충분하지만 틀린 것은 아니다. 오나가는 후텐마 기지의 현외이설 공약을 철회한 자민당 오키나와현 연합회(이하, 자민당 현련)와 결별한 후 일부 보수세력의 지지와 혁신세력과의 연대를 통해 지사에 당선된 인물이다. 2014년 지사 선거에서 오나가는 360,820표를 얻어 나카이마 전지사에게 약 10만표 차의 대승을 거두었다. 오나가 지사가 직접 움직일 수 있는 정치조직은 취약하지만, 다양한 정치세력의 연대를 통해 오나가 지지세력은 안정적 다수를 구성하고 있다. 이 연대는 불안정성을 가진 것이지만, 이것을 가능하게 하는 오나가 지사의 지도력을 결코 과소평가해서는 안 된다. 14년간 오키나와현 수도 나하의 시장을 역임한 오나가는 자민당 현련의 중심 인물로서 1998년 이나미네 케이이치(稲嶺惠一) 지사와 2006년 나카이마 히로카즈 지사의 선거 전략을 설계한 지사 메이커였다. 무엇보다 2007년 이후 그의 초당파적 반전·반기지 활동은 혁신세력의 강한 신뢰를 얻고 있다(『琉球新報』 2014.7.23).

'올 오키나와'는 오키나와의 진보적 언론과 시민운동가들이 폭넓게 사용하는 용어이기도 하다. 이들의 '올 오키나와' 담론은 1950년대 중반 '섬전체의 투쟁(島ぐるみ闘争)'을 연상시켜서 최근 반기지운동의 강력함을 강조하는 경향이 있다. 오키나와인들의 초당파적 반전, 평화, 반기지 운동은 몇 차례 등장한 적이 있지만, 지금의 '올 오키나와' 반기지운동의 연원은 하토야마 내각의 시기로 거슬러 올라갈 수 있다. 2009년 11월 8일과 2010년 4월 25일 오키나와 현민대회를 통해 후텐마 기지의 현외이설은 정파를 초월한 운동의 목표로 재설정되었고, 오키나와현의회, 41개 시정촌의 수장 및 의회의 폭넓은 지지를 받게 되었다. '올 오키나와'의 용어도 이때부터 유행하기 시작했고, 조직적 측면에서도 초당적 협력의 태세가 갖추어지기 시작했다.

2012년에는 '사고 제조기'로 알려진 수직이착륙수송기 MV22 오스프레이(Osprey)의 배치 문제가 올 오키나와 조직을 결속시키는 이슈가

되었다. 2012년 9월 9일 개최된 오스프레이 배치 반대를 위한 현민대회는 중요한 의미를 갖는다. 이 집회의 실행위원회는 오키나와현의회의 모든 회파, 오키나와현시장회, 시의회의장회, 정촌장회, 정촌의회의장회, 상공회연합회, 부인연합회, 연합오키나와 등 22개 단체로 구성되었고, 10만 1천명에 이르는 오키나와 주민들이 집회에 참석하였다(『琉球新報』 2012.9.9). 2013년 1월 28일, 현민대회 대표단이 1) 오키나와 미군기지의 오스프레이 배치 철회, 2) 후텐마 기지의 폐쇄 및 철거, 3) 동기지의 현내이설 단념을 오키나와의 총의로 요구하는 〈건백서(建白書)〉를 아베 총리에게 제출하였다.[2] 이 〈건백서〉에는 2012년 9월 9일 현민대회 실행위원회의 공동대표, 오키나와현의회 모든 회파 대표, 41개 시정촌장 및 시정촌의회의장의 친필 서명이 첨부되어 있다. 이슈에 따라 이합집산하는 실행위원회 형식의 '올 오키나와' 조직은 이 시기에 가장 견고하게 결속되었다.

그러나 2013년 11월, 아베 내각의 압력으로 자민당 현련이 이 대열에서 이탈하였고, 시정촌의 지지도 위축되었다(『琉球新報』 2013.11.28). 이후 지속적 시민운동 조직으로서의 올 오키나와 조직이 필요하다는 인식이 확산되었다. 오키나와의 정당, 경제계, 지성계, 학계 관계자 약 90명이 발기인으로 참가하여 2014년 7월 27일 〈건백서〉 정신을 계승한 〈시마구루미 회의〉를 결성하였다. 약 2,000명이 참석한 결성 대회에서는 11명의 각계 활동가가 공동대표로 선출되었고, 오나가 당시 나하시

---

2) 「建白書(署名入り)」, 2013.1.28, http://kenmintaikai2012.ti-da.net/c214989.html (검색일: 2016.9.28).

장을 지사 선거 후보로 옹립하려던 나하시의회 신풍회(新風會) 소속 의원들과 오키나와현의회 야당 4회파 의원들의 참가가 지역 언론의 주목을 받았다.

약 1년 4개월이 지난 2015년 12월 14일에는 다양한 정파의 반기지운동 조직을 통합한 것으로서, 헤노코 신기지 건설에 반대하는 22개 단체(정당, 시민운동 단체, 기업, 노동조합)가 참여한 〈올 오키나와 회의〉가 결성되었다. 이것이 현재 '올 오키나와' 운동의 중추를 이루고 있는 조직이며, 온건한 시민운동을 수행하는 〈시마구루미 회의〉와 기존의 과격한 반기지운동을 수행해온 혁신세력 단체들을 결합시키고 있다(『沖繩タイムス』2015.12.15). 〈올 오키나와 회의〉는 〈시마구루미 회의〉 공동대표이자 여성운동가인 다카자토 스즈요(高里鈴代), 나고시장 이나미네 스스무(稻嶺進), 가네히데(金秀) 그룹 회장 고야 모리마사(呉屋守將)가 공동대표를 맡았고, 이후 안보법제반대를 위한 학생운동 단체, 실즈 류큐(SEALDs 琉球)의 대표 다마키 아이(玉城愛)가 공동대표에 추가되었다.

〈올 오키나와 회의〉는 정파상으로 자민당과 공명당 등을 제외한 7개 정파와 6명의 오키나와현 선출 국회의원을 포함하고 있다. 계층적으로는 5개 노동조합 이외에 저명한 3개 향토기업이 참여하고 있는 점이 특징적이다. 지역적으로는 도시화가 진전되고 인구가 집중된 오키나와 본섬 중남부 주민의 지지가 뚜렷한데, 이 점은 각종 선거 결과에서 명확히 나타나고 있다. 시정촌 지자체의 지지는 나하시와 나고시의 2개 시에 머물고 있지만, 〈시마구루미 회의〉의 시정촌 지부가 29개 시정촌에 설치되어 있다. 세대상으로는 청년세대의 참여가 독려되고 있는 점에 주목해야 한다.

단순화시켜서 보면, '올 오키나와' 운동은 오나가 지사의 정치적 리더십과 〈올 오키나와 회의〉라는 각종 운동조직의 연계를 통해 추진되고 있다. 집회와 선거에서 나타나는 시민들의 지지가 이 조직을 뒷받침하고 있다.

3. '올 오키나와' 운동의 이념과 목표

오키나와의 저명한 소설가이자 운동가인 메도루마 슌(目取真俊)은 올 오키나와 운동의 성격을, 다양한 정파가 하나의 공동 목표를 달성하기 위해 협력하는 원포인트 협조주의라고 표현한 바 있다. 이 '원포인트'는 헤노코 신기지 건설 반대이다(平井康嗣・野中大樹 2015, 234-235). 헤노코 신기지 건설에 찬성하는 자민당 현련이 이 협조주의의 밖에 있고, 그 지지세력은 매우 위축되어 있다. 아베 내각은 'All Okinawa'에서 'All'이 과장된 표현이라고 주장하면서 올 오키나와 운동의 대표성을 부정하는 태도를 취하고 있다(『琉球新報』 2016.2.27).

오나가 지사의 정치 슬로건은 1) 헤노코 신기지 건설 반대, 2) 이데올로기보다 아이덴티티, 3) 올 오키나와의 세 단어로 집약될 수 있다(翁長雄志 2015, 178-193). 오나가는 미일안보조약의 필요성을 인정하고, 일본과 동아시아의 안전보장을 위한 오키나와의 공헌을 강조해 왔던 사람이다(翁長雄志 2015, 107-109). 그가 헤노코 신기지 건설에 반대하게 된 이유는 그동안의 정치과정에서 미일정부의 기지 정책이 오키나와인들의 존엄성과 권익을 짓밟고, 극심한 내부 갈등을 유발시켰다고 판단했기 때문이다. 그는 특히 아베 내각의 강압적이고 오만한 태도에 대한 비판을 서슴지 않는다. 그는 각종 여론조사에서 70-80%의 주민들이 반대하는 것으로 나타나는 헤노코 신기지 건설이 민주주의, 인권, 지방 자치에 대한 중대한 침해라고 주장한다(翁長雄志 2015, 5-7, 31-36, 140-145).

그는 10-20%의 소수를 제외한 일본의 모든 정당과 시민(올 저팬)이 헤노코 신기지 건설에 찬성하거나 무관심한 현실에 대응하기 위해서는 오키나와의 모든 정당과 시민(올 오키나와)이 힘을 합쳐 그 부당함을 알려야 한다고 생각한다(翁長雄志 2015, 55-58). 일본의 안보 국익을 위한 오키나와인들의 희생이 잊혀지고, 오키나와인들이 기지 부담의 대가로 주어지는 경제진흥책과 특혜에 안주해 왔다는 부당한 편견과도 맞서 싸워야 한다고 말한다. 이를 위해서는 보수와 혁신의 이데올로기를 넘어선 정당 및 시민들의 연대가 필요하고, 이 연대의 기초가 일본인과 구별되는 오키나와인 아이덴티티이다. 오나가 지사는 오키나와 전투, 미군정의 억압, 섬전체의 투쟁, 일본인으로부터의 피차별, 류큐왕국의 교류사, 기지와 이민으로 생긴 혼종적 문화, 전통예능, 방언 등 오키나와인 아이덴티티를 구성하는 여러 요소들을 열거하고 있다(翁長雄志 2015, 83-89, 149-155, 219-227). 그는 오키나와인들의 문화적 동질성과 특수성을 정치적 힘으로 전환시키려는 아이덴티티의 정치학을 펼치고 있다.

〈올 오키나와 회의〉의 목표는 〈건백서〉의 세 가지 요구를 실현시키는 것이다. 〈시마구루미 회의〉 사무차장을 역임한 시마부쿠로 준(島

袋純) 류큐대학 교수는 〈건백서〉에 담긴 정신을 보편적 인권과 자결권의 침해를 바로잡기 위한 투쟁의 정신이라고 설명한다. 이 정신은 오키나와인들의 오랜 피차별에 대한 동정이나 특별한 배려를 요구하는 것이 아니다. 미국의 군사 권력이나 국가권력의 부당한 인권 침해는 오키나와뿐만 아니라, 일본이나 세계 각지에서 일어나고 있는 일이고, 〈시마구루미 회의〉는 저항을 위한 시민적 연대에 앞장서고자 하는 것이다. 유엔의 국제인권규약(ICCPR, International Covenant on Civil and Political Rights)이나 각국 헌법의 인권 조항에 명시된 것처럼, 모든 인민은 자신의 시민적, 정치적, 경제적, 사회적, 문화적 권리를 향유하기 위한 자율적 정치 기구를 만들 수 있는 자결권(the right of self-determination)을 갖고 있다. 〈시마구루미 회의〉는 오키나와인들의 자결권에 입각하여 미일정부의 인권 침해를 비판하고 자치의 확대를 추구하는 것이다.[3]

〈올 오키나와 회의〉는 보수에서 혁신까지 여러 노선의 운동 조직이 연대해 있기 때문에 다양한 목표와 방향성을 포괄하고 있기도 하다. 기지가 특혜의 근원이 아니라 오키나와 경제발전의 장애물이며, 반환지 개발의 경제 효과와 평화산업으로서의 관광산업의 면모를 강조하는 경제계의 목소리는 새롭고도 흥미로운 데가 있다(平井康嗣・野中大樹 2015, 188-216). 그것은 오키나와 산업의 중점이 건설업에서 관광업 및 서비스업으로 재편되어온 상황을 반영하고 있다. 헤노코 연안의 해양생태계 보전을 주장하는 환경운동 단체와 기지로 인한 여성 인권 침해를 공론

---

3) 島袋純, "島ぐるみ会議のめざすもの, 関西・沖縄戦を考える", 2015.6.12, http://okinawasen.main.jp/archives/112(검색일: 2016.9.5).

화하는 여성운동 단체의 목소리도 중요하다.

무엇보다 오키나와의 반전·평화·반기지 운동 단체, 좌익 정당, 노동조합은 냉전의 산물로서 간주되는 미일안보조약의 비판과 개정, 궁극적으로는 오키나와 미군기지의 전면반환을 목표로 해 왔다. 이러한 혁신세력은 1990년대 후반 후텐마 기지 반환운동에서 주도적 역할을 했지만, 이후 대중적 지지를 조금씩 상실해 왔다. 혁신세력의 목소리는 올 오키나와 운동 내에서 경제계의 견제를 받으면서 유연해 지는 한편, 강고한 조직력을 통해 반기지 운동의 전선과 이슈를 확대하는 데 힘을 발휘하고 있다. 혁신세력 운동가들은 다카에(高江) 헬리패드 건설과 사키시마(先島) 자위대 배치에 대한 주민들의 반대 운동을 지원하고 있지만, 그것이 올 오키나와 운동의 메인 이슈가 되지는 못하고 있다 (McCormack 2015).

올 오키나와 운동은 보수성향의 정치가, 경제인, 지식인, 시민들이 가담한 새로운 주체의 반기지 운동이며, 이들의 이념적 목표를 전면에 내세우고 있다. 이 운동은 아이덴티티라는 특수주의적 가치를 통해 내부적으로 결속하고, 민주주의와 인권과 같이 미일정부와의 정당성 투쟁에서 이길 수 있는 보편주의적 가치를 함께 추구하고 있다. 이 운동은 혁신세력이 추구해온 미군기지의 정리축소보다 오키나와인의 자결권 행사에 더 많은 관심을 두고 있다. 그러나 류큐의 독립이나 '센카쿠제도뿐만 아니라 오키나와제도도 일본의 고유영토가 아니다'와 같은 소수 활동가들의 과격한 주장은 이 운동의 슬로건에서 배제되어 있다.

4. '올 오키나와' 운동의 과정과 전망

올 오키나와 운동의 전개 과정은 다음의 다섯 가지 영역에서 살펴볼 수 있다.

4.1. 법정 투쟁

오나가 지사는 취임 직후 아베 총리 및 정부당국자들에게 대화를 통해 오키나와의 민의를 전달하고자 노력하였다. 그러나 아베 내각은 2014년 7월 1일 시작된 헤노코 기지 건설을 묵묵히 진행해 가겠다는 대응만을 되풀이했다. 2015년 8-9월 일본정부와 오키나와현이 진행한 집중 협의는 서로의 입장 차이만을 확인하는 시간이 되었다(『沖縄タイムス』 2015.9.7).

오나가 지사는 2015년 10월 13일 나카이마 전지사의 헤노코 연안 매립승인을 취소하는 처분을 내렸다. 이 처분은 헤노코 신기지 건설을 중지시키는 효력을 갖는 것이었다. 이에 대해 오키나와현 방위국과 정부 소관부처인 국토교통성은 행정불복심사법에 근거하여 이 처분의 일시 효력정지를 청구하였다. 또한 아베 내각은 지방자치법에 근거한 대집행 수속에 들어가 오나가 지사의 취소 처분의 철회를 요구하는 소송을 제기하였다. 오나가 지사는 국토교통성의 청구에 대항해 국가지방분쟁처리위원회의 심사를 청구하였고, 내각의 소송에 대항한 맞소송을 제기하였다. 오키나와현과 일본정부가 쌍방에서 제기한 재판 공방은 2016년 3

월 4일 이례적인 화해 성립으로 일단락되었다.[4]

화해조항에 따라 헤노코 연안 매립공사는 중단되었다. 양자는 원만한 해결을 위한 협의를 진행하면서 오나가 지사의 취소 처분에 대한 정부의 시정지시가 적법한지에 대해 국가지방분쟁처리위원회와 재판소의 새로운 판단을 묻는 절차에 돌입하였다(Soble 2016a).

화해의 손익과 향후 전망에 대한 견해는 다양했다. 오키나와현 당국은 매립공사의 중단을 중요한 성과로 평가하였다. 그러나 최종 판결 내용의 성실한 이행을 규정한 화해조항이 오키나와현의 새로운 법정투쟁을 봉쇄하기 위한 함정이라는 지적도 있었다(McCormack 2016). 양자의 분쟁은 재판소의 최종 판결까지 갈 것이고, 오키나와현에 유리한 판결이 나오기는 힘들 것이란 전망이 지배적이었다. 사법부는 안보정책이 국가의 전권 사항이라는 일본정부의 견해와, 인권, 민주주의, 지방자치에 관한 헌법 정신을 강조하는 오키나와현의 견해를 조화시켜야 하는 어려운 과제를 떠안게 되었다.

2016년 6월 20일 국가지방분쟁처리위원회는 정부의 시정지시가 적법한 것인지에 대한 판단을 회피하고 양자의 계속 협의를 권고했다. 그러나 아베 내각은 7월 22일 오키나와현을 상대로 정부의 시정지시를 따르지 않는 무작위의 위법성을 확인하는 소송을 새롭게 제기하고 소송과 협의를 병행한다고 선언했다.[5] 같은 날 다카에 헬리패드와 헤노코 육상

---

4) 「和解条項」, 沖縄県, http://www.pref.okinawa.lg.jp/site/chijiko/henoko/documents/h280304wakaiseiritu.pdf(검색일: 2016.9.29).

5) 스가 관방장관 정례기자회견, 2016.7.22, https://www.youtube.com/watch?v=DM2InEpJeU8(검색일: 2016.9.29).

부의 공사를 재개하였다. 8월에는 일본정부 당국이 기지 정책에 협조하지 않은 대가로 오키나와 경제진흥책 예산을 삭감할 것이란 뉴스가 언론에 의해 보도되었다(『琉球新報』 2016.8.5). 얼마 후 아베 내각은 자숙의 자세로 돌아섰지만, 화해의 정신에서 이탈한 조치들은 오키나와의 언론과 주민들에 의해 격렬한 항의를 받았다.

재판의 결과는 올 오키나와 운동세력이 기대한 것과는 달랐다. 2016년 9월 17일 후쿠오카 고등재판소는 일본정부의 주장을 전면적으로 받아들여 오나가 지사의 매립승인 취소의 위법성을 인정하는 판결을 내렸다. 12월 20일에는 도쿄 최고재판소가 오키나와현의 상고를 기각함으로써 일본정부의 승소가 확정되었다. 오나가 지사는 12월 26일 화해조항 내용과 최고재판소 판결에 따라 매립승인 취소를 철회하였고, 일본정부는 다음 날부터 헤노코 매립 공사를 재개하였다. 그러나 오나가 지사는 헤노코 신기지 건설을 저지하기 위한 노력을 계속할 것이라고 공언하고 있으며, 일본정부는 매립 공사와 관련된 새로운 법적 분쟁을 사전에 차단할 수 있는 방안을 모색하고 있다. 올 오키나와 운동을 지원하는 활동가들 및 전문가들은 오나가 지사에게 헤노코 연안 매립승인의 철회(이번에는 취소가 아니라)와 헤노코 신기지건설에 대한 현민투표 실시를 지속적으로 요구해 왔으며(『琉球新報』 2018.2.13), 오나가 지사는 이 요구를 긍정적으로 검토하고 있다.

4.2. 직접 행동: 시위와 실력 저지

오나가 지사의 부인 미키코(樹子)는 2015년 11월 7일, 캠프 슈와브 게이트 앞을 방문하여 연좌농성을 계속해온 시민들에게 이렇게 연설한 적이 있다. "남편은 지사의 모든 권한을 사용해서라도 헤노코 기지 건설을 막을 수 없다면, 부부가 함께 여기에 와서 연좌농성을 하기로 했다"(『琉球新報』 2015.11.8). 헤노코 신기지 건설은 오랜 시간 혁신세력 운동가들과 지역주민들의 실력 행사에 의해 저지되어 왔고, 그것이 최후의 수단이 되어 왔다는 사실이 잊혀져서는 안 된다(McCormack 2016). 1997년 결성된 헬리기지 반대협의회는 2004년 헤노코 어항에 연좌농성 텐트장을 설치하여 10년이 넘게 기지건설 작업을 저지하는 활동을 계속해 왔다. 2014년 7월 6일부터는 캠프 슈와브 게이트 앞에서도 연좌농성과 항의 활동을 하고 있다. 헤노코는 지역주민과 운동가들의 긴밀한 협력 속에서 오키나와 반기지운동을 결집시키는 장소이자 일본 전국 시민운동가들의 견학 장소가 되어 왔다.

다카에 헬리패드건설 반대운동은 3,987헥타르에 이르는 북부훈련장 절반의 반환 일정에 지장을 초래할 수 있다는 미묘한 문제 때문에 올 오키나와 운동의 주된 관심에서 벗어나 있었다. 반환 조건에 따라 2007년부터 건설되고 있는 6개 헬리콥터 발착장 중 2015년 1월 미군에 먼저 제공된 2개 발착장이 오스프레이 비행훈련에 사용되고 있는 사실과 다카에 촌락 주민들의 끈질긴 저항이 알려지면서 이 운동에 대한 관심이 고조되었다.6) 7월 10일 참의원 선거 직후 공사가 재개되자, 이를 저지하기 위한 지역주민 및 운동가들과 경찰 기동대 사이에 격렬한 충돌이 발

---

6) 미카미 치에(三上智惠)가 제작한 다큐멘터리 영화, 〈표적의 마을(標的の村)〉이 다카에 헬리패드건설의 문제점을 인식하는 데 도움이 될 수 있다.

생하였다. 다카에 헬리패드 건설 반대운동은 혁신세력 운동단체와 당사자 주민들에 의해 시작된 것으로 당초 오나가 지사와 그의 지지 단체인 〈시마구루미 회의〉는 이 운동에 소극적이었지만, 방위성 당국과 경찰 기동대의 폭력적 시위 진압이 알려지면서 이 운동에 참여하는 활동가 및 단체는 일본 전국으로 확대되었다.

2016년 12월 북부 훈련장 절반의 반환 조건이었던 6개 헬리패드의 건설이 완료되었고, 12월 22일 미일정부는 나고시 만국진량관에서 양측 고위 당국자들이 참석한 대대적인 반환식전 행사를 거행하였다. 일본복귀 후 최대인 4,010헥타르의 미군기지가 반환되었고, 이는 오키나와 미군기지의 17%에 해당하는 것이었다. 주일미군기지에서 오키나와 미군기지가 차지하는 비율은 종래 74.4%에서 70.6%(전용시설면적 기준)로 감소되었다. 그러나 오키나와 측의 반응은 냉담했다. 광대한 면적의 토지 반환에도 불구하고 북부훈련장의 기지 기능은 오히려 강화되었고, 헬리패드 건설과정에서 미일정부 당국은 지역주민과 반기지 운동 세력을 폭력을 동원하여 탄압하였다. 더구나 12월 14일 나고시 헤노코 인근 북부 해안에 오스프레이 1대가 추락하는 사고가 발생하였으며, 오키나와현 당국과 주민들의 격렬한 항의에도 불구하고, 미군 당국은 불충분한 사과와 함께 수 일 후 오스프레이 운용을 재개하였다. 12월 22일 나고시내의 한 운동장에서는 올 오키나와 회의가 주최하고, 오나가 지사를 필두로 4,200명의 오키나와 주민들이 참가한 '오스프레이 철거를 요구하는 긴급항의집회'가 열렸다.

이외에도 요나구니섬, 이시카키섬, 미야코섬 등지에서는 중국과의 군사적 긴장을 고조시키는 자위대 기지 배치에 대해 주민들이 반대운동을 전개하고 있다(McCormack 2016). 각 섬의 주민들은 자위대 기지의 유치와 반대를 둘러싸고 격렬한 대립과 내부 갈등을 경험하고 있다. 자위대 기지 반대파 주민들은 각 섬에서 다수를 점하고 있지 못하지만, 올 오키나와 운동에 힘을 보태고 있다.

4.3. 시민 활동과 협력

〈시마구루미 회의〉는 헤노코 신기지 건설의 문제점을 폭넓게 알리고 시민적 협력을 확대하는 데 주력하고 있다. 이 단체는 2014년 8월부터 헤노코 상황을 견학하고자 하는 사람들을 나하에서 현장까지 실어 나르는 헤노코 버스투어를 실시하고 있다. 승객들은 동승한 평화가이드와 다양한 주제에 관해 토론할 수 있고, 연좌농성을 하는 주민들을 인터뷰할 수도 있다. 헤노코의 캠프 슈와브 게이트 앞에서는 헤노코 종합대학이라는 이름으로 각종 강연회와 콘서트를 주최하고 있다. 이 단체는 미국의회, 국제연합, 해외 미디어에 오키나와의 기지문제와 인권 침해의 상황을 알리고 협력을 요청하는 청원 활동도 하고 있다. 2015년 11월 15-21일 26명의 대표단은 미국의 샌프란시스코와 워싱턴을 방문하여 의회 관계자 및 인권, 평화, 환경 관련 시민단체들에게 헤노코 상황을 알리고 지원을 요청했다(Yoshikawa 2015). 또한 이 단체의 주선으로 2015년 9월 22일 오나가 지사는 유엔 인권이사회(UNHRC, UN Human Rights Council)에서 오키나와인들의 인권과 자결권에 관한 2분 연설을 하기도 했다.[7] 이

단체는 일본 전국에서도 헤노코 문제가 오키나와만의 문제가 아닌 일본 민주주의와 인권 문제로 인식되도록 하기 위해 각종 집회, 강연회, 심포지엄을 개최하고 시민단체들과의 협력을 확대하고 있다. 헤노코 문제에 관한 홍보 및 청원 활동은 이전부터 산발적으로 진행되고 있었지만, 〈시마구루미 회의〉에 의해 조직화되는 방향으로 나아가고 있다.

4.4. 미군 범죄와 사건 및 사고

주기적으로 발생하는 미군 범죄 및 사건·사고와 소음 및 환경오염을 비롯한 생활상의 피해는 주민들의 반기지 정서를 지속시키는 근본 원인이다. 오스프레이 배치가 다른 어떤 이슈보다 오키나와 주민들로부터 격렬한 반대를 초래하는 것은 오랜 기지피해의 경험 때문이다.

2016년 5월 19일 미군속의 오키나와 여성 살인 및 사체유기 혐의가 언론에 의해 대대적으로 보도되었다(Soble 2016b). 이 사건은 1995년 9월 소녀폭행 사건을 연상케 하는 것이었고, 오바마 대통령의 역사적인 히로시마 방문을 일주일 앞둔 시점에서 세상에 알려졌다. 오나가 지사와 올 오키나와 단체들의 항의, 미군 당국자들의 사죄가 이어지는 가운데 5월 26일 미일정상회담에서 아베 총리의 항의와 오바마 대통령의 사과가 있었다. 7월 5일 미일정부 당국자 회의에서는 미일지위협정의 보호를 받는 군속의 범위를 좁히고 명확히 하는 일부 개정이 합의되었다. 6월 17일까지 오키나와현의회와 오키나와현 41개 모든 시정촌의회에서 항의

---

7) 연설 내용은 오키나와현 관련 페이지 참조, http://www.pref.okinawa.jp/site/chijiko/henoko/documents/unoralstatement.pdf(검색일: 2016.9.29).

결의가 채택되었으며, 6월 19일에는 올 오키나와 회의가 주최한 현민대회가 열렸다. 이 집회에는 약 6만 5천명의 오키나와 주민들이 참가하였고, 오키나와 해병대의 전면 철수와 미일지위협정의 근본적 개정과 같은 혁신세력의 과격한 요구가 결의되었다(『産経ニュース』 2016.6.29). 오키나와 지역언론이 5월 30일-6월 1일 실시한 여론조사에서, 미군사건·사고의 재발방지책에 관해 42.9%의 응답자가 미군기지 전면 철거를, 27.1%가 미군기지 정리축소를 선택하였다. 헤노코 이설 문제에 관해서는 83.8%의 응답자가 현내이설 반대를 선택했고, 이는 2012년 아베 정권 출범 이후 최고치였다(『琉球新報』 2016.6.3).

4.5. 각종 선거

시민들의 의사가 직접적으로 표현되는 각종 선거는 2014년 이후 올 오키나와 세력과 일본정부의 대결장이 되고 있다. 2016년에는 세 차례의 중요한 선거가 있었다. 1월 24일 기노완시장 선거에서 자민당과 공명당의 지원을 받은 사키마 아쓰시(佐喜眞淳) 현역시장이 재선되었다. 아베 총리는 당선자를 직접 만나 축하 인사를 했다. 사키마 시장은 후텐마기지의 3년 내 조기폐쇄를 공약으로 제시했지만, 헤노코 이설에 관해서는 어떠한 언급도 하지 못했다. 6월 5일 시행된 오키나와현의회 선거에서는 오나가 지사를 지지하는 여당 세력이 23석에서 27석으로 의석을 늘려 48석 중 과반수를 차지하였다. 각 선거구마다 다양한 쟁점들이 등장했지만, 오나가 현정에 대한 신임이 대체로 확인된 것으로 평가되었다

(『沖縄タイムス』2016.6.6).

7월 10일 참의원 선거가 초미의 관심사가 되었다. 오나가 지사 및 '올 오키나와' 세력의 전폭적 지원을 받은 이하 요이치(伊波洋一)와 당시 아베 내각의 오키나와·북방담당 장관이었던 시마지리 아이코(島尻安伊子)의 대결에서 이하 씨가 약 10만표 차의 대승을 거두었다. 2010년 오키나와현 지사 선거에서 혁신세력 단일후보였던 이하는 당시 나카이마 후보에게 후텐마 기지의 현외이설을 공약으로 내세우게 했던 오나가의 선거 전략 때문에 패했었지만, 이번에는 그의 지원으로 정계에 복귀하였다. 시마지리 씨의 참패는 이시바 간사장 뒤에 앉아 있던 5번째 국회의원에 대한 오키나와 주민들의 마지막 심판이었다고 이야기되고 있다(『琉球新報』2016.7.10).

2017년 이후에도 '올 오키나와' 운동에 대한 오키나와 주민들의 지지도를 가늠할 수 있는 몇 번의 선거가 있었다. 오키나와현 내 시정촌 단위의 선거였지만, 2017년 1월 미야코시장 선거, 2월 우라소에시장 선거, 4월 우루마시장 선거에서 '올 오키나와' 세력의 지원을 받는 후보들이 모두 낙선하였다. 7월에는 오나가 지사의 핵심 지지 기반인 나하시의회 선거에서 '올 오키나와' 세력의 의석수가 과반수 아래로 떨어졌고, 일본정부의 헤노코 신기지 건설공사가 본격화되던 상황에서 '올 오키나와' 세력의 퇴조가 우려되기 시작했다. 10월 22일 2년 10개월 만에 치러진 중의원 선거에서는 4개 소선거구 모두를 석권하고 있던 '올 오키나와' 세력이한 석의 국회의원직을 잃었다. 오나가 지사의 법정 투쟁이 실패로 돌아간 이후 '올 오키나와' 운동의 주요 전선이 사라지긴 했지만, 이 운동 세력에 대한 주민들의 지지는 여전히 지속되고 있는 것으로 평가되었다.

그러나 2018년 2월 4일 치러진 나고시장 선거에서 '올 오키나와' 운동의 한 축을 이루고 있던 이나미네 스스무 씨가 일본정부의 전폭적 지원을 받은 도구치 다케토요(渡具知武豊) 씨에게 3,458표 차이로 완패하였다. 이 결과는 '올 오키나와' 세력에 큰 충격을 안겨다 주었다. 여러 측면에서 패인 분석이 이루어지고 있지만, '올 오키나와' 세력의 퇴조는 명백한 사실로 받아들이지 않을 수 없게 되었다. 올해 12월 9일로 예정된 오키나와현 지사 선거는 오나가 지사가 이끌어온 '올 오키나와' 운동이 주민들로부터 총괄 평가를 받는 기회로 인식되고 있고, 반전과 후퇴의 갈림길이 될 것이다. 나고시장 선거에서 도구치 씨는 과거 자민당의 지원을 받았던 후보들이 그랬던 것처럼, 헤노코 신기지 건설에 대한 찬반 입장을 명확히 밝히지 못하고 지역의 경제진흥과 복지를 주요 이슈로 설정해서 선거 운동을 펼쳤다. 그것은 '올 오키나와' 운동의 정당성이 여전히 주민들로부터 폭넓게 인정되고 있는 것으로 판단한 도구치 씨 진영이 의도적으로 헤노코 문제를 피해간 것을 의미한다. 이런 의미에서, 이번 선거결과는 나고시민들이 헤노코 신기지 건설을 용인하겠다는 의사표시를 한 것이 아니라, 지역과 정부의 관계를 부드럽게 조정할 수 있는 새로운 시장을 원했을 뿐이라는 주장이 설득력을 얻고 있는 것이다. 도구치 씨는 당선 소감에서 이 선거 결과에 대해 '복잡한 민의'의 반영이라고 표현하였다.

5. '올 오키나와' 운동의 함의

2014년 이후 지속되고 있는 '올 오키나와' 반기지운동은 반전평화주의를 추구하는 혁신세력과 자결권 행사를 강조하는 오나가 지사의 중도보수세력이 연합한 반기지운동이라 할 수 있다. 혁신세력은 기지의 정리축소를 위해 그동안 여러 전선과 이슈를 만들어 왔다. 그러나 2016년 12월 북부훈련장 일부의 반환과 함께 다카에 헬리패드건설 반대운동은 그 유효성을 상실해 가고 있으며, 요나구니섬, 미야코섬, 이시카키섬의 자위대 기지 배치 반대운동은 중국 견제에 공감대를 형성한 정부 정책과 사회 여론, 그리고 지역경제 활성화에 대한 각 섬 주민들의 열망에 밀려 의미 있는 성과를 내는 데 곤란을 겪고 있다. 혁신세력은 헤노코 신기지건설 반대운동에 더욱 집중하고 반전평화주의를 확산시킬 수 있는 새로운 이슈를 찾아야 하는 상황에 있다.

오키나와를 넘어선 일본 전국 혁신세력의 지원과 국제적 연대에도 불구하고, 1998년 이후 혁신세력의 결집만으로는 오키나와현 지사 선거에서 승리한 적이 없다. 혁신세력이 주도해온 반기지운동 자체가 오키나와 주민들에게 과격하거나 과도한 것으로 인식되는 경향이 강해졌다. 문제는 다양한 지표로 표현되는 일본 사회의 보수화 흐름 속에서 혁신세력 정당 및 운동단체의 수, 규모, 역량이 갈수록 축소되어 반기지운동의 초지역적·초국가적 연대라는 것이 별다른 힘을 쓰지 못하는 상황이 벌어지고 있다. 이러한 상황에서 오키나와 혁신세력의 반기지운동은 외부 혁신세력과의 연대보다 내부의 중도보수세력에 대한 협력을 중시하는 방향으로 나아가고 있는 것이다.

　오나가 지사의 핵심 지지층이라 할 수 있는 중도보수세력은 결코 저변이 넓지 않지만, 헤노코 신기지건설 반대운동을 다수의 민의로 전환시키고 운동의 새로운 돌파구를 마련했다는 점에서 중요한 정치세력으로서 역할을 하고 있다. 오나가 지사가 힘을 쏟은 법정 투쟁이 실패로 돌아감으로써 운동의 전망이 불투명해졌지만, 〈시마구루미 회의〉를 비롯한 시민단체와 전문가 집단이 헤노코 신기지건설을 막기 위해 가능한 범위의 활동을 계속하고 있고, 혁신세력 운동가들의 시위와 실력 저지활동을 측면에서 지원하고 있다. 그러나 중도보수세력의 궁극적 목표가 기지의 정리축소에 있지 않다는 점에 유의해야 한다. 이 정치세력의 이념적 목표는 미군기지 문제로 인해 훼손되어온 오키나와인들의 인권과 자기존엄성을 회복하기 위해 시민적, 정치적, 경제적, 사회적, 문화적 권리를 향유할 수 있는 자율적 정치기구를 만들고 그 권리들을 행사하는 것, 즉 자결권의 행사라고 이야기되고 있다.

　자결권 행사는 그 구체적인 방식에 있어 다의성을 함축하고 있다. 자결권을 행사하는 방식에는 오나가 지사가 저서에서 주장한 것과 같이 미군기지 문제에 관해서도 어떤 결정권을 가질 수 있는 높은 수준의 지방자치를 추구하는 길만 있는 것이 아니다. 정치적 자립과 함께, 기지, 공공사업, 관광산업에 의해 고착된 종속구조에서 탈피하여 경제적 자립을 이루어야 한다는 주장도 오래전부터 제기되어 왔다. 정치경제적 자율성이 압박 받는 상황에서는 오키나와인들의 독자적인 문화를 발견하고 전승하며 문화적 자율성을 유지해야 한다는 견해도 오랜 전통을 가지고 있다. 나아가 최근에는 아무리 실현가능성이 낮다 하더라도 오키나와 혹은 류큐의 독립을 자유롭게 이야기하고 그 방안을 논의할 수 있어야 한다는 주장이 소수 활동가들에 의해 제기되고 있다.[8]

오나가 지사를 중심으로 중도보수세력이 주도하고 있는 '올 오키나와' 반기지운동은 오키나와인의 자결, 자치, 자립 등을 포괄적으로 논의할 수 있는 담론의 공간을 열어놓은 데 중요한 의의가 있다. 그동안의 반기지운동에서는 반전평화주의라는 대의명분(혹은 이데올로기) 아래 가려져 있던 오키나와인의 자결권과 아이덴티티에 대한 논의가 활성화되고 있다. 오키나와 반기지운동을 둘러싼 대립축은 경제진흥책을 중시하는 보수세력과 반전평화주의를 추구하는 혁신세력의 대립에서 헤노코 신기지건설을 강행하고 묵인하는 일본정부 및 일본사회('올 저팬')와 이에 대항하여 자결권을 주장하는 '올 오키나와'의 대립으로 전환되고 있다.

'올 오키나와' 반기지운동은 오키나와 문제에 관해 무관심해지는 일본 사회의 보수화에 대응하여 오키나와 사회가 보수화되어 가는 양상을 보여주는 것일 수도 있다. 이 운동이 오키나와 대 일본이라는 대립구도를 설정하고 소수민족 아이덴티티를 강조하는 방향으로 나아가는 것은 오키나와 사회에 고립감과 폐색감을 확산시키는 결과를 낳을 수도 있다. 그럼에도 불구하고 후텐마 기지 반환운동이 시작된 지 20년이 지난 시점에서 이 운동은 오키나와의 새로운 청년세대에게 정치적·문화

---

8) 주지하는 바와 같이 2013년 5월 류큐민족독립종합연구학회가 창립된 바 있고, 류큐독립 논의를 주제로 삼은 잡지가 적어도 3종 이상 발간되고 있다.

적 주체성에 대해 생각하게 만드는 계기를 제공하고 있고, 반기지운동의 저변을 종래 보수세력으로 확대해 가고 있는 점에서 또 다른 중요성이 있다. 오나가 지사를 지지하는 중도보수세력의 등장은 그동안 일본 정부의 경제진흥책에 대안 없이 종속된 정치세력으로만 인식되던 오키나와 보수세력이 다양한 분파로 구성되어 있었다는 것을 알려주고 있으며, 그러한 정파들의 역사와 이념 지향에 관해 새로운 연구 관심을 환기시키고 있다.

현대일본생활세계총서 **17**

아베 시대 일본의 정치와 외교

주요 참고문헌

Ⅰ. 아베 시대 자민당 우위체제 재구축 전략

박철희. 2011. 『자민당 정권과 전후 체제의 변용』. 서울대학교출판문화원.

박철희. 2014. 『일본민주당의 성공과 실패』. 서울대학교출판문화원.

박철희 편. 2016. 『일본의 집단적 자위권 도입과 한반도』. 서울대학교출판문화원.

박철희 편. 2018. 『아베 시대 일본의 국가 전략』. 서울대학교출판문화원(출판 예정).

심미정. 2014. "오자와를 중심으로 본 민주당의 통합과 분열." 『일본민주당의 성공과 실패』. 서울대학교출판문화원, 69-113.

윤대엽. 2017. "아베 내각의 성장정책: 정책이념, 제도변화와 정치주도 정책 거버넌스." 『일본공간』. 2, 54-94.

이기태. 2018. "아베 정부의 글로벌 외교." 『국가안보와 전략』. 18(1), 157-193.

이정환. 2018. "일본 지방창생정책의 탈지방적 성격." 『국제지역연구』. 27(1), 1-32.

이창민. 2018. "저온호황의 출현과 아베노믹스의 방향 전환." 『일본연구』. 75, 24-50.

"일본의 대졸자는 갑 신입직원 찾아나선 기업들." 『주간조선』. 2018년 3월 12일.

"주가 두 배에 남아도는 일자리." 『중앙일보』. 2018년 7월 31일.

Calder, K. 1988. *Crisis and Compensation: Public Policy and Political Stability in Japan, 1949-1986*. Princeton, NJ: Princeton University Press.

Christensen, R. 2000. *Ending the LDP Hegemony*. Honolulu: University of Hawaii Press.

Christensen, R. 1999. *The Logic of Japanese Politics*. New York: Columbia University Press.

Kohno, M. 1997. *Japan's Postwar Party Politics*. Princeton: Princeton University Press.

Muramatsu, M. and E. Krauss. 1988. "The Conservative Policy Line and the Development of Patterned Pluralism." In *The Political Economy of Japan: Volume 1. Domestic Transformation*, Edited by Kozo Yamamura and Yasukichi Yasuba. 516-554. Stanford: Stanford University Press.

Okimoto, D. 1989. *Between MITI and the Market*. Stanford: Stanford University Press.

Park, C. H. 2004. "Political Dynamics of Regime Transformation in Japan in the 1990s." *Japanese Journal of Political Science*. 5(2), 311-322.

Pempel, T. J. ed. 1991. *Uncommon Democracies: The One Party Dominant Regimes*. Ithaca: Cornell University Press.

Ramseyer, M. and F. M. Rosenbluth. 1993. *Japan's Political Marketplace*. Cambridge: Harvard University Press.

Sohn, S. 2018. "Electoral Cartel for Domination: LDP-Komei Electoral Cooperation." Ph. D. Diss., Seoul National University.

青木理. 2016. 『日本会議の正体』. 平凡社.

"朝日新聞社世論調査." 『朝日新聞』. 2018.7.16.; 2019.12.23.

安倍晋三. 2006. 『美しい国へ』. 文春新書.

大嶽秀夫. 1999. 『日本政治の対立軸』. 中央公論社.

大嶽秀夫. 2003. 『日本型ポピュリズム』. 中公新書.

小沢一郎. 1993. 『日本改造計画』. 講談社.

柿崎明二. 2015. 『検証安倍イズム』. 岩波新書.

菊地正史. 2017. 『安倍晋三保守の正体』. 文春新書.

草野厚. 1999. 『連立政権』. 文芸春秋.

具裕珍. 2018. "冷戦後日本における保守市民社会の政治過程分析." 東京大學校 博士學位論文.

厚生労働省統計資料 (2017), www.mhlw.go.jp/toukei/itian/roudou/gaikyou.pdf. (검색일: 2018.8.11)

佐々木毅. 1992. 『政治はどこへ向かうのか』. 中公新書.

佐藤誠三郎・松崎哲久. 1986. 『自民党政権』. 中央公論社.

菅野完. 2016. 『日本会議の研究』. 扶桑社新書.

総務省選挙関連資料, 地方自治団体議会議員所属政派別人員 (2017.12.31. 현재),

www.soumu.go.jp/senkyo/senkyo_s/data/syozoku/h29.html.(검색일: 2018.8.11)

総務省選挙関連資料, 参議院選挙結果一覧, www.soumu.go.jp/senkyo/senkyo_s/ data/sangiin/ichiran.html.(검색일: 2018.8.11)

中北浩爾. 2014.『自民党政治の変容』. NHK Books.

中野晃一. 2015.『右傾化する日本政治』. 岩波新書.

成沢宗男. 2016.『日本会議と神社本庁』. 金曜日.

日本再建イニシアテイブ. 2013.『民主党政権失敗の検証』. 中公新書.

朴喆熙. 2000.『代議士のつくられ方』. 文春新書.

鳩山由紀夫・菅直人. 1997.『民益論』. PHP研究所.

樋口直人. 2014.『日本型排外主義』名古屋大学出版会.

"歴代最長政権惰性を戒め政策で結果示せ."『読売新聞』2019.11.20.

薬師寺克行. 2016.『公明党』. 中公新書.

山口二郎. 2007.『ポスト戦後政治の対抗軸』. 岩波書店.

若宮啓文. 1995.『戦後保守のアジア観』. 朝日新聞社.

渡部治. 2007.『安倍政権論』. 旬報社.

김기석. 2015. 『동아시아 공동체로의 머나먼 여정: 아시아의 세기를 향한 모색이 계속되고 있다』. 인간사랑.

김종인. 2016. "일본 아베 정부의 농정개혁 현황과 시사점." 『한국농촌경제연구원 농정포커스』 125, 1-16.

윤용희·하세현. 1997. "이익단체의 이익표명과 정책과정: 80년대 일본농협의 사례연구." 『한국행정논집』 9(1), 65-80.

이향철. 2006. "일본 농업단체재편성과 농촌·농업에 대한 이익유도정책의 형성." 『한국협동조합연구』 23(2), 161-211.

이향철. 2012. "일본농협의 정치구조 변화와 정권교체." 『한국협동조합연구』 30(1), 157-185.

Calder, K. 1988. *Crisis and Compensation: Public Policy and Political Stability in Japan, 1949–1986*. Princeton, NJ: Princeton University Press.

Horiuchi, Y., and J. Saito. 2010. "Cultivating Rice and Votes: The Institutional Origins of Agricultural Protectionism in Japan." *Journal of East Asian Studies* 10, 425–52.

Krauss, S., and R. Pekkanen. 2011. *The Rise and Fall of Japan's LDP: Political Party Organizations as Historical Institutions*. Ithaca, NY: Cornell University Press.

Maclachlan, P. L. 2014. "The electoral power of Japanese interest groups: An organizational perspective." *Journal of East Asian Studies* 14(3), 429-458.

Mulgan, A. 2005. "Where Tradition Meets Change: Japan's Agricultural Politics in Transition." *Journal of Japanese Studies* 31(2), 261–98.

Naoi, Megumi and Ellis Krauss. 2009. "Who Lobbies Whom? Special Interest Politics under Alternative Electoral Systems." *American Journal of Political Science* 53(4), 874-892.

Noble, G. 2010. "The Decline of Particularism in Japanese Politics." *Journal of East Asian Studies* 10, 239–73.

Pempel, T. J. 1999. "Structural gaiatsu: international finance and political change in Japan." *Comparative Political Studies* 32(8), 907-932.

Rosenbluth, F., and M. Thies. 2010. *Japan Transformed: Political Change and Economic Restructuring.* Princeton, NJ: Princeton University Press.

Sasada, H. 2015. "The "third arrow" or friendly fire? The LDP government's reform plan for the Japan agricultural cooperatives." *The Japanese Political Economy* 41(1-2), 14-35.

Sheingate, A. D. 2003. *The rise of the agricultural welfare state: institutions and interest group power in the United States, France, and Japan.* Princeton University Press.

朝日新聞. 2018. 『農協改革の核心とは何か 政府の新成長戦略と「全中つぶし」の裏舞台』. 朝日新聞社.

石川武彦・間々田実周・河田尚弘. 2015. "農協, 農業委員会及び農業生産法人の改革: 農業協同組合法等の一部を改正する等の法律案の審議." 『立法と調査』370, 19-37.

稲熊利和. 2015. "農業経営安定対策をめぐる課題." 『立法と調査』370, 81-91.

猪口孝・岩井奉信. 1897. 『「族議員」の研究―自民党政権を牛耳る主役たち』. 日本経済新聞社.

内山融. 2007. 『小泉政権:「パトスの首相」は何を変えたのか』. 中央公論新社.

内田龍之介. 2015. "TPP交渉と農政改革 ―政権復帰後における農林族議員の行動変化―." 『政策創造研究』9, 231-257.

上川龍之進. 2010. 『小泉改革の政治学: 小泉純一郎は本当に「強い首相」だったのか』. 東洋経済新報社.

鯨岡仁. 2016. 『ドキュメント TPP交渉』. 東洋経済新報社.

神門善久. 2010. 『さよならニッポン農業』. NHK出版.

斉藤淳. 2010. 『自民党長期政権の政治経済学―利益誘導政治の自己矛盾』. 勁草書房.

作山巧. 2015. 『日本のTPP交渉参加の真実』. 文眞堂.

信田智人. 2013. 『政治主導vs.官僚支配 自民政権、民主政権、政官20年闘争の内幕』. 朝日新聞出版.

清水真人. 2005. 『官邸主導: 小泉純一郎の革命』. 日本経済新聞社.

城下賢一. 2016. "農協の政治運動と政界再編・構造改革・自由化―1980年代以後の農協農政運動団体の活動分析." 宮本太郎・山口二郎 編. 『リア

ル・デモクラシー ポスト「日本型利益政治」の構想』. 岩波書店.

田崎史郎. 2014. 『安倍官邸の正体』. 講談社.

田代洋一. 2017. 『農協「改革」・ポストTPP・地域』. 筑波書房.

中野剛志. 2011. 『TPP亡国論』. 集英社

西川公也. 2017. 『TPPの真実』. 開拓社.

待鳥聡史. 2012. 『首相政治の制度分析- 現代日本政治の権力基盤形成』. 千倉書房.

山下一仁. 2014. 『農協解体』. 宝島社.

読売新聞経済部. 2017. 『ルポ―農業新時代』. 中央公論新社.

남기정. 2016. "자위대에서 군대로?: '자주방위의 꿈'과 '미일동맹의 현실'의 변증법." 『일본연구논총』, 43. 149-192.

신성호. 2012. "인구 노령화와 동북아안보." 『동아시아연구원 국가안보패널 보고서』.

하스. 리처드, 김성훈 역. 2017. 『혼돈의 세계: 미국 외교정책과 구질서의 위기, 그리고 한반도의 운명』, 매일경제신문사.

대한민국 국방부 https://www.mnd.go.kr/mbshome/mbs/mnd/subview.jsp?id= mnd_010401020000

e-나라지표 http://www.index.go.kr/potal/main/EachDtlPageDetail.do?idx_cd= 2759(최종 접속일: 2020.4.12)

"Guns or Butter", *Political Economy: Economics of Freedom, Peace and Prosperity*, http://political-economy.com/guns-or-butter/ (최종 접속일: 2020.4.12)

Brune, Lester H. 1989. "Guns and Butter: The Pre-Korean War Dispute over Budget Allocations: Nourse's Conservative Keynesianism Loses Favor against Keyserling's Economic Expansion Plan." *The American Journal of Economics and Sociology*, 48(3), 357-371.

Eberstadt, Nicholas. 2010. "The Demographic Future." *Foreign Affairs* 89(6), 54-64.

Haas, Mark L. 2007. "A Geriatric Peace?: The Future of US Power in a World of Aging Populations." *International Security* 32(1), 112-147.

Mankiw, N. Gregory. 1998. *Principles of Economics*, Fort Worth, TX: The Dryden Press.

Nichiporuk, Brian. 2000. *The Security Dynamics of Demographic Factors*. Santa Monica: RAND Corporation.

Poast, Paul. 2006. *The Economics of War*. New York: McGraw-Hill Irwin.

Sylva, Douglas A. 2016. "Europe's Strategic Future and the Need for Large-Family Pronatalism: A Normative Study of Demographic Decline," In P*opulation Decline and the Remaking of Great Power Politics*, edited by Susan Yoshihara and Douglas A. Sylva, 95-112. Washington, D.C.: Potomac Books.

泉眞樹子. 2013. "少子高齢化と社会保障制度ー『社会保障と税の一体改革』とその背景."『調査と情報ーIssue Brief』769.

小野圭司. 2017. "人口動態と安全保障ー22世紀に向けた防衛力整備と経済覇権."『防衛研究所紀要』19(2), 1-26.

杳脱和人. 2017. "戦後における防衛関係費の推移."『立法と調査』395, 81-98.

近藤誠. 2013. "少子高齢化が日本経済に与える影響."『経済科学研究所紀要』43, 17-58.

添谷芳秀. 2005.『日本の「ミドルパワー」外交』. ちくま新書.

添谷芳秀. 2017.『日本の外交ー「戦後」を読みとく』. ちくま学芸文庫.

電力中央研究所. 2012.『2030年までの日本経済中期展望ー財政再建への道』.

中村高昭. 2013. "我が国の少子高齢化と財政・社会保障."『立法と調査』346, 131-140.

中村稔. 2014. "平成26年度新防衛大綱・新中期防と防衛関係費について."『ファイナンス』581, 20-44.

二宮厚美. 2005. "現代日本のバターか大砲かの選択ー憲法9条と25条をいかす新しい日本を." 大阪損保革新懇第8回総会記念講演録.

日本国際フォーラム.『少子高齢化と日本の安全保障ー今そこにある危機とどう向き合うか』2015年7月.

野副常治. 2016. "社会保障制度の理念と歴史."『大学院研究論集』2, 15-33.

藤田安一. 2016. "安倍政権による社会保障改革の特徴と問題点."『地域学論集』13(2), 13-22.

厚生労働省. 2015-2019.『厚生労働白書(平成27年版-令和元年版)』

厚生労働省. 2012.「社会保障に係る費用の将来推計の改定について(平成24年3月)」

国立社会保障・人口問題研究所. 2010.『平成22年度, 社会保障費用統計(平成22年11月)』

国立社会保障・人口問題研究所. 2017.『平成27年度, 社会保障費用統計(平成29年8月)』

国立社会保障・人口問題研究所, 2012.『人口統計資料集(2012年版)』

財務省 統計, https://www.mof.go.jp/statistics/index.html(최종 접속일: 2020.4.12)

財務省, "財政健全化に向けた取組みと28年度予算編成", https://www.mof.go.jp/zaisei/matome/zaiseia271124/kengi/02/index.html(최종 접속일: 2020.

4.12)

財務省, "「骨太2015」の「経済・財政再生計画」のポイント", https://www.mof.go.jp/ about_mof/councils/fiscal_system_council/sub-of_fiscal_system/report/ zaiseia280518/03.pdf#search=%27「骨太2015」の「経済・財政再生計画」 における歳出改革のポイント%27(最終 接続日: 2020.4.12)

財務省. 2009. 『日本の財政と防衛力の整備(平成21年4月)』

財務省. 2010. 『日本の財政と防衛力の整備(平成22年4月)』

財務省. 2015. 『我が国の財政事情(平成27年12月)』

財務省. 2019. "社会保障について(平成31年4月23日)". https://www.mof.go.jp/ about_mof/councils/fiscal_system_council/sub-of_fiscal_system/proce edings/material/zaiseia310423/01.pdf#search=%27社会保障につい て%28平成31年4月23日%29%27(最終 接続日: 2020.4.12)

財務省・財政制度等審議会. 2017. 『平成30年度予算の編成等に関する建議(平 成29年11月29日)』

財務省・岩佐主計官. 2019. 『令和2年度防衛関係予算のポイント(令和元年12月)』

財務省・内野主計官. 2017. 『平成30年度防衛関係予算のポイント(平成29年12月)』

財務省・内野主計官. 2018. 『平成31年度防衛関係予算のポイント(平成30年12月)』

財務省・堀内主計官. 2015. 『平成28年度防衛関係予算のポイント(平成27年12月)』

首相官邸. "第195回国会における安倍内閣総理大臣所信表明演説(平成29年11 月17日)", https://www.kantei.go.jp/jp/98_abe/statement2/20171117 shoshinhyomei.html (最終 接続日: 2020.4.12)

首相官邸. "第200回国会における安倍内閣総理大臣所信表明演説(令和元 年10月4日)", https://www.kantei.go.jp/jp/98_abe/statement/2019/ 1004shoshinhyomei.html

総務省 統計局, http://www.stat.go.jp/index.html (最終 接続日: 2020.4.12)

内閣府. 2015. 『中長期経済財政に関する試算(平成27年2月)』

内閣府. 2019. 『少子化社会対策白書(令和元年版)』

防衛省・自衛隊. 2015-2019. 『防衛白書(平成27年版-令和元年版)』

防衛省・自衛隊, "防衛省・自衛隊の人員構成", https://www.mod.go.jp/j/profile/ mod_sdf/kousei/ (最終 接続日: 2020.4.12)

NHK 世論調査, 2019.11.11. https://www.nhk.or.jp/senkyo/shijiritsu/archive

/2019_11.html(최종 접속일: 2020.4.12)

『朝日新聞』世論調査, 2019.7.23. https://digital.asahi.com/articles/ASM7R33WZ
　　M7RUZPS001.html(최종 접속일: 2020.4.12)

『朝日新聞』世論調査, 2019.11.18. https://digital.asahi.com/articles/ASMCK
　　5RS3MCKUZPS009.html(최종 접속일: 2020.4.12)

『産経新聞』・FNN 合同世論調査, 2018.2.12. https://www.sankei.com/politics/news/
　　180212/plt1802120031-n1.html(최종 접속일: 2020.4.12)

"消費増税の使途変更の可能性", 『朝日新聞』, 2017.9.19. http://www.asahi.com/
　　business/reuters/CRBKCN1BU01A.html(최종 접속일: 2020.4.12)

"人口激減で弱まる防衛力", 『産経新聞』, 2012.9.3. https://ironna.jp/article/316
　　(최종 접속일: 2020.4.12)

"増税でも遠い財政再建", 『時事ドットコム』, 2019.10.2. https://www.jiji.com/jc/
　　article?k=2019100100912&g=eco(최종 접속일: 2020.4.12)

박영준. 2015. "아베 정부의 보통군사국가화 평가: 국가안보전략서, 집단적 자
　　　위권, 미일가이드라인, 안보법제에 대한 종합적 해석."『아세아연구』
　　　58(4), 6-41.

배명복. 2018. "트럼프 사전에 친구는 없다."『중앙일보』, 7/17.

유웅조. 2015. "일본 신안보법의 주요 내용 및 쟁점과 한국의 대응과제."『이
　　　슈와 논점』1066.

Baker, Peter. 2016. "Uncertainty grips allies across world." *New York Times*
　　　International Edition, November 10.

Fisher, Max 2017. "Germany could seek its security in Europe." *New York Times:*
　　　International Edition, July 7.

Friedman, Thomas L. 2017. "Trump's United American Emirate", *New York Times:*
　　　International Edition, June. 1.

Friedman, Thomas L. 2017 "Trump vexes allies; China wins." *New York Times:*
　　　International Edition, June 29.

Kaufmann, Sylvie. 2018. "Why Europe is giving up on Trump's America." *New*
　　　York Times: International Edition, March 29.

Landler, Mark. 2017. "Trump has big itinerary in Asia, but little to offer." *New*
　　　York Times: International Edition, November 4.

Rich, Motoko. 2018. "New anxieties for Asian allies," *New York Times International*
　　　Edition, June 15.

安倍晋三, 衆参両院施政方針演説(2018.1.22)

安倍晋三, 戦後70年談話(2015.8.14)

岸田外務大臣・中谷防衛大臣・ケリー国務長官 カーター国防長官「変化する安全
　　　保障環境のためのより力強い同盟」(2015.4.27): Minister for Foreign
　　　Affairs Kishida, Minister of Defense Nakatani, Secretary of State Kerry,
　　　Secretary of Defense Carter, *Joint Statement of the Security Consultative*
　　　Committee(2015.4.27).

國家安全保障會議 及び閣議 決定,「国家安全保障戦略について」(2013.12.17)

國家安全保障會議 及び閣議 決定,「平成26年度以後に係る防衛計画の大綱に

ついて」(2013.12.17).

酒井哲哉. 1989. "「英米協調」と「日中提携」." 近代日本研究会編. 『協調政策の限界ー
　　　日米関係史・1905-1960』. 山川出版社.

佐竹知彦. 2018. "日本: 不確實性の中の日米同盟." 防衛研究所編. 『東アジア戰
　　　略概觀 2018』. 防衛研究所.

世界平和研究所 日米同盟研究委員會. 2017. 『米國新政權と日本：新時代の外
　　　交安保政策』. 世界平和研究所.

内閣官方. 「平和安全法制の概要」(내각관방 홈페이지 검색, 2015.9.3)

福島康仁. "日本における宇宙安全保障"(현대일본학회 학술회의 발표 자료,
　　　2016.12.17).

『朝日新聞』, *New York Times*

유상철. 2015. "[세상읽기] 한국이 중국에 경사됐는가."『중앙일보』 11월 4일.

이상옥. 2002. 『전환기의 한국외교』, 삶과꿈.

이종석. 2000. 『북한-중국관계 1945-2000』, 중심.

최호중. 2004. 『외교는 춤춘다』, 한국문원.

Calder, Kent E. 2014. *Asia in Washington: Exploring the Penumbra of Transnational Power*. Washington, DC: Brookings Institution Press.

Chang, Dal-Joong, *Economic Control and Political Authoritarianism: The Role of Japanese Corporations in Korean Politics, 1965-1979*, Sogang University Press, 1985.

Johnson, Chalmers A. 1962. *Peasant Nationalism and Communist Power*. Stanford University Press.

Johnson, Chalmers A. 1982. *MITI and the Japanese Miracle*. Stanford University Press.

Park, Geun-hye. 2011. "A New Kind of Korea: Building Trust Between Seoul and Pyongyang." *Foreign Affairs* September/October.

Wit, Joel S., Daniel B. Poneman, Robert L. Gallucci, 2004, *Going Critical: The First North Korean Nuclear Crisis*, Brookings Institution Press.

Vogel, Ezra. 1979. *Japan as Number One: Lessons for America*, Harvard University Press.

Vogel, Ezra. 1993. *The Four Little Dragons: The Spread of Industrialization in East Asia*, Harvard University Press.

Vogel, Ezra. 2011. *Deng Xiaoping and the Transformation of China*, Harvard University Press.

Vogel, Ezra. 2011. *The Park Chung Hee Era : The Transformation of South Korea*, Harvard University Press.

NHK放送世論調査所編. 1975. 『図説戦後世論史』, 日本放送出版協会.

青山瑠妙. 2013. 『中国のアジア外交』, 東京大学出版会.

井上正也. 2010. 『日中国交正常化の政治史』, 名古屋大学出版会.

岡本隆司. 2004. 『属国と自主のあいだ—近代清韓関係と東アジアの命運』, 名

古屋大学出版会.

岡本隆司. 2008. 『世界のなかの日清韓関係史―交隣と属国、自主と独立』, 講談社.

川島真編著. 2015. 『チャイナ・リスク』. 岩波書店.

神田豊隆. 2012. 『冷戦構造の変容と日本の対中外交―二つの秩序観 1960-1972』, 岩波書店.

木宮正史. 2015 "序論　構造変容し漂流する日韓関係." 木宮正史・李元徳編『日韓関係史1965―2015 Ⅰ政治』. 東京大学出版会、1-11.

木宮正史. 2011. "朴正煕政権の対共産圏外交：1970年代を中心に." 『現代韓国朝鮮研究：特集韓国外交研究の新地平』11, 4-16.

金淑賢. 2010. 『中韓国交正常化と東アジア国際政治の変容』. 明石書店.

国分良成・添谷芳秀・高原明生・川島真. 2013. 『日中関係』, 有斐閣.

酒井裕美. 2016. 『開港期朝鮮の戦略的外交 1882-1884』, 大阪大学出版会.

園田茂人編. 2012. 『日中関係 1972－2012 Ⅲ社会・文化』, 東京大学出版会.

園田茂人編. 2014. 『日中関係 1972－2012 Ⅳ民間』, 東京大学出版会.

高原明生・服部龍二編. 2012. 『日中関係 1972-2012 Ⅰ政治』, 東京大学出版会.

田中明彦. 1991. 『日中関係 1945－1990』, 東京大学出版会.

内閣府, 外交に関する世論調査, https://survey.gov-online.go.jp/index-gai.html

中居良文編. 2014. 『中国の対韓半島政策』, 御茶の水書房.

中塚明. 1969. 『日清戦争の研究』, 青木書店.

益尾知佐子. 2010. 『中国政治外交の転換点―改革開放と「独立自主の対外政策」』, 東京大学出版会.

毛里和子. 2006. 『日中関係 戦後から新時代へ』, 岩波書店.

森万佑子. 2017. 『朝鮮外交の近代―宗属関係から大韓帝国へ』, 名古屋大学出版会.

服部健治・丸川知雄編. 2012. 『日中関係 1972－2012 Ⅱ経済』, 東京大学出版会.

服部龍二. 2011. 『日中国交正常化―田中角栄, 大平正芳, 官僚たちの挑戦』, 中央公論社.

鳩山友紀夫 外. 2015. 『なぜ、いま東アジア共同体なのか』. 花伝社.

平岩俊司. 2010. 『朝鮮民主主義人民共和国と中華人民共和国―「唇歯の関係」の構造と変容』, 世織書房.

平川幸子. 2012. 『「二つの中国」と日本方式』. 勁草書房.

경제희. 2009. "일본 정치에서의 북한 쟁점- 선거 및 내각지지율을 중심으로." 『통일전략』9(2), 157-179.

경제희. 2017. "일본 자민당의 집권은 보수적 유권자 결집의 결과인가: 2012년 중의원선거에서의 일본 유권자의 이데올로기와 정당 선택."『일본연구논총』 45, 91-122.

국민대 일본학연구소편. 2016. 『일본 파워엘리트의 대한정책』. 도서출판 선인.

김성한·정한울. 2005.『여론과 미국외교: 부시2기 외교정책의 딜레마와 선택』. EAI.

김용복. 2013. "일본 우경화, 한일관계 그리고 동아시아 - 과거사 갈등과 영토 분쟁."『경제와 사회』 99, 36-62.

박철희. 2011.『자민당 정권과 전후 체제의 변용』. 서울대학교출판문화원.

송태은. 2017. "미국 공공외교의 변화와 국제평판-미국의 세계적 어젠더와 세계여론에 대한 인식."『국제정치논총』 57(4).

이지원. 2014. "일본의 '우경화': '수정주의적 역사인식'과 아베식 '전후체제 탈각'의 한계."『경제와 사회』 101, 53-86.

전웅. 2001. "미국 외교정책결정에서 여론이 미치는 영향."『東西文化』 9, 167-189.

천난. 2013.『인터넷 여론이 중국외교정책결정에 미치는 영향』 경북대 석사학위논문.

Downs, Anthony. 1953. *An Economic Theory of Democracy*. Harper & Row.
Rosati, Jerel A. 1993. *The Politics of U. S. Foreign Policy*. Harcourt Brace.

朝日新聞社世論調査室編. 1976.『日本人の政治意識-朝日新聞世論調査の30年』. 朝日新聞社.

遠藤晶久·ウィリ·ジョウ. 2014. "若者にとっとの『保守』と『革新』: 世代で異なる政党間対立."『アステイオン』 80, 149-168.

NHK世論調査部編. 1985.『現代日本人の意識構造(第2版)』. 日本放送出版協会.

蒲島郁夫. 2014.『戦後政治の軌跡: 自民党システムの形成と変容』. 岩波書店.

蒲島郁夫·竹中佳彦. 1996.『現代日本人のイデオロギー』. 東京大学出版会.

蒲島郁夫·竹中佳彦. 2012.『イデオロギー』. 東京大学出版会.

川島高峰. 1995. "戦後世論調査開始：占領軍の情報政策と日本政府の調査機関." 『メディア市研究』 ゆたま書房.

小林良彰・村山皓司・谷藤悦司・武重雅文. 1984. 『現代政治意識論』. 高文堂.

白崎護. 2015. "有権者のイデオロギーにおよぼす政策争点の重要性と政治信頼の影響." 『静岡大学法政研』 20(2), 39-67.

白鳥令. 1973. 『日本における保守と革新』. 日本経済新聞社.

澁谷壮紀・谷口尚子・Chris Whinkler. 2015. " 政党マニフェスト・コーディング・データを用いた有権者のイデオロギーに関する国際比較・時系列比較." 『2015年度選挙学会発表論文』.

総務自治行政局選挙部. 2012. 『平成24年12月16日執行 衆議院議員総選挙・最高裁判所裁判官国民審査結果調』.

竹中佳彦. 2014a. "利益表出におけるイデオロギー: 選挙・圧力団体・マスメディア-." 『2014年度日本選挙学会報告論文』.

竹中佳彦. 2014b. "保革イデオロギーの影響力低下と年齢." 『選挙研究』 30(2), 5-18.

竹中佳彦・遠藤晶久・ウィリ・ジョウ. 2015. "有権者の脱イデオロギーと安倍政治." 『レヴァイアサン』 57, 25-46

田中愛治. 1995. "『五五年体制』崩壊とシステムサポートの継続." 『レヴァイアサン』 17, 52-83.

谷口将紀. 2015. "日本における左右対立(2003~2014年): 政治家・有権者調査を基に." 『レヴァイアサン』 57, 9-24 .

谷口尚子・クリス・ウィンクラー. 2015. "世界の中の日本の政党: 政党公約コーディングによる国際比較." 『2015年度選挙学会発表論文』.

平野浩. 2004. "政治的対立軸の認知構造と政党-有権者関係." 『レヴァイアサン』 35, 86-10.

中野晃一. 2015. 『右傾化する日本政治』. 岩波新書.

西原重喜. 1992. 「日本の世論調査」 『日本統計学会誌』 21(3), 283-287.

見田宗介. 1979. 『現代社会の社会意識』. 弘文堂.

三宅一郎. 1983. "『保守一革新』自己イメージと態度空間." 『同志社法学』 35(4), 1-58.

三宅一郎. 1985. 『政治支持の分析』. 創文社.

三宅一郎・木下富雄・間場寿一. 1965. "政治意識構造論の試み." 日本政治学会

編. 『(年報政治学) 政治意識の理論と調査』. 岩波書店.

堀江湛・梅村光弘編. 1986. 『投票行動と政治意識』. 慶應通信.

堀江湛・富田信男・上条末夫編. 1980. 『政治心理学』. 北樹出版.

진필수. 2011. "하토야마 내각에 있어 후텐마기지 반환문제와 미일안보체제의 재인식 – 오키나와 주민들의 시점." 『사회와 역사』 92, 169-226.

Eldridge, R. 2012. "The Okinawa "Base Problem" Today." *Nippon.com*, Feb. 3.

McCormack, G. 2010. "Ampo's Troubled 50th: Hatoyama's Abortive Rebellion, Okinawa's Mounting Resistance and the US-Japan Relationship." *The Asia-Pacific Journal*, May 31.

McCormack, G. 2015. "All Japan" versus "All Okinawa" - Abe Shinzo's Military-Firstism," *The Asia-Pacific Journal*, March 23,

McCormack, G. 2016. "'Ceasefire' on Oura Bay: The March 2016 Japan-Okinawa 'Amicable Agreement' Introduction and Six Views from within the Okinawan Anti-Base Movement," *The Asia-Pacific Journal*, April 1.

McCormack, G. 2016. "Battle Station: Okinawa 2016," *The Asia-Pacific Journal*, January 16.

McCormack, G. "Japan's Problematic Prefecture – Okinawa and the US-Japan Relationship," *The Asia-Pacific Journal*, September 1.

Soble, J. 2016a "Shinzo Abe and Okinawa's Governor to Resume Talks on U.S. Base." *New York Times*, March 4.

Soble, J. 2016b "Okinawa Murder Case Heightens Outcry over U.S. Military's Presence." *New York Times*, June 4.

http://www.nytimes.com/2016/06/05/world/asia/okinawa-murder-case-heightens-outcry-over-us-militarys-presence.html (검색일: 2016.9.29).

Yoshikawa, H. "All Okinawa Goes to Washington: The Okinawan Appeal to the American Government and People." *The Asia-Pacific Journal*, December 17.

浦島悦子. 2015. "日本政府対沖縄のたたかい-「裏切りを許さない」," 『みるく世、やがて : 沖縄・名護からの発信』. インパクト出版会.

翁長雄志. 2015. "県民は裏切った政治家を許さない." 『戦う民意』. 角川書店.

平井康嗣・野中大樹. 2015. 『国防政策が生んだ沖縄基地マフィア』. 七つ森書館.

Abstract

I. Strategies to Reconstruct LDP Predominance under Abe's Stewardship:
: Historical Progress and Sustainability

Cheol Hee Park

LDP(Liberal Democratic Party) experienced confusion and hardship between 1993 and 2012, but since 2012, when Prime Minister Abe resumed power, LDP successfully reconstructed predominance. LDP won landslide electoral victories in five consecutive national elections between 2012 and 2017.

Several perspectives have been presented to account for the re- emergence of LDP predominance: institutionalism, leadership analysis, and policy performance. All these explanations have something to be desired to explain the phenomena. Alternatively, this article suggests that three factors are critical to account for LDP predominance: LDP's coalition strategy to bring in other parties while keeping the opposition divided; flexible and comprehensive support mobilization; and policy differentiation and consistency.

Reconstruction of LDP predominance was possible because of Abe's policy differentiation based on neo-conservative agendas, renewed right-wing support mobilization, and flexible partisan coalition strategy to embrace Komeito and Japan Restoration. LDP predominance under Abe's leadership is likely to continue as long as the Japanese economy remains resilient, oppositions are divided, and floating voters show residual support for the LDP.

Key words: LDP Predominance, Abe, Neo-Conservatives, Conservative-Liberal Coalition, Conservative-Centrist Coalition, Conservative-Rightwing Coalition

Abstract

II. The Decline of Pork-Barrel Politics in Japan's Agricultural Sector
: The Abe Cabinet, the LDP *Norin Zoku*, and Agricultural Reform

Junghwan Lee

The agricultural reform under the current Abe Cabinet implies the decline of pork-barrel politics which had been organized for mutual interests between the Japan Agricultural Cooperatives (JA) and the LDP *norin zoku*. The Abe Cabinet directly targeted to reform the organization and function of the JA. While the JA has strongly resisted this agricultural reform, the LDP *norin zoku* accepted this reform initiative. In the perspective of interest calculation, the LDP *norin zoku* has less incentives to support the JA because of the JA's shrinking influence and of the fear of punishment from party leadership. In the perspective of discourse, the LDP *norin zoku* could not develop an alternative strategy against the Abe Cabinet's structural reform discourse.

Key words: Pork-Barrel Politics, Agricultural Reform, the Japan Agricultural Cooperatives(JA), the Liberal Democratic Party(LDP) *Norin Zoku*, the Abe Cabinet

Abstract

Ⅲ. Welfare and Defense in the Age of Low Birthrate and Aging in Japan
: Political Economy of 'Guns and/or Butter'

Kijeong Nam

This study aims to evaluate Abe's defense policy in relation to social security. At present, low fertility and aging in Japan cause a sudden increase in the social security expenses, which is a cause of chronic deficits and are the factors of increasing the defense expenses. The aim of this article is to discuss the direction and limitations of Japanese defense policy in relation to social security.

For analysis, the old argument of 'Guns and/or Butter' on the correlation between military power and social security was referred. The framework of this analysis can reveal four trends: balance in the increasing of both social security and defense expenses, balance in the decreasing of both, a social security expenses priority, and a defense expenses priority.

In this study, the correlation between the social security and the defense was traced in terms of the correlation between the GNP/GDP and the social security. It is true that under the Abe Cabinet the change in the direction of increasing of defense expenditure is remarkable, but this is a small change in the big changes from the overall trajectory of the postwar period to the social security priority.

Key words: low birthrate, aging, Japan, social security, military security, social security expenses, defense expenses, guns and butter

Abstract

IV. Abe Administration's Policy on the US-Japan Alliance and Global Diplomacy
: Combination of International Cooperation and Strategic Autonomy

Young-june Park

This paper tries to evaluate Abe administrations' security policy in terms of the combination of "international cooperation" and "strategic autonomy". The concept of "international cooperation" originates from Imperial Japan's pattern of foreign policy. By resurrecting the concept of "international cooperation", the Abe administration tries to cherish the alliance relationship with the United States and develops plural security cooperative framework with it.

At the same time, some policy makers and opinion leaders in Japan try to adopt more autonomous foreign policy facing the uncertainty of the Trump administration's foreign policy on the existing alliance and international norms. This trend overlaps with those of European countries such as Great Britain, France and Germany who are feeling the instability from the Trump administration's foreign policy.

The combination of "international cooperation" and "strategic autonomy" can be an important criteria for countries who still pursue their own national strategies facing more complex international environments.

Key words: international cooperation, US-Japan alliance, Japan's diplomacy, Abe administration, strategic autonomy

Abstract

V. The ROK-Japan Relations Regarding China
: The Japanese Views and Policy from the Viewpoints of ROK and the Korean Peninsula

Tadashi Kimiya

This article explores that according to the normalization among China, Korea, and Japan, both the Korean factor regarding the China-Japan relations and the China factor regarding the Korea-Japan relations are more important than ever. First, by exploring the relations between the Japanese views and policy toward China and the Japanese views and policy toward Korea, on the one hand, the difference between the views and policy is decreasing especially after the end of the cold war. On the other hand, the inconsistency between China and Korea during the cold war has been transformed into mutual consistency. Second, by comparing the Japanese policy toward China with the Korean policy toward China, we can make clear the conflicting views regarding the promising prospect of the US-China relations between ROK and Japan. However, whether our conflicting views regarding the promising prospect of US-China relations are constant or we can integrate our different views by cooperating mutually for resolving our common problem like tackling the North Korean nuclear threat depends on our mutual political choice.

Key words: China-Japan relations, Korea-Japan relations, Japanese Policy toward China, Japanese Policy toward Korean, Korea-China-Japan relations, US-Korea-Japan relations

Abstract

VI. The Japanese Public Opinion and the Foreign and Security Politics under the Abe Administration

Jeihee Kyung

The study analyzed the relationship between the Japanese citizen's consciousness of diplomacy and security, and the Abe administration's foreign and security policies. The analysis focused on, the first, the diplomatic and security awareness of Japanese citizens by separating them from Japanese politicians and, the second, separating historical and territorial issues from foreign and security issues. In addition, the results of public opinion surveys by national and public agencies and those of private institutions were analyzed together because the results could vary depending on the various opinion polls. Specifically, the period of the analysis is limited to the second Abe Cabinet that was launched from late 2012 to 2017. As the result, although there were high concerns over military conflicts over various causes, including relations with China and Korea, the policy of using force as a solution was not preferred. In addition, the Abe administration's foreign and security policies seem to move in a different direction from the diplomatic and security awareness of the majority of Japanese citizens, as such a trend has been increasing gradually since the inauguration of the second Abe administration.

Key words: Japanese citizen, public opinion, diplomacy and security, national security, peace, constitutional revision, Self-Defense Forces, rights of collective self-defense, Abe administration

Abstract

VII. The 'All Okinawa' Movement
: Political and Legal Implication of the Okinawan Protest against the US Bases

Pilsu Jin

This essay reviews the 'All Okinawa' anti-base movement, which has entered a new phase since November 2014. The Abe administration's coercive measures to proceed with the relocation of the US Marine Corps Air Station Futenma to Henoko in Okinawa have aroused strong opposition. Led by Governor Onaga and the All Okinawa Council, the 'All Okinawa' movement has integrated the civic opinions against the construction of a new base at Henoko. Moreover, this movement has pursued the autonomy as a way of exercising the right of self-determination. In addition, it contains an ethnic minority movement that reestablishes the Okinawan identity in relation to Japan.

Key words: 'All Okinawa,' US Base, Anti-Base Movement, Futenma, Henoko, Autonomy, Identity Politics, Okinawa

【ㅇ】

필 자 약 력

경제희 고마자와대학 강사

게이오대학에서 법학박사(정치학전공) 학위를 취득했다. 경남대 극동문제연구소 초빙연구위원 및 게이오대학 방문연구원 등을 거쳐 현재 고마자와대학 강사로 재직 중이다. 주요 저서로는 『전후 일본 패러다임의 연속과 단절』(공저, 2017), 『代議制民主主義の計量分析』(공저, 2016) 등이 있고 주요 논문으로는 「소·중·대 혼합선거구제의 비례성과 정당 규모별 공천 전략: 일본 도쿄도의회의원선거를 중심으로」(2021), 「韓国における民主化以降の地域主義投票者」(2020) 등 다수의 논문을 출간하였다. 한국과 일본의 투표행태 및 선거·정당제도 등 주로 민주주의에서의 시민의식과 제도 등을 중심으로 정치과정론 분야의 연구를 진행하고 있다.

기미야 다다시(木宮正史) 도쿄대학 대학원 종합문화연구과 교수

도쿄대학 법학부 학사와 석사를 마친 후 고려대학교 정치외교학과 대학원에서 박사 학위를 취득했다. 일본 호세이대학 법학부 조교수, 도쿄대학 대학원 종합문화연구과 준교수를 거쳐 2010년부터 동 교수로 재직중이며 한국학 연구센터장을 지냈다. 그 사이에 동 대학원 정보환환 교수 그리고 현대한국연구센터장도 지냈다. 또한 2002년부터 2003년까지 미국 하버드대학교 엔친연구소 방문연구원을 지냈다. 『박정희 정부의 선택: 1960년대 수출지향형 공업화와 냉전체제』(2008), 『일본의 한반도 외교: 탈식민지화 냉전체제 경제협력』(2013), 『韓国－民主化と経済発展のダイナミズム』(2003), 『国際政治のなかの韓国現代史』(2012), 『ナショナリズムから見た韓国・北朝鮮近現代史』(2018), 『日韓関係史』(2021) 등이 있다. 남북한을 포함한 한반도 정치 외교를 연구하고 있으며 이를 통해 한일관계 또한 동아시아 국제관계사의 재해석을 시도하고 있다.

남기정 서울대학교 일본연구소 교수

서울대학교 외교학과에서 학사와 석사를 마친 후 도쿄대학 대학원에서 박사학위를 취득했다. 일본 도호쿠대학 법학연구과 조교수 및 교수, 국민대학교 국제학부 부교수 등을 거쳐 2009년부터 서울대학교 일본연구소 교수로 재직 중이다. 『기지국가의 탄생: 일본이 치른 한국전쟁』(2016), 『일본정치의 구조변동과 보수화』(편저, 2017), 『競合する歷史認識と歷史和解』(공저, 2020) 등의 저서가 있으며, 「샌프란시스코 평화조약과 한일관계: 한일냉전의 기원으로서 '제4조' 문제」(2020), "Is the postwar state melting down?: an East Asian perspective on post-Fukushima Japan,"(2019) 등 다수의 논문을 출간한 바 있다. 전후 일본의 정치와 외교, 한일관계와 동아시아 국제정치를 중심으로 연구하고 있다.

박영준 국방대학교 안전보장대학원 교수

연세대학교 정치외교학과에서 학사, 서울대학교 외교학과에서 석사를 마친후 도쿄대학 대학원에서 박사학위를 취득했다. 근현대 일본의 정치외교를 안보전략과 군사연구 관점에서 연구해 왔으며, 최근에는 일본을 포함한 동북아 안보질서의 거시적 변화에 관심을 두고 연구영역을 넓혀나가고 있다. 최근 연구업적으로 『제국 일본의 전쟁, 1868-1945』(2020), 『21세기 한반도 평화연구의 쟁점과 전망』(편저, 2021), 『현대의 전쟁과 전략』(편저, 2020), 「한미일 3각 안보협력체제 형성의 기원: 냉전기 북한의 무력도발과 한국 안보외교를 중심으로, 1967-68」(2021), 「일본의 전쟁기억과 대외정책 구상: 전후 70년 담화(2015.8.14)에 나타난 역사인식과 외교론」(2020), 「한반도 비핵·평화프로세스와 일본 아베 정부의 입장」(2019) 등이 있다.

박철희 서울대학교 국제대학원 교수 겸 국제학연구소장

서울대학교 정치학과에서 학사와 석사를 마친 후 미국 컬럼비아 대학교에서 정치학 박사를 취득했다. 서울대학교 국제대학원장 및 일본연구소장 역임. 현대 일본 정치와 외교를 전공하고 있고, 한일관계 및 동아시아 국제관계에 관한 연구를 계속 하고 있다. 최근 연구업적으로 『한국의 현주소와 국제학 지역학의 심

화』(공저, 2021), 『갈등에 휩쌓인 한일관계』(공저, 2020), 『아베 시대 일본의 국가전략』(공저, 2018), 『일본의 집단적 자위권 도입과 한반도』(공저, 2016) 등이 있다.

이정환 서울대학교 정치외교학부 부교수

서울대학교 외교학과에서 학사와 석사를 마친 후 미국 캘리포니아주립대학교(UC Berkeley) 정치학과에서 정치학박사 학위를 취득했다. 국민대학교 일본학연구소 전임연구원, 국민대학교 국제학부 조교수를 거쳐 2017년부터 서울대학교 정치외교학부에서 재직 중이다. 『현대 일본의 분권개혁과 민관협동』(2016), 『주권과 비교지역질서』(공편, 2020) 등의 저서가 있으며, 「미일 안보동맹의 강화와 일본 국내정치: 미일신가이드라인과 주변사태법 재고(再考)」(2020), 「아베 정권 역사정책의 변용: 아베담화와 국제주의」(2019), 「일본 지방창생(地方創生) 정책의 탈지방적 성격」(2018) 등 다수의 논문을 출간한 바 있다. 전후 일본의 정치경제와 외교안보를 중심으로 연구하고 있다.

진필수 류큐오키나와연구소장

서울대학교 인류학과에서 학사, 석사, 박사학위를 취득했다. 서울대학교 일본연구소와 안동대학교 민속학연구소에서 연구교수를 역임했다. 『오키나와문화론: 미군기지와 촌락공동체』(2011), 『경성제국대학 부속도서관 장서의 성격과 활용: 식민주의와 총동원체제』(편저, 2017) 등의 저서가 있으며, 「오키나와 일본복귀론의 재검토: 미군기지 문제의 신화와 친일세력의 부활」(2019), 「1945-51년 류큐독립론의 등장과 퇴조: 오키나와민주동맹의 정당 활동과 독립론」(2021) 등 다수의 논문을 출간한 바 있다.

IJS 서울대학교 일본연구소

현대일본생활세계총서 **17**

아베 시대 일본의 정치와 외교
보수정치가 주도하는 국가혁신

초판1쇄 인쇄 2022년 05월 19일
초판1쇄 발행 2022년 05월 27일

저 자 경제희 · 기미야 다다시 · 남기정 · 박영준
　　　　박철희 · 이정환 · 진필수

발행인 윤석현
발행처 도서출판 박문사
등 록 제2009-11호
전 화 (02)992-3253(대)
전 송 (02)991-1285
주 소 서울시 도봉구 우이천로 353

책임편집 최인노
전자우편 bakmunsa@daum.net

ⓒ 서울대학교 일본연구소, 2022.

ISBN 979-11-92365-07-7 93340　　　　**정가** 18,000원

본 저서는 정부(교육과학기술부)의 재원으로 한국연구재단의 지원을 받아 출판되었음.
(NRF-2008-362-B00006)